Genehmigte Lizenzausgabe für Verlagsgruppe Weltbild GmbH, Augsburg 2002
Copyright © 1998 by Verlag Zabert Sandmann GmbH, München
Konzeptionsidee: Arnold Zabert
Rezepte und Texte: Monika Kellermann
Fotografie: Susi Eising
Redaktion: Edelgard Prinz-Korte
Layout und Umschlaggestaltung: Georg Feigl
Herstellung: Peter Karg-Cordes
Lithografie: inteca Media Service GmbH, Rosenheim
Gesamtherstellung: MOHN Media · Mohndruck GmbH, Gütersloh

Printed in Germany

ISBN 3-8289-1109-9

FLEISCHLOS KOCHEN
DIE NEUE GROSSE SCHULE

Texte und Rezepte von
Monika Kellermann

Fotos von
Susi Eising

ZABERT
SANDMANN

Inhaltsverzeichnis

Genußvoll kochen ohne Fisch und Fleisch

Schmackhaft, gesund und vor allem leichtbekömmlich – diese Ansprüche stellt der Genießer an eine zeitgemäße Ernährung. Ein köstliches Menü soll Gaumen und Sinne erfreuen und darf keinesfalls den Magen belasten.

Vorbei sind die Zeiten, in denen Wohlstand an der Größe des Steaks auf dem Teller gemessen wurde und Gemüse lediglich Dekoration war. Heute freut sich ein Gourmet über frische, al dente gekochte Pasta, Gemüse aus dem Wok oder einen cremigen Risotto. Das schmeckt traumhaft und sorgt für Fitneß und Leistungsfähigkeit. Üppige Fleischmahlzeiten machen träge und hemmen die körperliche und geistige Vitalität. Da die wenigsten Menschen heute körperlich schwer arbeiten, sind deftige, eiweiß- und fettreiche Mahlzeiten fehl am Platz. Für die nötige Energie sorgen leichtverdauliche, vitamin- und mineralstoffreiche Gerichte.

Dieses Buch bietet eine riesige Auswahl an wohlschmeckenden, fisch- und fleischlosen Rezepten. Es ist sicherlich weniger für asketische Vegetarier oder strenge Rohkostfans geeignet, denen man oft nachsagt, daß sie sich auch bei der Ernährung eine strenge Selbstdisziplin auferlegen. Körperliches Wohlbefinden hat nichts mit Entbehrung zu tun. Bei strengen Verboten und starren Vorschriften bleibt meist die Lust am Genießen auf der Strecke. Die Freude am Essen ist für das Wohlbefinden ebenso wichtig wie eine optimal zusammengestellte, abwechslungsreiche Ernährung.

Der verführerische Duft und das verlockende Aussehen der Speisen regen darüber hinaus die Sinne und den Appetit an: beste Voraussetzungen für Zufriedenheit und Wohlgefühl.

Gesund genießen heißt: frische Lebensmittel, schonend und ideenreich zubereitet und appetitlich angerichtet.

Schritt für Schritt zum leichtbekömmlichen Kochvergnügen

Natürliche, fitmachende und leckere Gerichte, für den Laien leicht nachzukochen und zugleich für den Erfahrenen nicht langweilig – ein modernes Kochbuch sollte diesen Anforderungen gerecht werden.

Mit über 1000 Rezeptideen macht der „Grüne Löffel" Lust auf fleisch- und fischlose Speisen, die sich für die Alltagsküche genauso eignen wie für festliche Anlässe.

Anschaulich bebilderte Steps helfen dem Anfänger bei den Grundrezepten, einzelne Kochschritte leicht nachzuvollziehen. So kommt auch der Ungeübte rasch zum gewünschten Erfolg. Der erfahrene Hobbykoch erhält eine Fülle von Anregungen für die eigene Kreativität.

Die zahlreichen Rezepte in den einzelnen Kapiteln – von der Suppe bis zum Dessert – lassen sich wie ein Puzzle zu schmackhaften und abwechslungsreichen Menüs kombinieren. Als Anregung dienen Menüvorschläge für jeden Tag, für die schlanke Linie oder auch für ein Festmahl.

Absolute Frische und beste Qualität der Lebensmittel sind der erste Schritt zu einer genußvollen Fitneßküche. Viele praktische Tips für den qualitätsbewußten Einkauf zeigen, woran man erkennt, ob Gemüse wirklich frisch ist, auf welche Kennzeichnungen man achten sollte, was man unter Zusatzstoffen versteht, aber auch, wie man die eingekaufte Ware richtig lagert.

Wer sich gesund ernähren will, muß wissen, welche Nährstoffe es gibt, wie wichtig Ballaststoffe für den Körper sind und nicht zuletzt, welchen Einfluß Vitamine und Mineralstoffe auf die Vitalität haben.

Die köstlichen Rezepte und die ästhetischen, appetitanregenden Fotos beweisen, daß zeitgemäße, vernünftige Ernährung und Genuß aufs beste harmonieren.

Gesunder Genuß beginnt beim Einkauf

Gesunder Genuß fällt nicht vom Himmel. Kritisches, qualitätsbewußtes Einkaufen ist der erste Schritt zur Fitneßküche. Schließlich haben sich unsere Ansprüche an die Ernährung verändert. Die Genießer von heute geben sich weder mit faden Sattmachern noch mit phantasieloser Rohkost zufrieden. Sie bevorzugen eine Küche, die leichtbekömmlich und abwechslungsreich ist, die fit hält und trotzdem schmeckt. Nur absolut frische Ware von bester Qualität kommt deshalb in unseren Einkaufskorb. So stimmen nicht nur Vitamine, Mineralien und Nährwerte, gesundes Essen wird damit auch zum köstlichen Vergnügen.

Genießen auf gesunde Art

Eine deftige, fett- und eiweißreiche Mahlzeit kann zwar gut schmecken, wenn man sich jedoch anschließend stundenlang schlapp fühlt, ist die Freude schnell getrübt.
Im Unterschied zu großen Fleischportionen machen leichtbekömmliche Kohlenhydratmahlzeiten wie zum Beispiel Pasta mit frischem Gemüse satt, ohne den Organismus unnötig zu belasten. Die richtige Auswahl der Nahrungsmittel ist neben einer schonenden Zubereitung das A und O fürs Wohlbefinden.

Wieviel Energie ist nötig?

Ob Butterbrot, Gemüseeintopf oder Sahnetorte – alles, was wir essen, liefert dem Körper Energie, die wir zum Leben unbedingt benötigen. Die Energie sorgt für eine konstante Körpertemperatur und ermöglicht die Funktionen aller Organe. Zusätzliche, körperlich anstrengende Tätigkeit steigert den Energiebedarf.
Um aus unseren Nahrungsmitteln Energie zu gewinnen, werden die Nährstoffe (Eiweiß, Fett und Kohlenhydrate) mit Hilfe des eingeatmeten Sauerstoffes verbrannt. Die dabei entstehende Wärme wird in Joule oder in Kalorien gemessen. Obwohl der Begriff „Joule" schon 1978 eingeführt wurde, rechnet man landläufig immer noch in Kalorien. 1 Kalorie (kcal) entspricht 4,186 Joule (kJ). Jeder Mensch hat einen ganz individuellen Bedarf an Energie, den man als Grundumsatz bezeichnet. Dieser errechnet sich aus dem Körpergewicht. Pro Kilogramm Körpergewicht benötigt der Mensch pro Stunde 1 Kalorie bzw. 4,186 Joule, um seine Körperfunktionen aufrechtzuerhalten. Ein 60 Kilogramm schwerer Mensch muß also 60 mal 24 Stunden mal 1 Kalorie oder 4,186 Joule zu sich nehmen, das entspricht einem Grundbedarf von 1440 Kalorien oder 6028 Joule. Jede Bewegung erhöht diesen Grundbedarf, zum Beispiel leichte Tätigkeit wie Büroarbeit etwa um ein Drittel. Will man mehr essen, ohne zuzunehmen, helfen nur schwere körperliche Arbeit oder sportliche Betätigung.

Kohlenhydrate

Lange Zeit waren Nudeln, Kartoffeln, Brot u. a. als Dickmacher verpönt. Als aber Ernährungswissenschaftler in der Sportmedizin erkannten, daß eine Portion Nudeln die Leistung besser steigert als ein Riesensteak, begann ein Umdenken. Der große Vorteil einer Kohlenhydratmahlzeit ist, daß sie rasch Energie liefert, ohne den Organismus unnötig zu belasten. Allerdings muß man bei Kohlenhydraten differenzieren:

Einfachzucker – darunter versteht man rasch resorbierbare Trauben- und Fruchtzucker, wie sie in Früchten vorkommen;
Zweifachzucker – besser bekannt als Malz-, Milch-, Rohr- und Rübenzucker;
Mehrfachzucker – das ist die Bezeichnung für die Stärke in Getreide und Kartoffeln.

Diese Kohlenhydrate werden bei der Verdauung in einzelne Moleküle zerlegt und in Energie umgewandelt. Ein Zuviel an Kohlenhydraten wird zuerst in den Muskeln gespeichert, dann in Fett umgewandelt. Einfach- und Mehrfachzucker werden wesentlich schneller abgebaut und wandern rascher ins Fettdepot als Stärke.
Deshalb ist für eine gesunde Ernährung die Auswahl der Kohlenhydrate entscheidend. Während Kohlenhydrate in Form von Brot, Nudeln, Reis, Kartoffeln, Gemüse und Früchten täglich den Speiseplan bereichern sollen, ist es ratsam, Zucker und Süßigkeiten einzuschränken.

1 Gramm Kohlenhydrate liefert 4,1 Kalorien oder 17,2 Joule.

Eiweiß

Eiweiß, auch Protein genannt, ist ein lebenswichtiger Nährstoff. Es ist nicht nur der Baustoff für Zellen, Enzyme und Hormone, aus Eiweiß bildet der Körper auch Antikörper, die zur Bekämpfung von Krankheiten notwendig sind. Da sich die Körperzellen ständig erneuern, ist eine tägliche Eiweißzufuhr notwendig. Zuviel Eiweiß belastet den menschlichen Körper jedoch unnötig. 0,8 Gramm Eiweiß pro Kilogramm Körpergewicht sind ausreichend, nur Kinder, Schwangere und ältere Menschen benötigen mehr. Eiweiß kommt in tierischen und in pflanzlichen Lebensmitteln vor. Tierisches Eiweiß liefern Fleisch, Fisch, Eier, Milch und Milchprodukte. Pflanzliches Eiweiß ist enthalten in Hülsenfrüchten, Sojabohnen, Kartoffeln, Getreide, Nüssen und Samen.

Eiweiß besteht aus einzelnen Bausteinen, den Aminosäuren. Einige davon sind essentiell, das heißt lebensnotwendig, da sie der Körper nicht selbst bilden kann.

Tierisches Eiweiß enthält zwar reichlich biologisch hochwertiges Eiweiß, aber durch eine günstige Kombination pflanzlicher Nahrungsmittel ist es ebenso möglich, hochwertige Eiweißstoffe zu bilden. Die biologische Wertigkeit ist besonders effektiv bei Kartoffeln und Eiern (Bratkartoffeln mit Spiegelei), Getreide und Hülsenfrüchten (Linseneintopf mit Brot), Weizen und Hefe oder Weizen und Milch (Hefegebäck oder Müsli). Im Unterschied zu tierischem Eiweiß ist pflanzliches Eiweiß leichter bekömmlich, da es rascher verdaut wird.

1 Gramm Eiweiß liefert 4,1 Kalorien oder 17, 2 Joule.

Fett

Fette enthalten wertvolle Vitamine (A, D, E, K), sie sind ein wichtiger Geschmacksträger und liefern Energie.

Gerade bei Fetten gilt: Qualität geht vor Quantität. 60 bis 80 Gramm Fett pro Tag reichen für eine gesunde Ernährung aus. Tatsächlich gegessen werden durchschnittlich 130 Gramm pro Tag.

Auch bei Fetten unterscheidet man zwischen tierischen und pflanzlichen Fetten.

Fett gibt es in fester und in flüssiger Form – je nach ihrer Fettsäurezusammensetzung. Je mehr gesättigte Fettsäuren enthalten sind, um so fester ist das Fett. Gesundheitlich wertvoller sind Fette mit einem höheren Anteil an ungesättigten Fettsäuren. Besondere Beachtung verdienen dabei die essentiellen Fettsäuren, wie die Linolsäure, die der Körper nicht selber

produzieren kann. Linolsäure ist vor allem in kaltgepreßten, naturbelassenen Ölen enthalten. Für die Qualität eines Öls ist nicht alleine das jeweilige Saatgut ausschlaggebend, sondern vor allem die Art der Ölgewinnung.

Cholesterin, ein Fettbegleitstoff, kommt ausschließlich in tierischen Fetten vor, wird aber auch vom Körper selbst gebildet. Zuviel Cholesterin begünstigt Arteriosklerose, daher sollte man nicht mehr als 250 Milligramm täglich zu sich nehmen. Das bedeutet, Eier, Butter und andere tierische Fette sollte man einschränken. Auch versteckte Fette in Wurst, Käse, Torten, aber auch in Avocados, Samen und Nüssen sollte man nur begrenzt zu sich nehmen. 1 Gramm Fett schlägt mit 9,3 Kalorien oder 39 Joule zu Buche.

Ohne Wasser geht nichts

Wichtiger als alle Nährstoffe ist Wasser. Der Mensch kann wochenlang ohne Essen, aber nur wenige Tage ohne Wasser überleben. Da der menschliche Körper zu 60 Prozent aus Wasser besteht, ist die tägliche Zufuhr von Flüssigkeit lebensnotwendig.

Unser Flüssigkeitsbedarf beträgt 3 Liter pro Tag – das klingt viel, aber etwa 1 Liter nimmt man ohnehin durch feste Nahrung wie Obst, Gemüse oder Brot zu sich. Die restlichen 2 Liter müssen getrunken werden. Fitmachende Getränke sind Mineralwasser, Kräutertees, Frucht- und Gemüsesäfte. Wird zuwenig getrunken, altert nicht nur die Haut schneller, die Leistungsfähigkeit von Herz und Kreislauf nimmt ab, und die Verdauung wird träger.

Bei Kindern und Jugendlichen regelt ein starkes Durstgefühl die nötige Flüssigkeitszufuhr fast von alleine. Mit zunehmendem Alter muß man ganz bewußt darauf achten, ausreichend zu trinken, da das Durstgefühl nicht mehr so ausgeprägt ist. Körperliche Aktivitäten und große Hitze steigern – bei jung und alt – den Flüssigkeitsbedarf.

Ballaststoffe

Diese bezeichnen die Bestandteile in der Nahrung, die der Körper nicht verwerten kann. Es handelt sich dabei vor allem um die Gerüstsubstanzen von Gemüse und Früchten und um die faserreichen Hüllen von Körnern. Der Name „Ballaststoffe" entstand, da man früher annahm, daß diese unverdaulichen Stoffe überflüssig sind, also „Ballast". Heute weiß man, daß gerade eine ballaststoffreiche Nahrung unerläßlich für das Wohlbefinden ist, denn:

• Ballaststoffe können nicht in Fett umgewandelt werden. Im Gegenteil, um sie aus dem Körper zu befördern, wird viel Energie verbraucht;

• Ballaststoffe regen die Darmtätigkeit an und sind somit ein probates Mittel gegen die Volkskrankheit Obstipation (Verstopfung);

• Ballaststoffe sorgen für einen konstanten Blutzuckerspiegel und sind daher gerade auch für Diabetiker von großer Bedeutung;

• Ballaststoffe verlangen nach kräftiger Kautätigkeit: die beste Massage für das Zahnfleisch und Zähne;

• Ballaststoffe wirken sich günstig auf den Fettstoffwechsel aus und sind somit ein gesundes Vorbeugemittel gegen Herz- und Kreislauferkrankungen;

Deshalb sollte die tägliche Nahrung mindestens 30 Gramm Ballaststoffe enthalten.

Die kleinen Wunder der Natur

Man sieht sie nicht, man riecht sie nicht, und man schmeckt sie nicht – dennoch sind sie lebensnotwendig. Ohne sie funktioniert unser Stoffwechsel nicht, das Immunsystem würde geschwächt, und die Bildung der Blutkörperchen sowie der Aufbau von Knochen und Zähnen wäre nicht möglich. Wie wichtig die Versorgung mit diesen Minimengen ist, merkt man erst, wenn ein Mangel auftritt.

Vitamine

Die Bedeutung der Vitamine für unser Leben entdeckte man Ende des 18. Jahrhunderts. Die Seefahrerkrankheit Skorbut, eine Vitamin-C-Mangelerkrankung, brachte die Vitaminforschung in Schwung, und man entdeckte, welchen Einfluß Vitamine auf den gesamten Stoffwechsel haben.
Die fettlöslichen Vitamine A, D, E und K können nur in Verbindung mit Fett aufgenommen werden. Sie können kurze Zeit vom Körper gespeichert werden.
Zu den wasserlöslichen Vitaminen zählen Vitamin B_1 (Thyamin), B_2 (Riboflavin), B_6 (Pyridoxin), B_{12} (Cyanocobalamin), Biotin, Folsäure und Vitamin C (Ascorbinsäure). Lediglich Vitamin B_{12} kann kurze Zeit im Körper gespeichert werden, alle übrigen wasserlöslichen Vitamine müssen täglich ergänzt werden. Vitamine sind sehr empfindlich, deshalb muß man sorgfältig damit umgehen. In der Küchenpraxis bedeutet das:
• nur ganz frische Lebensmittel einkaufen;
• Lebensmittel kühl und dunkel lagern;
• Gemüse und Früchte erst waschen, dann zerkleinern;
• in möglichst wenig Flüssigkeit garen;
• schonende Garmethoden wie Dünsten und Dämpfen bevorzugen;
• unnötig lange Hitzeeinwirkung vermeiden: besser Aufwärmen als lange Zeit warm halten.
• karotinreiche Gemüse und Früchte immer mit etwas Fett zubereiten, damit der Körper das Karotin in Vitamin A umwandeln kann;
• Kräuter immer frisch hacken und kurz vor dem Servieren unter die Speisen mischen.

Vitamin A

Vollmilch, Butter, Käse, Möhren und Aprikosen

Es ist das wichtigste Vitamin für die Augen. Bei einem Mangel würde die Haut trocken und rissig werden, die Haare glanzlos und brüchig und das Immunsystem geschwächt.
Beta-Karotin in Möhren kann besser vom Körper in Vitamin A umgewandelt werden, wenn man sie fein raspelt und Fett hinzufügt.

Vitamin D

Butter, Margarine, Eigelb, Käse

Die Mineralstoffe Kalzium und Phosphat können die Knochen nur stärken, wenn die Vitamin-D-Versorgung ausreichend ist. Ein Mangel an Vitamin D kann bei strengen Vegetariern und bei starken Rauchern auftreten. Unter Einwirkung von Sonnenstrahlen auf die Haut kann der Körper Vitamin D selbst produzieren.

Vitamin E

Wertvolle Öle, Nüsse, Getreidekeime, Fenchel

Es ist das Schutzvitamin der Zellwände, denn es bewahrt durch seine antioxidativen Eigenschaften ungesättigte Fettsäuren, sich in den Wänden der Blutgefäße einzulagern. Ein gutes Vorbeugemittel gegen Arteriosklerose. Zudem soll es die Haut regenerieren und glätten, weshalb es in vielen kosmetischen Pflegepräparaten enthalten ist.

Vitamin B

Hefe, Getreidekeime, Quark, Vollkornbrot

Zum Komplex der B-Vitamine zählen Vitamin B_1, das für Power und gute Nerven sorgt, Vitamin B_2, das den Stoffwechsel in Schwung bringt, Vitamin B_6, das den Eiweißstoffwechsel regelt und Vitamin B_{12}, das das Wachstum fördert und die Bildung der roten Blutkörperchen unterstützt. B-Vitamine wirken gemeinsam verzehrt am besten.

Vitamin C

Brokkoli, Kiwi, schwarze Johannisbeeren

Das sind nur einige der zahlreichen Gemüse- und Obstsorten, die reichlich Vitamin C enthalten. Vitamin C gilt als altbewährtes Vorbeugemittel gegen Erkältungskrankheiten, da es das Immunsystem stärkt. Außerdem unterstützt es die Wundheilung und die Verwertung von Eisen im Körper. Zur Streßbewältigung soll es hilfreich sein.

Folsäure

Spinat, Wirsing, rote Bete, Kichererbsen

Die Folsäure ist für die Zellteilung und Zellvermehrung verantwortlich. Ein Mangel führt zur Veränderung der Schleimhäute und zu Anämie. Besonders bei einer Schwangerschaft sollte man auf eine ausreichende Folsäureversorgung achten. Vollwertige Ernährung mit viel Gemüse und Obst schützt vor Folsäuremangel.

Kalzium/Phosphor

Milch und Milchprodukte, Vollkornprodukte

Kalzium und Phosphor sind im Zusammenspiel mit Vitamin D für die Stabilität unserer Knochen und Zähne verantwortlich. Vor allem bei Kindern und älteren Menschen ist eine ausreichende Zufuhr zwingend notwendig. Außerdem wirkt Kalzium beruhigend. Ein Glas Milch, vor dem Zubettgehen getrunken, hilft gegen Schlaflosigkeit.

Kalium/Natrium

Beerenfrüchte, Rosinen, Bananen, Kartoffeln

Gemeinsam mit dem Gegenspieler Natrium reguliert Kalium den Wasserhaushalt des Körpers. Kalium hat dabei eine entwässernde Wirkung, während Natrium Wasser bindet. Kalium ist zudem für die Funktion der Muskeln mit verantwortlich. Deshalb müssen gerade Sportler auf eine ausreichende Kaliumversorgung achten.

Eisen

Kräuter, Spinat, Erbsen Sonnenblumenkerne

Eisen ist das Spurenelement für das Blut. Es ist verantwortlich für die Bildung des roten Blutfarbstoffs, und es regelt den Sauerstofftransport vom Blut in die Zellen. Ein erhöhten Eisenbedarf haben Frauen, insbesondere Schwangere, aber auch Jugendliche. Vitamin C unterstützt die Aufnahme von Eisen im Körper.

Zink

Kürbiskerne, Nüsse, Schweizer Käse

Nach Eisen ist Zink das wichtigste Spurenelement. Es unterstützt das Zellwachstum und ist für die Enzymtätigkeit wichtig. Außerdem fördert Zink die Wundheilung. Ein Mangel führt zu Stoffwechsel- und Wachstumsstörungen. Die Wirkung des Spurenelements wird durch Vitamin A, Kalzium und Phosphor verstärkt.

Magnesium

Avocado, Banane, Buchweizen, Kartoffeln

Zusammen mit Kalzium und Phosphor stärkt Magnesium die Nerven- und Muskelfunktionen. Außerdem aktiviert es die Enzyme und reguliert den Zellstoffwechsel und das Zellwachstum. Bei Schwangerschaft und Alkoholabhängigkeit muß besonders auf eine magnesiumreiche Ernährung geachtet werden.

Fluor/Jod

Heil- und Mineralwasser, jodiertes Kochsalz

Bekannt geworden ist Fluor vor allem durch seine positive Wirkung auf den Zahnschmelz und als Vorbeugemittel gegen Karies.
Jod ist wichtig für die Bildung des Hormons Thyroxin in der Schilddrüse. Wird die Schilddrüse mit Jod unterversorgt, vergrößert sie sich, es kommt zur Kropfbildung.

Mineralstoffe und Spurenelemente

Vitamine und Mineralstoffe haben nicht nur in ihrer Wirkung vieles gemeinsam, sie sind auch voneinander abhängig. So können einige Vitamine ohne bestimmte Mineralstoffe nicht wirksam werden und umgekehrt. Magnesium zum Beispiel kann der Körper nur dann richtig verwerten, wenn eine ausreichende Versorgung mit B-Vitaminen gewährleistet ist. Damit sich Kalzium und Phosphor in den Knochen einlagern können, ist die Anwesenheit von Vitamin D notwendig. Eisen wird vom Körper in Kombination mit Vitamin C leichter aufgenommen.
Das klingt kompliziert – aber bei einer richtig zusammengestellten, abwechslungsreichen Ernährung regelt sich das alles von selbst. Wichtig ist nur, daß man frische und qualitativ hochwertige Lebensmittel einkauft, möglichst sorgfältig damit umgeht und sie so schonend wie möglich zubereitet.
Die wichtigsten Mineralstoffe sind Kalium, Kalzium, Phosphor, Natrium und Magnesium. Einen erhöhten Bedarf an Mineralstoffen haben vor allem Schwangere, kleine Kinder und ältere Menschen. Aber auch bei Streß, bei Krankheit oder bei sportlichen Aktivitäten benötigt man mehr Mineralstoffe. In diesen Fällen ist es sinnvoll, den Durst mit Mineraldrinks zu löschen.
Eine Krankheit, die vor allem bei Frauen ab der Lebensmitte auftritt, ist die äußerst schmerzhafte Osteoporose. Es ist eine Kalziummangelkrankheit, bei der die Knochen brüchig werden. Das beste Vorbeugemittel ist, sich rechtzeitig kalziumreich mit ausreichend Milch, Milchprodukten und Käse zu ernähren.
Spurenelemente sind ebenfalls Mineralstoffe. Sie unterscheiden sich lediglich in der Menge des Bedarfs. So benötigt man z. B. von Eisen, Jod, Fluor, Zink, Selen und Kobalt nur Minimengen, dennoch sind sie lebenswichtig für die Körperfunktionen.

Vorschriften zum Wohle der Gesundheit

Man kann über Gesetze denken, wie man mag, aber ohne eine gewisse Ordnung und Kontrolle wären wir beim Einkauf von Lebensmitteln verstärkt der Händlerwillkür ausgeliefert. Wenn auch die eine oder andere Verordnung manchem Genießer ein wenig übertrieben erscheint, so haben unsere strengen Lebensmittelgesetze doch ihre Berechtigung.

Bei der Fülle an Produkten, die heute angeboten werden, erleichtern derartige Vorschriften und Verordnungen den Einkauf. Kennt man sich etwas damit aus, erleichtern sie nicht nur die Qualitätsprüfung, man kann auch die Preise besser vergleichen, die Inhaltsstoffe gezielter nach den eigenen Bedürfnissen kontrollieren und wenn man dann noch kritisch auf das Verfallsdatum achtet, bringt man garantiert keine verdorbene Ware nach Hause.

Lebensmittelgesetze

Gesetzliche Kennzeichnung

Jedes verpackte Lebensmittel unterliegt einer strengen Kennzeichnungspflicht. Der oberste Grundsatz: Das, was beinhaltet ist, muß deutlich lesbar auf der Packung angegeben sein:
- der Preis;
- die Gewichts- und Volumenangaben, damit Preisvergleiche möglich sind;
- der Alkoholgehalt, wenn dieser über 1,2 Prozent Alkohol liegt;
- die Mindesthaltbarkeit;
- die Zutatenliste. Dort muß aufgeführt werden, aus welchen Bestandteilen sich ein Nahrungsmittel zusammensetzt, natürlich mit den Angaben über eventuelle Zusatzstoffe;
- die genaue Anschrift des Herstellers, damit der Kunde die Möglichkeit hat, sich zu beschweren oder zu loben.

Haltbarkeitsdatum

Das Mindesthaltbarkeitsdatum gibt den Zeitpunkt an, bis zu dem ein Lebensmittel bei angemessener Lagerung seine spezifischen Eigenschaften wie Farbe, Geruch und Aussehen behält. Es besagt nicht, daß das Lebensmittel nach diesem Datum verdorben ist.

Es ist nicht vergleichbar mit dem Verfalls- oder letztem Verbrauchsdatum, daher darf das Lebensmittel auch nach Ablauf des Mindesthaltbarkeitsdatums verkauft werden. Allerdings hat der Händler dann eine erhöhte Sorgfaltspflicht.

Lebensmittelzusatzstoffe

Unter Zusatzstoffen versteht man wirksame Substanzen, die man zur Beeinflussung der Struktur, der Farbe, des Aussehens oder der Haltbarkeit benötigt – und das nur in kleinsten Mengen. Meist haben diese Zusatzstoffe chemische Namen, mit denen der Verbraucher im allgemeinen nichts anfangen kann. Da zunehmende allergische Reaktionen auch auf diese Zusatzstoffe zurückzuführen sind, ist für die Betroffenen ein Blick auf die Zutatenliste wichtig. Dort ist die Angabe aller verwendeten Substanzen Pflicht. Die Vielzahl der unterschiedlichen Zusatzstoffe werden der besseren Übersicht wegen in Klassen zusammengefaßt, die den Verbraucher über den Zweck des beigefügten Stoffes informieren sollen, da dies aus den chemischen Bezeichnungen oder den E-Nummern nicht erkenntlich ist. E-Nummern enthalten immer dreistellige Zahlen, die in allen EU-Ländern gültig sind. Farbstoffe tragen z. B. die Nummern E 100 bis E 180.

Die wichtigsten Gruppenbezeichnungen für die Zusatzstoffe sind:

Antioxidationsmittel

Sie schützen Lebensmittel vor dem Verderb durch Luftsauerstoff und verhindern z. B. das Ranzigwerden von Fett. Synthetische Antioxidantien sind bei Trockensuppen und -brühen, getrockneten Kartoffelerzeugnissen, Knabbereien auf Getreidebasis, Kaugummi und Marzipan zugelassen.

Backtriebmittel

Neben der bekannten Hefe werden als Triebmittel auch Natriumbikarbonat, Phosphate, Weinstein oder Pottasche verwendet.

Emulgatoren

Sie sorgen dafür, daß sich beispielsweise Wasser und Öle homogen verbinden. Das bekannteste Emulgationsmittel ist Lezithin.

Farbstoffe

Sie sollen die Optik der Nahrungsmittel verbessern. Heute bevorzugen Verbraucher wieder mehr naturbelassene, also ungefärbte Nahrungsmittel. Farbstoffe werden vor allem in der Süßwarenindustrie verwendet.

Geschmacksverstärker

Sie betonen den Eigengeschmack eines Lebensmittels. Häufig werden diese Stoffe bei Wurstwaren, Fertigsuppen und -saucen, Getränken und Gemüsekonserven angewendet.

Konservierungsstoffe

Sie hemmen das Wachstum von Mikroorganismen wie Schimmelpilzen, Fäulnis- und Gärungserregern. Der bekannteste Zusatzstoff dieser Kategorie ist die Sorbinsäure mit der Kennzahl E 200 und deren Salze (E 202 bis 203). Häufigster Anwendungsbereich ist die Verlängerung der Haltbarkeit von verpacktem Brot, Käse und Fruchtjoghurt.

Verdickungsmittel

Diese Mittel werden entweder aus Algen, Harz oder Johannisbrotkernmehl gewonnen und sorgen für eine sämige Konsistenz. Sie tragen die E-Nummern 400 bis 412.

Weitere Zusatzstoffe sind Farbstabilisatoren, Gelier- und Festigungsmittel, Säuerungs- und Schaummittel, Schaumverhüter, Schmelzsalz, Stabilisatoren, Süßungsmittel, Überzugsmittel, Vitamine und Mineralstoffe.

Lebensmittel-Güteklassen

Bei der Definierung ihrer Produkte greifen die Hersteller gerne auf so wohlklingende Bezeichnungen wie „Extra-Klasse, Delikatess- oder Premiumqualität" zurück. Dies ist vom Gesetzgeber grundsätzlich nicht untersagt, es ist jedoch auch keine exakt definierte Aussage zu dem Produkt. Anders ist es mit den staatlich geprüften Güteklassen. Sie müssen die jeweils festgelegten Qualitätsanforderungen erfüllen. Beurteilt werden die Größe, das Aussehen, die Sauberkeit, die Herkunft und die Frische eines Lebensmittels. Produkte mit Güteklassen werden Stichprobenkontrollen unterzogen.

In Güteklassen werden vor allem Obst und Gemüse eingeteilt. Bei Milch, Käse und Eiern ist eine Güteklassenbezeichnung nicht üblich. Bei Eiern gibt es zwar eine Güteklasseneinteilung, im Handel werden aber nur Eier der Güteklasse A, also frische und einwandfreie Eier, angeboten.

Bei Milch und Milchprodukten ist eine Einteilung ebenfalls überflüssig, da aus Gründen des Gesundheitsschutzes nur frische Ware angeboten werden darf.

Obst und Gemüse wird eingeteilt in

Klasse Extra steht für höchste Qualität, gleichmäßige Größe und absolute Frische.

Klasse I steht für gute Qualität, es dürfen aber kleinere Abweichung in Form und Optik sein, z.B. dürfen Äpfel unterschiedlich groß sein.

Klasse II bedeutet marktfähige Ware, kleine Fehler in Form und Farbe sind erlaubt.

Gewichtsklassen bei Eiern

Seit dem 1. August 1996 gibt es eine EU-einheitliche neue Gewichtsklassen-Verordnung für Eier. Dem Verbraucher stehen nicht mehr wie bisher acht, sondern nur noch vier Klassen zur Verfügung. Das alte Zahlensystem von 0 bis 7 wurde durch verständlichere Bezeichnungen ersetzt.

XL sehr groß, 73 g und mehr
L groß, 63 bis 73 g
M mittel, 53 bis 63 g
S klein, unter 53 g

Fettgehaltsstufen bei Käse

Doppelrahmstufe:
	max. 85 %
	mind. 60 %
Rahmstufe:	mind. 50 %
Vollfettstufe:	mind. 45 %
Fettstufe:	mind. 40 %
Dreiviertelfettstufe:	mind. 30 %
Halbfettstufe:	mind. 20 %
Viertelstufe:	mind. 10 %
Magerstufe:	höchstens 10 %

Fett in der Trockenmasse

Den Fettgehalt auf die Trockenmasse zu beziehen ist sinnvoll, weil Käse ein Naturprodukt ist, das einem Reifeprozeß unterliegt, und sich deshalb der Wassergehalt von der Herstellung bis zum Verzehr ständig verändert. Deshalb hat man sich entschlossen, den Fettgehalt bezogen auf die Trockenmasse anzugeben. Viele Hersteller geben heute aber zudem den tatsächlichen Fettgehalt an. Will man den tatsächlichen Fettgehalt selbst berechnen, multipliziert man die Angabe Fett i. Tr. bei
Frischkäse mit 0,3
Weichkäse mit 0,4
Schnittkäse mit 0,5
Hartkäse mit 0,6.

Internationale Bezeichnung für Käse

Die internationale Bezeichnung für die Einteilung der Käsegruppen lautet „Wff", nach dem Wassergehalt in der fettfreien Käsemasse. Wff steht für „water fat free". Man unterscheidet sechs Gruppen:

	Wassergehalt
Hartkäse:	bis 56 %
Schnittkäse:	54–63 %
Halbfester Schnittkäse:	61–69 %
Sauermilchkäse:	60–73 %
Weichkäse:	mehr als 67 %
Frischkäse:	mehr als 73 %

Kennzeichnung von Milch und Milchprodukten

Bei Milchprodukten gibt es zwar keine Einteilung in Klassen, dafür aber bestimmte gesetzliche Kennzeichnungsvorschriften, die auf den Packungen stehen müssen:
Verkehrsbezeichnung
Buttermilch, Vollmilch, usw.
Mengenangaben
für Milch in Volumen, für Milchprodukte in Gewicht
Angabe des Fettgehaltes
z. B. 3,5 % Fett im Milchanteil
Art der Wärmebehandlung
wärmebehandelt, pasteurisiert, ultrahocherhitzt oder sterilisiert
Mindesthaltbarkeitsdatum
Wenn „gekühlt" ohne Temperatur angegeben ist, bedeutet dies eine Lagerung bei 10° C.
Zutatenliste
Alle enthaltenen Zutaten, wie Salz, Zucker usw. müssen, je nach Mengenanteil, in absteigender Reihenfolge angegeben werden.

Kennzeichnung von Lebensmitteln aus ökologischem Landbau

Da mit den Begriffen „Öko", „Bio" oder „Natur" leider auch viel unlautere Geschäftemacherei betrieben wurde, hat der Agrarministerrat der EU im Juni 1991 eine Verordnung über den ökologischen Landbau und die entsprechende Kennzeichnung der landwirtschaftlichen Erzeugnisse und Lebensmittel verabschiedet. Diese Verordnung gilt vorerst nur für pflanzliche Erzeugnisse.

In der Bundesrepublik Deutschland haben sich bislang acht Organisationen des ökologischen Landbaus in der „Arbeitsgemeinschaft Ökologischer Landbau" zusammengeschlossen. Landwirtschaftsbetriebe, die sich einer dieser Organisationen angeschlossen haben, unterliegen strengen Kontrollen. Bei Verstößen der Landwirte gegen die festgelegten Anbaurichtlinien werden hohe Strafen bis zum Verbandsausschluß verhängt. Nahrungsmittel, die aus derartigen Betrieben kommen, sind speziell gekennzeichnet und bieten dem Verbraucher die Gewähr, ein nach strengen Richtlinien erzeugtes Produkt zu kaufen. Die neun deutschen Anbauorganisationen sind: Demeter, Bioland, ANOG, Biokreis Ostbayern, Naturland, Bundesverband ökologischer Weinbau, Ökosiegel, Gäa, Öko Landbau Sachsen.

Was sagt das Gesetz zu „Light"- oder „Leicht"-Produkten?

Beide Bezeichnungen sind lebensmittelrechtlich keine geschützten und definierten Begriffe. Das heißt, es gibt dafür keine gesetzlichen Vorschriften, und somit können die Begriffe sehr vielfältig verwendet werden, ohne daß eine bestimmte Eigenschaft eines Produktes deutlich erkennbar sein muß.
„Leicht" kann z. B. für leicht bekömmlich, leicht verdaulich, locker und luftig, kalorienarm oder kalorienreduziert, fettarm, alkoholarm, koffeinarm, nikotinarm oder wenig Kohlensäure stehen.
„Lightprodukte" sind nicht unbedingt diätetische Lebensmittel. Diese unterliegen der Diätverordnung und der Nährwert-Kennzeichnungsverordnung und werden so gekennzeichnet:
Kalorienarm – Lebensmittel, die nicht mehr als 50 kcal/100 g verzehrfertiges Nahrungsmittel enthalten; Getränke und Suppen, die nicht mehr als 20 kcal/100g liefern.
Kalorienreduziert – Lebensmittel, die 40 % weniger Energie liefern als herkömmliche.

Je frischer, desto gesünder

Hochwertige und frische Lebensmittel sind die Basis für ein köstliches Gericht. Wie gut jemand kocht, hängt mit davon ab, wie kritisch er einkauft. Auch der beste Koch kann aus nicht mehr ganz frischen Gemüsesorten keinen wirklich schmackhaften Eintopf zubereiten. Sind die Zutaten aber knackig und aromatisch, ist es selbst für einen Laien relativ einfach, daraus eine genußvolle Speise herzustellen.

Bei Obst und Gemüse spielt die Frische nicht nur für den Geschmack, sondern auch für die Gesundheit eine große Rolle. Mit jedem Tag der Lagerung sinkt nämlich der Gehalt an wertvollen Inhaltsstoffen, vor allem dann, wenn die Lebensmittel warm und hell gelagert werden.

Praktische Einkaufstips

• Gemüse und Obst so oft wie möglich frisch einkaufen.
• Nach dem Einkauf möglichst rasch verarbeiten.
• Falls eine Lagerung dennoch nötig ist, immer dunkel und möglichst kühl aufbewahren, etwa im Gemüsefach des Kühlschranks.
• Kaufen Sie Gemüse oder Früchte möglichst nicht an Ständen, die der prallen Sonne ausgesetzt sind oder direkt am Straßenrand stehen.
• Prüfen Sie kritisch, was Sie kaufen. Lassen Sie sich zum Beispiel einen Salatkopf zeigen, damit Sie sehen, ob die Blätter noch knackig sind – es ist Ihr gutes Recht.
• Stammkunde zu sein ist von großem Vorteil, da man meistens besser beraten und bedient wird als Laufkundschaft.
• Bevorzugen Sie regionale Produkte, für die keine langen Transportzeiten anfallen.
• Wer die Möglichkeit hat, beim Erzeuger direkt zu kaufen, sollte dies nutzen, da die Ware meist am Tag der Ernte verkauft wird.
• Achten Sie bei abgepackter Ware, wie Eiern, Milch und allen Milchprodukten, unbedingt auf das Mindesthaltbarkeitsdatum.
• Vor allem an heißen Tagen, die eingekauften Lebensmittel nicht unnötig lange im Auto liegenlassen. In kürzester Zeit ist der knackigste Salatkopf welk.
• Gemüse und Früchte der jeweiligen Saison sind immer am aromatischsten. Auch wenn die Erdbeeren zu Weihnachten noch so appetitlich rot aussehen, es fehlt ihnen das Aroma.

Lagermöglichkeiten

Damit die unterschiedlichen Lebensmittel auch ideale Bedingungen für die Lagerung haben, sollten die folgenden Lagermöglichkeiten zur Verfügung stehen.

Kühlschrank

Für die kurzfristige Lagerung von frischen, leichtverderblichen Lebensmitteln bei einer Temperatur von 0 bis 6° C. Beachten Sie, daß Obst und Gemüse in das Gemüsefach gehören und Eier und Butter am besten in den geschlossenen Türfächern aufbewahrt werden.

Gefriergeräte

Ein Gefriergerät, -truhe oder -schrank, ist zum mittel- und langfristigen Aufbewahren von Gemüse, Obst, Brot oder Fertiggerichten geeignet. Ideal gerade für den Minihaushalt, da man Speisen in größeren Mengen zubereiten und portionsweise einfrieren kann. '

Vorratsschränke mit Kühl- und Gefrierteil (Mehrzonengeräte)

Optimal für kleine Haushalte, da in einem Schrank die Vorratshaltung in verschiedenen Temperaturbereichen möglich ist. Es gibt Geräte mit drei und vier Zonen:
Gefrierzone
       bis −18° C und kälter
Kühlzone   −4° C bis 8° C
Kellerzone   8° C bis 12° C
Frischhaltezone 0° C bis 1° C
bei einer Luftfeuchtigkeit von 50 bis 90 % oder bei 4° C bis −4° C bei einer relativen Luftfeuchtigkeit von 50 %.

Vorratsschränke

Sie sind in erster Linie für Trockenprodukte, Vollkonserven und Eingemachtes geeignet. Die Temperatur sollte möglichst unter 20° C liegen. Wichtig ist, daß die Lebensmittel dunkel und trocken lagern.

Ist Vorratshaltung noch zeitgemäß?

Im Zeitalter der kleinen Haushalte und der Berufstätigkeit der Hausfrau ist eine gezielte Vorratshaltung wichtiger denn je. Ein sinnvoller Vorrat macht unabhängig von Ladenöffnungszeiten, hilft bei überraschenden Besuchen, spart Geld, da man Sonderangebote auch bei einem Minihaushalt besser ausnützen kann, und vor allem auch Zeit, da man nicht täglich einkaufen gehen muß. Natürlich wäre eine Speisekammer oder ein Keller optimal, aber Vorratshaltung ist auch im kleinsten Appartement möglich. Die Industrie bietet heute moderne Vorratsschränke, Kühl- und Gefrierschränke für alle Bedürfnisse und Ansprüche an. Ein geplanter Vorrat macht auf jeden Fall den Alltag bequemer.

Das richtige Handwerkszeug

Ein Topf, eine Pfanne, ein Messer und ein Kochlöffel – sicherlich reicht das aus, um sich etwas zu kochen. Mehr Spaß macht es jedoch, wenn man das richtige Handwerkszeug zur Verfügung hat. Wichtiger als eine große Auswahl an Töpfen, Messern, Kellen, Reiben und Geräten ist jedoch die gute Qualität der praktischen Küchenhelfer.

Die beste Pfanne nützt nichts, wenn sie keinen dicken Boden hat und nicht plan auf der Herdplatte liegt, und ein Messer mit einer minderwertigen Klinge ist ebensowenig eine Hilfe. Achten Sie daher beim Kauf auf beste Qualität, Funktionalität, lange Haltbarkeit und eventuell auf ein ansprechendes Design, da das Hantieren mit formschönen Geräten mehr Spaß macht.

Vorschläge für die Grundausstattung

<u>Töpfe.</u> Beim Kauf von Töpfen ist das wichtigste Kriterium ein dicker Boden, der die Hitze gut und gleichmäßig an die Topfwände weiterleitet. Ob man Töpfe aus Email oder lieber Edelstahl bevorzugt, ist Ansichtssache.

<u>Pastatopf.</u> Wenn man häufig Nudeln kocht, ist ein Profitopf mit rundherum gelochtem Einsatz sinnvoll. Man kann darin auch Gemüse blanchieren, d. h. kochen, im Kochsieb abtropfen lassen und dann in eiskaltes Wasser tauchen.

<u>Pfannen.</u> Man benötigt eine Pfanne aus Edelstahl oder Eisen, die man hoch erhitzen kann zum Braten von Steaks und Bratkartoffeln, und eine beschichtete Pfanne für empfindliche Speisen wie Eiergerichte.

<u>Durchschlag</u> oder <u>Sieb.</u> Zum Abtropfen von Salat oder gekochten Nudeln ist ein Durchschlag hilfreich. Der Boden sollte rund gewölbt sein, eine hochgezogene Seitenlochung und Füße haben, damit das Wasser gut abtropfen kann. Ein Durchschlag aus Metall ist besonders stabil und auch hitzebeständig.

<u>Kochlöffel.</u> Es gibt sie aus Kunststoff oder Holz. Kunststoff ist zwar hygienischer und spülmaschinenfest, viele Profis bevorzugen dennoch die altbewährten Holzkochlöffel. Diese sollte man aber immer nur heiß abwaschen und nicht in die Spülmaschine geben.

<u>Schneebesen.</u> Beachten Sie beim Kauf, daß der Griff gut in der Hand liegt. Stiel und Drahtschlaufen müssen ein ausgewogenes Gegengewicht bilden. Achten Sie darauf, daß die stabilen und hochelastischen Drähte gut mit dem Verschluß verankert sind. Es gibt Schneebesen mit unterschiedlich dicken Drähten, je nachdem, ob man eine feste oder eine luftige Masse aufschlägt.

<u>Küchensiebe.</u> Wenn man häufig kocht, sollte man Siebe in mindestens zwei unterschiedlichen Größen zur Hand haben. Siebe aus Metall unbedingt bevorzugen.

<u>Schaumlöffel.</u> Praktisch zum Herausheben und Abtropfen von Knödeln und Gemüse.

<u>Schneidebrett.</u> Bretter aus Kunststoff sind zwar hygienischer, auf Holzbrettern werden Messer aber nicht so rasch stumpf.

Sparschäler. Sie sind notwendig, um Gemüse, Kartoffeln oder Früchte so dünn und gleichmäßig wie möglich zu schälen. Es gibt verschiedene Ausführungen, man muß ausprobieren, mit welchem Modell man am besten zurechtkommt.

Pellkartoffelhalter. Zum Schutz der Hände, wenn Kartoffeln oder Rüben heiß geschält werden müssen.

Messer. Ein großes und kleines Küchenmesser dürfen in keiner Küche fehlen. Wichtig ist nicht nur, daß es gut in der Hand liegt, es sollte auch aus einem Stück geschmiedet sein. Rostfreier Stahl und ein breiter Übergang der Klinge zum Griff sind Qualitätskriterien. Handgeschmiedete Messer sind zwar teuer, sie schneiden aber besser und sind haltbarer als Billigware.

Rohkostreiben. Wer gerne Rohkost ißt, benötigt eine Metallreibe für feine und grobe Raspel.

Stabmixer. Nicht nur ideal zum raschen Pürieren, sondern auch zum schaumigen Aufschlagen von Suppen und Saucen.

Handrührgerät. Obwohl Profis Eiweiß und Sahne mit der Hand aufschlagen, ist dieses Kleingerät für jeden eine nützliche Hilfe.

Von alltäglich keine Spur

Jeden Tag Köstliches auf den Tisch zu bringen, das der ganzen Familie schmeckt, ist nicht einfach. Jede Hausfrau kennt die tägliche Frage „Was soll ich heute kochen?" Was die Kinder gerne mögen, trifft nicht immer den Geschmack der Eltern und umgekehrt.

Deshalb ein paar Anregungen, wie Sie aus den vielen Rezepten, die dieses Buch bietet, abwechslungsreiche Mahlzeiten zusammenstellen können. Die Rezepte sind jeweils für vier Personen berechnet, falls nichts anderes angegeben ist.

Menüs für fest-liche Stunden

Ein Festmenü ohne großen Braten war früher undenkbar. Heute bevorzugen Genießer auch bei festlichen Essen eher Gemüseplatten, al dente gekochte Pasta oder einen cremigen Risotto. Anregungen für fleischlose Genüsse bietet das Buch genug, man muß sie nur noch wie ein Puzzle zu einem raffinierten Menü zusammenstellen. Lassen Sie sich von den nebenstehenden Kombinationen inspirieren. Viele Rezepte, die sich auch für Gäste eignen, sind bereits für sechs bis acht Personen berechnet. Alle anderen sind für vier Personen, lassen sich jedoch auch für zusätzliche Personen erweitern.

1. Frühlingsrollen (Seite 179)
Weißkohlpfanne (Seite 116)
Crème caramel (Seite 241)

2. Klare Gemüsebrühe (Seite 81) mit Quark-Basilikum-Klößchen (Seite 85)
Cannelloni (Seite 192)
Zabaione (Seite 241)

3. Avocado-Tomaten-Salat (Seite 75)
Pilaw (Seite 163)
Zitronentorteletts (Seite 239)

4. Blumenkohl-Brokkoli-Salat (Seite 65)
Lasagne mit Tomaten und Mozzarella (Seite 192)
Schoko-Tiramisu (Seite 232)

5. Waldorfsalat (Seite 60)
Grießlaibchen (Seite 172) auf Tomatensauce (Seite 196)
Gratinierte Früchte (Seite 236)

6. Erbsenflan (Seite 124)
Pikanter Topfenstrudel (Seite 219)
Salat mit Kartoffelcroûtons (Seite 56)
Erdbeeren mit Weinschaumsauce (Seite 99)

7. Minestrone (Seite 90)
Penne mit frischen Artischokken (Seite 201)
Espressocreme (Seite 230)

8. Lauchquiche (Seite 177)
Tofu süßsauer (Seite 217)
Weiße Mousse au chocolat (Seite 230)

9. Möhrensuppe (Seite 83)
Ravioli mit Steinpilzfüllung in Salbeibutter (Seite 191)
Bratapfel (Seite 240)

10. Crostini mit Ziegenkäsecreme und Kräutern (Seite 38)
Buntes Gemüsecurry mit Basmati-Reis (Seite 131)
Himbeer-Joghurt-Eis (Seite 235)

Damit machen Sie eine gute Figur

Das Geheimnis einer guten Figur sind nicht ständig wechselnde Fastenkuren, die man mit knurrendem Magen und schlechter Laune mehr recht als schlecht durchhält, sondern eine dauerhafte, vernünftige Ernährung, die Spaß macht. Das Buch bietet eine Vielzahl verführerischer Gerichte, die sich ganz einfach zu einem kalorienarmen, fitmachenden Menü zusammenstellen lassen. Hier eine kleine Auswahl leckerer Mahlzeiten, ideal für die schlanke Linie und für alle, die sich vitaminreich und gesund ernähren wollen.

Frühstück – der richtige Start in den Tag

Ein Tag ohne Frühstück ist wie ein Fehlstart. Denn die erste Mahlzeit ist auch die wichtigste: Sie versorgt den Körper mit allem, was er für den Vormittag braucht. Ein schön gedeckter Frühstückstisch – mit frisch gepreßten Säften und Obst, mit Müsli oder Frischkornbrei, mit appetitlich belegten Broten und leichten Eierspeisen – das gibt Kraft und weckt die Lebensgeister. Frisch gebrühter Tee oder Kaffee machen jeden Morgenmuffel munter. Gestärkt und gutgelaunt können sich die Kinder in der Schule besser konzentrieren, der Bürostreß wird erträglicher und die Hausarbeit leichter.

Energiereich in den neuen Tag

Ein erfolgreicher Tag beginnt mit einem guten Morgen. Der beste Garant dafür ist ein vollwertiges, aber nicht zu belastendes Frühstück, das in aller Ruhe verzehrt werden sollte. Es liefert die nötige Energie und stärkt sowohl die Nerven als auch die Konzentrationsfähigkeit.

Die folgenden Nahrungsmittel sorgen für Abwechslung auf dem morgendlichen Frühstückstisch und garantieren, daß Ihr Tag energiegeladen und frohgestimmt beginnt.

Frucht- und Gemüsesäfte

Frisch gepreßte Säfte sind das beste Mittel gegen Müdigkeit. Die reichlich enthaltenen Vitamine bringen nicht nur jeden Morgenmuffel in Schwung, sie unterstützen auch die Abwehrkräfte.

Haferflocken

Es ist ein langer Weg, bis aus dem Haferkorn eine zarte oder kernige Flocke wird. Viele Arbeitsgänge sind nötig, und dabei gilt der oberste Grundsatz, daß alle wertvollen Inhaltsstoffe, die ursprünglich in den Haferkörnern stecken, auch in den Flocken erhalten bleiben müssen. Kernige Hafervollkornflocken werden aus ganzen Körnern, zarte Flocken aus gebrochenen und Instantflocken aus Hafermehl hergestellt.

Getreidekörner

Ob Weizen, Gerste, Hafer, Dinkel, Grünkern, Hirse oder Buchweizen – allesamt bilden sie die Grundlage für Fitneßmüslis. Sie werden entweder roh mit einer Getreidemühle gemahlen, eingeweicht und gekocht, oder man bringt sie innerhalb weniger Tage zum Keimen. Gleichgültig, welche Vorbereitung man auch bevorzugt – in den Getreidekörnern stecken reichlich Ballaststoffe, eine beachtliche Menge an pflanzlichem Eiweiß sowie viele wichtige Mineralstoffe, Spurenelemente und Vitamine.

Samen

Sesam, Sonnenblumen-, Kürbis- oder Pinienkerne geben Müslis auf gesunde Weise den nötigen Pfiff. Samenfrüchte, wie Buchweizen, Quinoa und Amaranth, sorgen nicht nur für die geschmackliche Abrundung, sie sind, wie Getreidekörner, Hauptbestandteil eines Müslis. Quinoa ist eine alte Kulturpflanze aus den Anden mit einem bemerkenswert hohen Eiweißgehalt. Das gleiche gilt für Amaranth: ein schmackhafter Samen, der auch „gepufft" angeboten wird. Buchweizen ist nicht, wie meist vermutet wird, eine Getreideart, sondern es sind die Samenkerne eines Knöterichgewächses. Die Zusammensetzung ist jedoch ähnlich wie bei Getreide. Der hohe Gehalt an Kieselsäure sorgt für schöne Haare und Nägel.

Nüsse

Wie das Salz in der Suppe, so dürfen auch Nüsse in einem guten Müsli nicht fehlen. Angereichert mit Hasel-, Cashew-, Pecan-, Walnüssen oder Mandeln schmecken Müslis nicht nur besser, sie werden dadurch auch energiereicher und unterstützen die Konzentrationsfähigkeit.

Frische Früchte

Sie sind nicht nur ein hübscher Farbtupfer in Müslis, sie bereichern die Körnermahlzeit auch mit Vitamin C. Am besten nimmt man immer die Früchte der jeweiligen Saison, da sie den höchsten Vitamingehalt garantieren. Falls Sie keine frischen Früchte im Haus haben, mischen Sie kleingeschnittene, ungeschwefelte Trockenfrüchte unter das Müsli.

Milch und Milchprodukte

Milch, Quark oder Joghurt verbinden Körner, Samen und Früchte zu einem cremigen Brei und ergänzen das wertvolle Morgenmahl mit leichtbekömmlichem Eiweiß.

Brot und Backwaren

Unter Hunderten von aromatischen Vollkornbroten und -brötchen findet jeder etwas nach seinem Geschmack. Je vollwertiger, um so gesünder!

Butter oder Margarine

Das ist eine Frage des persönlichen Geschmacks oder des Cholesterinspiegels. Wenn Sie Margarine als Brotaufstrich bevorzugen, dann sollte es eine gute, linolsäurereiche Pflanzenmargarine oder eine Diätmargarine sein.

Körnchen- weise Gesundheit

Rohe Getreidekörner enthalten zwar viele lebensnotwendige Inhaltsstoffe, aber wem schmecken schon rohe Körner? Außerdem liegen sie schwer im Magen. Sie müssen aufbereitet werden, damit der menschliche Körper alles, was in ihnen steckt, richtig verwerten kann.

Richtig vorbereitet sind sie wahre Energiebündel

Je nach Geschmack kann man die Körner im ganzen keimen lassen, schroten, geschrotet in Wasser quellen lassen oder die fertigen Haferflocken goldbraun rösten, um sie einerseits schmackhafter, andererseits noch bekömmlicher zu machen.

Grundrezept Frischkornmüsli

Für 2 Personen:

2 EL gekeimte Weizenkörner
2 EL geschroteter Dinkel
2 EL geröstete Vollkorn-
haferflocken
1 EL gehackte, geröstete
Haselnüsse
1 EL Rosinen
1 Apfel
1 kleine Banane
100 g blaue Trauben
ca. 200 g Vollmilchjoghurt
etwas Vanillemark
1 EL dünnflüssiger Honig
2 EL geschlagene Sahne

1. Die gekeimten und geschroteten Körner, die Haferflocken, die gerösteten Nüsse, Rosinen und die kleingeschnittenen Früchte auf zwei Tellern anrichten.
2. Vollmilchjoghurt mit Vanille und Honig verrühren, die Sahne unterziehen und jeweils die Hälfte davon über das Müsli verteilen.

Körner schroten

1. Nur einwandfreie, kontrollierte Körner verwenden.

2. Mit Hilfe einer Haushaltsmühle grob schroten.

3. Über Nacht in Wasser quellen lassen.

Körner keimen

1. Körner in reichlich Wasser ca. 12 Stunden einweichen.

2. Auf einer Keimschale verteilen und keimen lassen.

3. Zweimal täglich mit frischem Wasser durchspülen.

Haferflocken rösten

1. Butter und Zucker in einer Pfanne leicht karamelisieren.

2. Haferflocken unter Rühren darin goldbraun rösten.

3. Auf Alufolie ausbreiten und abkühlen lassen.

Weizenkörner garen

1. Weizen in ein Sieb geben und gründlich abspülen.

2. Mit der dreifachen Wassermenge zum Kochen bringen.

3. Bei schwacher Hitze etwa 40 Minuten quellen lassen.

Hirsekörner garen

1. Hirse mit gut der doppelten Wassermenge mischen.

2. Bei mittlerer Hitze zum Kochen bringen.

3. Bei schwacher Hitze 20 bis 25 Minuten quellen lassen.

Gerstengrütze garen

1. Grütze in der vierfachen Wassermenge einweichen.

2. Grütze erhitzen und einmal aufkochen lassen.

3. Bei schwacher Hitze ca. 20 Minuten quellen lassen.

Gekochte Frischkornbreie

Nicht jeder verträgt Müslis aus rohen geschroteten oder gekeimten Körnern. Darauf verzichten muß man nicht, auch wenn man einen empfindlichen Magen hat. Gekocht sind die Körner leicht bekömmlich und regen auf sanfte Weise den Darm an. Die Kochzeit von einer Stunde und mehr, und das morgens, wirkt selbst auf überzeugte Vollwertliebhaber abschreckend. Man kann die Körner jedoch gut ohne Geschmackseinbuße am Vortag kochen und bis zum Gebrauch zugedeckt im Kühlschrank aufbewahren. Noch rationeller ist es, den Bedarf an Körnern für zwei bis drei Tage auf einmal zu kochen.

Am schnellsten und äußerst schonend garen Weizen, Gerste und andere Körner im Schnellkochtopf. Vorheriges mehrstündiges Einweichen verkürzt die Garzeit noch.

Grundrezept Frischkornbrei

Für 2 Personen:
40 g Hirse
200 ml Wasser
20 g frisch geschroteter Buchweizen
⅛ l Vollmilch
2 EL Rosinen
1 Prise Salz
1 EL Honig
1 kleine Banane
100 g Himbeeren
1 EL grobgehackte Pistazienkerne

1. Die Hirse im Wasser 20 Minuten kochen. Den Buchweizenschrot und die Milch dazugeben und kurz aufkochen lassen. Rosinen und Salz untermischen und den Brei etwa 5 Minuten quellen lassen.
2. Honig und die in Scheiben geschnittene Banane untermischen. Brei auf zwei Schalen verteilen. Mit Himbeeren und Pistazien bestreuen.

Ein buntes Potpourri aus Körnern, Obst und Milch

Der Ruf, der dem Müsli ausschließlich als Gesundheitsnahrung anhaftete, ist längst überholt. Das vielfältige Angebot an Körnern, Samen, Früchten und Milchprodukten bringt Abwechslung auf jeden Frühstückstisch. Mit ein bißchen Phantasie läßt sich immer wieder eine neue Variation entdecken. Wer dennoch die klassische Version bevorzugt, bereitet das Müsli des Schweizer Arztes Max Bircher-Benner (1867–1939) zu, mit dem die Müsli-Ära begann.

Bircher-Benner-Müsli

Für 2 Personen:

6 EL Vollkornhaferflocken

5–6 EL Milch

6–8 EL Sahne

1 EL Honig

2 mittelgroße, aromatische Äpfel

1 EL Zitronensaft

2 EL gehackte Haselnüsse

1. Die Vollkornhaferflocken in eine Schale geben, mit der Milch verrühren und kurz quellen lassen. Sahne und Honig unterrühren.
2. Die Äpfel waschen und ungeschält auf der Bircher-Benner-Reibe raspeln. Sofort mit Zitronensaft beträufeln und mit den Nüssen unter die eingeweichten Haferflocken mischen.

Beerenmüsli

Für 2 Personen:

6 EL verschiedene Getreidekörner (z. B. Hafer, Gerste, Weizen und Hirse)

2 EL Weizen- oder Hirseflocken

300 g Vollmilchjoghurt

2 EL Ahornsirup

150 g gemischte Beeren (z. B. Erdbeeren, Himbeeren, Blaubeeren, Brombeeren)

1 EL grobgehackte Pistazien

1. Die Körner mit einer Getreidemühle grob schroten und mit den Flocken in einer Schüssel vermischen. Joghurt und Sirup unterrühren.
2. Die Beeren kurz waschen, falls nötig, entkelchen oder von den Stielen streifen. Unter das Müsli mischen und die Pistazien darüberstreuen.

Variationen:

Das Müsli mit nur einer Beerenfrucht zubereiten und anstelle von Joghurt mit Dickmilch anrühren.
Herrlich frisch schmeckt das Müsli, wenn man die Pistazien durch frisch gehackte Zitronenmelisseblätter ersetzt.

Quinoamüsli mit Pfirsich

Für 2 Personen:

120 g Quinoa

2 EL gehackte Mandeln

2 vollreife Pfirsiche

200 g Vollmilchjoghurt

2 EL geschroteter Dinkel

1 EL Honig

2 Erdbeeren mit Grün

1. Quinoa und Mandeln ohne Fett in einer Pfanne zugedeckt goldbraun rösten. Abkühlen lassen.
2. Pfirsiche halbieren, eine Hälfte pürieren, die andere in Spalten schneiden. Quinoa, Joghurt, Dinkel und Honig verrühren, das Pfirsichmus unterrühren und auf zwei Schalen verteilen. Mit den Pfirsichspalten belegen und mit Erdbeeren garnieren.

Exotisches Kokosmüsli

Für 2 Personen:

4 EL gemischte Getreidekörner (z. B. Weizen, Gerste, Hafer und Buchweizen)

2 EL gepuffter Amaranth

2 EL Kokosraspel

je 1 Msp gemahlener Zimt und Ingwer

etwas abgeriebene Zitronenschale (unbehandelt)

200 g Dickmilch

1 EL Ahornsirup

100 g Ananasfruchtfleisch

1 kleine Banane

3 EL geschlagene Sahne

2 Minzeblätter

1. Die Körner mit einer Getreidemühle grob schroten und mit Amaranth, der Hälfte der Kokosraspeln, Zimt, Ingwer und Zitronenschale in einer Schüssel vermischen.
2. Dickmilch und Sirup unterrühren und das in kleine Stücke geschnittene Fruchtfleisch von Ananas und Banane untermischen.
3. Zum Schluß die geschlagene Sahne locker unterziehen. Mit den restlichen Kokosraspeln bestreuen und mit Minze garnieren.

Tip

Ananas durch Mango, Kiwi oder Orangenfilets ersetzen.

Müsli mit Trockenfrüchten

Für 2 Personen:

6 EL kernige Vollkornhaferflocken

2 EL gehackte Haselnüsse

1 EL brauner Zucker

20 g Butter

1 EL Rosinen

4 getrocknete Aprikosen

4 Backpflaumen

4 getrocknete Apfelringe

ca. ¼ l Milch

1. Haferflocken, Nüsse und Zucker vermischen und in der aufgeschäumten Butter unter Rühren goldbraun rösten.
2. Abgekühlt mit den Rosinen und den in kleine Würfel geschnittenen Trockenfrüchten vermischen.
3. Die Müslimischung auf zwei Schalen verteilen und mit kalter Milch begießen.

Tip

Bereiten Sie von der Müslimischung gleich eine größere Menge zu. In einer Dose verschlossen hält sie sich etwa 1 Woche.

Weich, aber mit Biß

...so muß ein Frischkornbrei sein. Unappetitlich zerkochte Körner trüben rasch die Morgenstimmung. Deshalb die Körner einige Stunden einweichen und während des Garens immer wieder die Bißfestigkeit kontrollieren. Für Menschen mit empfindlichem Magen sind Frischkornbreie, Grützen und Porridge zu empfehlen.
Leichter verdaulich werden die Körner auch durch Keimen. Zudem verdoppelt sich so der Gehalt an B-Vitaminen und Karotin!

1. Hirsebrei mit Beeren

Für 2 Personen:
100 g Hirse in 600 ml Wasser zum Kochen bringen und bei schwacher Hitze in etwa 20 Minuten ausquellen lassen. Abgekühlt mit 300 g Vollmilchjoghurt verrühren und mit etwas Orangensaft und Honig abschmekken. 200 g gemischte Beeren (Himbeeren, Erdbeeren und Heidelbeeren) untermischen und den Hirsebrei mit 1 EL gerösteten Mandelblättchen bestreuen.

2. Herbstlicher Frischkornbrei

Für 2 Personen:
120 g Dinkelkörner über Nacht in reichlich kaltem Wasser einweichen. Am nächsten Tag zum Kochen bringen und bei schwacher Hitze etwa 45 Minuten ausquellen lassen. 1 kleinen Apfel vierteln, entkernen und in Scheiben schneiden. 4 Zwetschgen vierteln und entkernen und 6 Weintrauben halbieren und entkernen. Die Früchte mit 200 g Dickmilch unter die abgekühlten Körner mischen und mit braunem Zucker und etwas Zimt würzen.

3. Porridge

Für 2 Personen:
400 ml Wasser zum Kochen bringen und 6 bis 8 EL kernige Vollkornhaferflocken hineinstreuen. Etwas salzen und bei schwacher Hitze etwa 15 Minuten ausquellen lassen. Auf zwei tiefe Teller verteilen und mit etwa 125 g flüssiger Sahne übergießen. Wer möchte, gart 2 EL Rosinen mit und süßt mit etwas Honig.

1

2

3

4

4. Gerstengrütze mit Apriko-sen und Pinienkernen

Für 2 Personen:

120 g geschrotete Gerstenkörner mit so viel Wasser verrühren, bis ein weicher Brei entsteht. Über Nacht quellen lassen. 100 g gedörrte Aprikosen mit etwas Orangensaft begießen und ebenfalls bis zum nächsten Morgen einweichen. 2 EL Pinienkerne in einer Pfanne goldgelb rösten.

Die gequollene Grütze und die Früchte mit dem Saft vermischen, mit Honig süßen und auf zwei Teller verteilen. 1 EL leicht geschlagene Sahne in die Mitte geben und mit Pinienkernen bestreuen.

Wer es noch bekömmlicher möchte, läßt die eingeweichte Grütze bei schwacher Hitze etwa 15 Minuten quellen.

5. Amaranth-Frischkornbrei mit Himbeermark

Für 2 Personen:

⅛ l Apfelsaft aufkochen und 50 g Amaranth hineingeben. Bei schwacher Hitze etwa 10 Minuten quellen lassen. Vom Herd nehmen, abkühlen lassen und kalt stellen.

200 g Magerquark, 2 EL Sahne und 1 bis 2 EL Friate (Apfeldicksaft) glattrühren.

1 großen Apfel schälen, halbieren und in kleine Würfel schneiden. 2 EL Haselnüsse grob hacken und beides mit 2 EL Rosinen und dem Amaranth unter den Quark rühren. Auf zwei Schalen verteilen.

150 g Himbeeren verlesen, durch ein Sieb streichen und nach Geschmack süßen. Jeweils eine Mulde in die Mitte des Breis drücken und das Himbeermark hineingießen. Mit Mohnsamen bestreuen.

6. Pikantes Gemüsemüsli

Für 2 Personen:

120 g Weizenkörner, wie auf Seite 32/33 beschrieben, keimen lassen. 250 g frisches Gemüse, z. B. Möhren, Kohlrabi, Stangensellerie und Fenchel, putzen und in kleine Würfel oder Streifen schneiden. 2 EL gehackte Petersilie untermischen. Gemüse mit 2 EL Olivenöl, 1 EL Kräuteressig, Salz und Pfeffer marinieren. Die Mischung mit den gekeimten Körnern auf zwei Teller verteilen. Jeweils 1 gehäuften EL Sahnequark darauf geben. Mit Petersilienblättern bestreuen.

Die Weizenkörner kann man durch jede andere keimfähige Getreideart ersetzen.

Gorgonzola-Sellerie-Aufstrich mit Walnüssen

200 g Gorgonzola
200 g Mascarpone
2–3 Selleriestangen
50 g Walnußkerne
Salz
frisch gemahlener Pfeffer
½ TL Aceto Balsamico
2 EL geschlagene Sahne
4 Scheiben Walnußbrot
1 EL Kerbelblätter

1. Gorgonzola mit einer Gabel fein zerdrücken. Mascarpone dazugeben und beides zu einer glatten Creme verrühren.
2. Die Selleriestangen waschen, trocknen und in winzig kleine Würfel schneiden. Die Walnußkerne sehr fein hakken. Beides mit der Käsemischung verrühren. Creme mit Salz, Pfeffer und Aceto Balsamico würzig abschmecken.
3. Die Sahne locker unterziehen und die Creme auf geröstete Walnußbrotscheiben streichen. Mit Kerbelblättern bestreuen.

Tip

Der Aufstrich bekommt eine würzigere Note, wenn man den Gorgonzola durch Roquefort, Stilton oder deutschen Edelpilzkäse ersetzt. Köstlich schmeckt das Brot auch, wenn man ein wenig dünnflüssigen Lavendelhonig auf die Käsecreme träufelt.

Frischkäsecreme mit Radieschen und Kresse

400 g Doppelrahmfrischkäse
4–5 EL Sahne
1 EL geriebener Meerrettich
Salz
gemahlener weißer Pfeffer
10–12 Radieschen
4 Scheiben Vollkornbrot
1 Kästchen Kresse

1. Frischkäse mit Sahne und Meerrettich glattrühren und mit Salz und Pfeffer würzen.
2. Radieschen waschen und das Grün entfernen. Die Radieschen in sehr kleine Würfel schneiden und unter die Frischkäsecreme rühren.
3. Die Vollkornbrotscheiben dick mit der Käsecreme bestreichen und mit Kresse bestreuen.

Tip

Statt Kresse feingeschnittenen Schnittlauch oder feingehackte Radieschen unter die Käsecreme mischen.
Am besten schmeckt der Aufstrich mit frischen Freilandradieschen.

Ziegenkäsecreme mit Kräutern und Pinienkernen

200 g Ziegenfrischkäse
100 g Rahmfrischkäse
½ Bund gemischte
Frühlingskräuter
(z. B. Basilikum, Petersilie,
Kerbel, Zitronenthymian
und Minze)
1 kleine Knoblauchzehe
Salz
frisch gemahlener Pfeffer
2 EL Pinienkerne
4 Scheiben Bauernbrot
4 Cocktailtomaten
4 kleine Basilikumzweige

1. Ziegenkäse und Rahmfrischkäse glattrühren.
2. Die Kräuter waschen trockenschütteln und fein hacken. Knoblauch schälen und fein zerdrücken. Beides unter die Käsecreme rühren und mit Salz und Pfeffer würzen. Mindestens 15 Minuten durchziehen lassen.
3. Die Pinienkerne in einer Pfanne ohne Fett goldbraun rösten. Abkühlen lassen und fein hacken.
4. Die Pinienkerne unter die Käsecreme mischen und dick auf die getoasteten Bauernbrotscheiben streichen.
5. Cocktailtomaten waschen und vierteln. Die Brote mit Tomatenvierteln und Basilikumzweigen garnieren.

Bananen-Quark-Aufstrich mit Kokosraspel

400 g Speisequark
(40 % Fett i. Tr.)
1–2 EL Vanillezucker
etwas abgeriebene, unbe-
handelte Zitronenschale
2 vollreife Bananen
etwas Zitronensaft
6–8 Minzeblätter
2 EL geschlagene Sahne
4 EL Kokosraspel
4 Rosinenbrötchen
4 Erdbeeren mit Grün

1. Speisequark mit Vanillezucker und Zitronenschale
verrühren.
2. Bananen schälen. Eine Banane mit der Gabel fein zerdrücken, die andere in kleine
Würfel schneiden. Mit Zitronensaft beträufeln und unter
den Quark mischen. Die Minze in feine Streifen schneiden
und mit der Sahne unter die
Quarkcreme ziehen.
3. Die Kokosraspel in einer
Pfanne ohne Fett goldgelb
rösten. Die Hälfte davon unter die Quarkcreme mischen.
4. Die Rosinenbrötchen halbieren und auf den Schnittflächen goldbraun rösten.
5. Die Bananen-Quark-Creme
dick darauf verteilen und mit
den restlichen Kokosraspeln
bestreuen. Mit je einer halbierten Erdbeere garnieren.

Süßer Butterauf-strich mit Birne und Pinienkernen

1 kleine Birne
50 g Pinienkerne
60 g weiche Butter
1 EL Ahornsirup
4 Scheiben Vollkorntoast
1 EL Rosinen

1. Die Birne schälen, halbieren und entkernen. Das
Fruchtfleisch mit einem Stabmixer fein pürieren.
2. Die Pinienkerne in einer
Pfanne ohne Fett goldbraun
rösten. Abkühlen lassen und
zwei Drittel davon fein
hacken.
3. Die Butter cremig rühren
und dabei das Fruchtmus,
den Sirup und die gehackten
Pinienkerne unterrühren.
4. Die Brotscheiben toasten
und mit der Fruchtbutter bestreichen. Mit Rosinen und
Pinienkernen garnieren.

Tip

Probieren Sie den Aufstrich
auch einmal mit Äpfeln und
gerösteten Haselnüssen.

Ricotta-Beeren-Aufstrich mit Mandeln

100 g Erdbeeren
100 g Himbeeren
50 g Johannisbeeren
8 Zitronenmelisseblätter
1 Msp Vanillemark
2 EL Zucker
300 g Ricotta
2 EL feingeriebene,
geschälte Mandeln
4 Scheiben Mischbrot
2 EL Mandelblättchen
4 Johannisbeerrispen

1. Die Beeren entkelchen,
waschen und mit 4 Zitronenmelisseblättern, Vanillemark
und Zucker mit dem Stabmixer fein pürieren.
2. Ricotta in eine Schüssel
geben. Nach und nach das
Fruchtmark und die geriebenen Mandeln unterrühren.
3. Die Brotscheiben toasten
und mit der Ricotta-Beeren-
Creme bestreichen.
4. Die Mandelblättchen ohne
Fett goldbraun rösten und
darüberstreuen. Brote mit Johannisbeerrispen garnieren.

Tip

Der Aufstrich schmeckt auch
gut, wenn er nur mit einer
Beerensorte zubereitet wird.

Big Mac – mal ohne Fleisch

Von wegen Fast food: Saftig und knackig belegt, begeistern Big Mac und Sandwich nicht nur Kinder. Abwechslungsreich belegt mit Salat, Gemüse, Eiern und Käse, wird das Reinbeißen zum Vergnügen.

Grundrezept
Bunter Kürbis-Mac

4 Kürbiskernbrötchen

20 g Butter

½ Friséesalat

4 Tomaten

2 hartgekochte Eier

1 Bund gemischte Frühlingskräuter

250 g Rahmfrischkäse

1 EL geriebener Meerrettich

Salz, gemahlener Pfeffer

1 große Möhre

2 EL Mungosprossen

2 EL geröstete Kürbiskerne

1. Die Brötchen halbieren und die Schnittflächen dünn mit Butter bestreichen.

2. Den Friséesalat waschen, trockenschleudern und in mundgerechte Stücke zupfen. Die Tomaten waschen und wie die geschälten Eier in Scheiben schneiden. Die Kräuter grob hacken und unter den Frischkäse rühren. Mit Meerrettich, Salz und Pfeffer würzig abschmecken. Die Möhre waschen, schälen und in feine Streifen schneiden.

3. Die untere Hälfte der Brötchen abwechselnd mit Salat, Tomaten- und Eierscheiben, Kräutercreme, Möhrenstreifen, Mungosprossen und Kürbiskernen belegen. Die obere Brötchenhälfte darauf setzen.

Sandwich mit Käserührei

6 Eier (Größe L)

4 EL Sahne

Salz, gemahlener Pfeffer

80 g grobgeriebener mittelalter Gouda

2 EL gehackte Petersilie

20 g Butter

8 Scheiben Toastbrot

8 große Salatblätter

1 Minisalatgurke

4 EL Ketchup

1. Eier und Sahne verquirlen und mit Salz und Pfeffer würzen. Käse und Petersilie untermischen.

2. Butter in einer beschichteten Pfanne erhitzen und die Eier bei mittlerer Hitze unter Rühren stocken lassen.

3. Die Brote goldgelb toasten. 4 Scheiben mit je einem Salatblatt und den in Scheiben geschnittenen Gurken belegen, das Rührei darauf häufen und mit je einem Eßlöffel Ketchup beträufeln. Mit einem Salatblatt und der zweiten Brotscheibe bedecken. Sofort hineinbeißen.

Variationen

1. Sesambrötchen mit Salatblättern, Camembert und einem Rohkostsalat (siehe Seite 60/61) belegen.

2. Vollkornbrötchen mit Salatblättern, Gorgonzola, Birnenspalten, blauen Trauben und Pinienkernen belegen. Mit etwas Honig beträufeln.

3. Croissant mit Salatblättern, Tomatenscheiben, hartgekochten, in Scheiben geschnittenen Eiern und Sprossenmix belegen.

Gute-Laune-Frühstück

Nicht nur Kinder haben oft Probleme, morgens richtig in Schwung zu kommen. Mit witzigen Frühstücksideen kommt die gute Laune jedoch ganz von selbst.

Das Auge ißt mit

Ein lustig dekoriertes Brot oder hübsch angerichtete Püfferchen schmecken gleich noch mal so gut. Man braucht nur ein paar gute Ideen – und schon wird aus einem langweiligen Käsebrot ein echtes Frühstücksvergnügen!

Müslipuffer mit Himbeeren

Für 2 Personen:
150 g Magerquark
1 Ei
60 g Müslimischung
1 EL Weizenflocken
3–4 EL Grieß
1 Apfel
etwas Zitronensaft
Zucker nach Geschmack
2 EL Öl
10 g Butter
Vanillezucker zum Wenden
100 g Himbeeren
2 Minzezweige

1. Quark und Ei verquirlen und die Müslimischung, die Weizenflocken und den Grieß unterrühren.
2. Den Apfel schälen, halbieren, entkernen, grob raspeln und mit Zitronensaft beträufeln. Unter die Quarkmasse mischen und nach Geschmack süßen. Etwa 10 Minuten quellen lassen.
3. Öl und Butter in einer beschichteten Pfanne erhitzen und mit einem Löffel kleine Portionen der Quarkmasse in das heiße Fett geben. Mit dem Löffelrücken etwas flach drücken und die Puffer auf beiden Seiten bei schwacher Hitze goldbraun und knusprig braten.
4. In Vanillezucker wenden und mit den Himbeeren anrichten. Mit Minze garnieren.

Pfirsichpuffer mit Pistazien-Joghurt

Für 2 Personen:
20 g Butter
2 Pfirsiche (entsteint und in Spalten geschnitten)
1 EL Zucker
60 g Mehl, 1 Prise Salz
100 ml Milch, 2 Eier
150 g Sahnejoghurt
1 EL feingehackte Pistazien
Zucker nach Geschmack

1. Butter in zwei Pfannen erhitzen. Pfirsichspalten sternförmig hineinlegen, mit Zucker bestreuen und anbraten.
2. Mehl, Salz, Milch und Eier zu einem glatten Teig verrühren. Über die Pfirsiche gießen und die Puffer bei schwacher Hitze auf beiden Seiten goldbraun braten.
3. Joghurt mit Pistazien verrühren, nach Geschmack süßen und dazureichen.

Käsebrot
mit Kräutern

Für 2 Personen:
2 große Scheiben
Bauernbrot
40 g Butter
3 EL sehr feingehackte
Kräuter (z. B. Petersilie, Dill
und Schnittlauch)
6 Scheiben Butterkäse
(je 5 mm dick)

1. Brotscheiben mit Butter bestreichen. Die Kräuter auf ein Brett streuen und die Brote mit der Butterseite hineindrücken.
2. Mit Hilfe von Ausstechern unterschiedliche Motive, beispielsweise Schmetterlinge, oder beliebige Formen aus den Käsescheiben ausstechen und auf die Brote setzen. Man kann die Kräuterbrote noch mit Möhren- oder Radieschenwürfeln verzieren.

Gefülltes Mohn-
brötchen

Für 2 Personen:
2 Mohnbrötchen
1 vollreife Avocado
1 EL Magerquark
1 kleine Zwiebel (gewürfelt)
Salz, gemahlener Pfeffer
1 gehäutete und entkernte
Fleischtomate
2 Basilikumzweige

1. Von den Brötchen einen kleinen Deckel abschneiden und die Brötchen aushöhlen.
2. Avocado schälen, halbieren, entkernen und das Fruchtfleisch mit einer Gabel fein zerdrücken. Mit Quark verrühren und die Zwiebelwürfel untermischen. Würzen und in die Brötchen füllen.
3. Tomate in Würfel schneiden und auf der Füllung verteilen. Mit Basilikumblättern garnieren.

Schachbrettbrot
schwarz-weiß

Für 2 Personen:
3 Scheiben Pumpernickel
100 g Doppelrahm-
frischkäse

1. Eine Pumpernickelscheibe der Länge nach in 1 cm breiten Streifen schneiden. Die Streifen in 1 x 1 cm große Quadrate schneiden.
2. Die beiden übrigen Brotscheiben dick mit Frischkäse bestreichen und die Brotquadrate abwechselnd in den Käse drücken, so daß es das Aussehen eines Schachbretts bekommt. Falls nötig, die weißen Felder noch mit etwas Frischkäse auffüllen und glattstreichen.

Tip

Überraschen Sie Ihre Kinder mal mit einem lustigen oder auch traurigen Brotgesicht. Dafür eine große Scheibe Bauernbrot rund ausstechen (Durchmesser 10–12 cm). Dick mit Butter, Rahmfrischkäse oder Quark bestreichen und süß oder pikant garnieren:

Süße Variante:
Haare: getrocknete Aprikosen (in Streifen geschnitten) und Orangenzesten;
Augen: Rosinen
Nase: Cashewnuß
Mund: Apfelspalte mit roter Schale
Bäckchen: rote Konfitüre

Pikante Variante:
Haare: Sojasprossen und Möhrenraspel
Augen: Kürbiskerne
Nase: Cashewnuß
Mund: Tomatenspalte
Bäckchen: Ketchup

Mit appetitlich dekorierten Broten kann man selbst Eigenbrötler zum Reinbeißen verführen.

Null-Promille-Cocktails

Gegen Müdigkeit und Zerschlagenheit gibt es nur ein Wundermittel: Cocktails aus frisch gepreßtem Obst und Gemüse – hochprozentig, wenn es um die Vitamine geht.

Die richtige Mischung

Sie ist das Geheimnis jedes Cocktails. Das gilt auch für Vitaldrinks. Verschiedene Gemüse- und Fruchtsorten zusammenmixen kann zwar sehr gesund sein, muß aber noch lange nicht schmecken. Ein wenig Fingerspitzengefühl ist deshalb nötig, um einen erfrischenden Muntermacher zu erhalten.
Neben frischem Obst und Gemüse, Milchprodukten und eventuell Eiern benötigt der morgendliche „Barkeeper" natürlich einen Mixer oder Stabmixer, eine Saftpresse und einen Entsafter.
Für alle Drinks gilt: Nur reife Früchte und erntefrisches Gemüse verwenden.

Tip

Besonders prickelnd werden die Drinks, wenn man einige Eiswürfel mitmixt.

1

2

3

4

5

6

Vitalcocktails

1. Sellerie-Apfel-Drink

Apfel und geschälten Knollensellerie nacheinander entsaften. Den Saft mit Walnüssen und Kefir in einen hohen Becher geben und mit dem Stabmixer kräftig durchmixen. Mit Apfeldicksaft, Zitronensaft, Meerrettich und Cayennepfeffer würzen. In ein Longdrinkglas füllen und mit einer Selleriestange garniert servieren.

2. Möhrenshake

Möhren entsaften. Pfirsich ohne Stein, aber mit der Schale im Mixer pürieren und mit Milch oder Sahne und frisch gepreßtem Orangensaft kräftig durchmixen. Mit Honig süßen und mit einem Sahnehäubchen und Dill garnieren.

3. Kräuter-Radieschen-Cocktail

Radieschen mit frischen Frühlingskräutern, Spinatblättern, Schalotte und Kefir kräftig im Mixer durchmixen und mit Salz, weißem Pfeffer und Tabasco würzen. Mit kohlensäurehaltigem Mineralwasser auffüllen.

4. Gemüsemix

Blumenkohlröschen und Möhren entsaften. Banane, Milch, geriebene Mandeln und Zitronensaft mit dem Gemüsesaft im Mixer kräftig durchmixen. Mit Sanddornsaft, Pfeffer und Tabasco würzen und frisch gehackten Kerbel untermischen.

5. Exoten on the rocks

Das Fruchtfleisch von Ananas, Mango und Papaya im Mixer fein pürieren. Frisch gepreßten Limettensaft, Kokosmilch und Maracujasaft sowie einige Eiswürfel dazugeben und nochmal kräftig durchmixen. Mit einer Karambolescheibe und einem Minzeblatt garniert servieren.

6. Melonendrink

Das Fruchtfleisch einer Netzmelone mit Erdbeeren, Mangofruchtfleisch, frischer Minze, Orangen- und Limettensaft im Mixer kräftig durchmixen. Mit Ahornsirup abschmecken.

45

Mit Milch beginnt's

Die erste Nahrung, die jeder Mensch zu sich nimmt, ist Milch. Und viele Menschen trinken das weiße Lebenselixier ein Leben lang gerne. Milch schmeckt aber nicht nur pur, sie ist auch die beste und gesündeste Basis für raffinierte Mixgetränke.
Beginnen Sie den Tag mit köstlichen Milchshakes, denn kein anderes Lebensmittel enthält so viele wertvolle Nährstoffe.

Schokolade

Sie bildet wohl den beliebtesten morgendlichen Bestandteil eines Milchmixgetränks. Und nicht nur für Kinder. Der Wohlgeschmack hängt dabei einzig und allein vom verwendeten Kakao ab. Zum Verfeinern von Milch wird heute fast ausschließlich Instantkakao verwendet, der sich in heißer und kalter Milch rasch auflöst.
Besonders köstlich schmeckt heiße Schokolade mit einem Sahnehäubchen darauf und Schokoladenstreusel bestreut.

Heiße Ingwer-Bananen-Milch

¼ l Vollmilch mit etwa 1 EL geriebener Ingwerwurzel und etwas Zucker zum Kochen bringen und einige Minuten bei schwacher Hitze ziehen lassen. Mit ½ Banane im Mixer pürieren, 1 EL leicht geschlagene Sahne unterziehen und in ein feuerfestes Glas füllen. Mit einem Sahnehäubchen bedecken, mit Muskat bestäuben und mit einem kandierten Ingwerstückchen garnieren.

Beerencocktail

¼ l Milch mit 150 g gemischten Beeren, wie Erdbeeren, Heidelbeeren, Himbeeren und Brombeeren, im Mixer fein pürieren. Mit Zucker süßen und 1 EL leicht geschlagene Sahne locker unterziehen. Gut gekühlt in Longdrinkgläser füllen, jeweils ein Sahnehäubchen darauf setzen und mit einer Erdbeere mit Grün garnieren.

Die Munter-
macher:
Kaffee und Tee

Bei der morgendlichen Getränkewahl gibt es meist keine Kompromisse: entweder Kaffee oder Tee. Überzeugte Kaffeetrinker schwören darauf, daß nur eine Tasse Kaffee es schafft, ihre Aktivität zu mobilisieren. Tee-trinker hingegen wollen den Tag lieber ruhig und entspannt beginnen. Ob Kaffee oder Tee, es ist immer das Koffein, das die müden Geister wecken soll.

Powergetränk Kaffee

Was gibt es Schöneres für einen leiden-schaftlichen Kaffeetrinker als den morgendlichen Duft von frisch gebrühtem Kaffee? Die Dosierung, die Art der Zubereitung, die Wahl des verwendeten Wassers – all das hängt einzig und allein von den individuellen Gewohnheiten ab.

Espresso

Italiens Antwort auf Kaffee: schwarz geröstet und mit Hilfe einer Espressomaschine und Wasserdampf hergestellt, dieses Konzentrat begeistert auch bei uns die Kaffee-genießer. Man trinkt nur eine kleine Menge. Guten Espresso erkennt man an dem festen Schaum, der „Crema".

Cappuccino

Der schwarz geröstete Kaffee aus Italien erhält eine Haube aus aufgeschäumter Milch, die mit Kakao bestäubt wird.

Milchkaffee

Café au lait heißt er in Frankreich, in Österreich ist es die Melange. Gemeint ist immer gebrühter Kaffee, der zu gleichen Teilen mit heißer Milch vermischt wird.

Tee – der sanfte Wecker

Während bei Kaffee das Koffein rasch in die Blutbahn übergeht, geschieht dies bei Tee langsamer, dafür aber langanhaltender.
Die bekanntesten Teesorten kommen aus Sri Lanka, den indischen Provinzen Assam und Darjeeling. Entscheidend sind für eine gute Tasse Tee die Größe der Teeblätter, die Qualität des Wassers und das Zeremoniell des Brühens.

Salate und Rohkost – der Mix macht's

Das Angebot bunter und würziger Blattsalate war nie so groß wie heute. Zu jeder Jahreszeit können wir zwischen einer Vielzahl knackfrischer Sorten wählen. Es gibt Salatköpfe in den verschiedensten Formen und Farben, ihr Geschmack reicht von zart und mild bis herb und pikant. Zusammen mit aromatischen Kräutern und gesunder Rohkost stellt der früher nur als Beilage servierte Salatteller ein vollwertiges Hauptgericht dar. Die möglichen Kombinationen sind unendlich. Dem kreativen Salatfan steht zudem ein ständig wachsendes Sortiment ausgezeichneter Essige und Öle zur Verfügung. Damit wird ein raffiniertes Dressing fast zum Kinderspiel.

Buntgemixte Blätter

Mit einer Salatsorte gibt sich ein wahrer Salatfan schon lange nicht mehr zufrieden. Es muß ein bunter Mix sein aus verschiedenen Salatblättern, jungen Frühlingszwiebeln, reifen Tomaten, geraspelten Möhren, cremigen Avocados, knackigen Sprossen und vielen frischen Kräutern.

Jede Jahreszeit bringt ihre ganz speziellen Salat- und Gemüsesorten hervor. Deshalb sieht eine bunt arrangierte Salatschüssel im Frühling anders aus als im Herbst.

8 goldene Regeln für einen knackigen Blattsalat

1. Je frischer und knackiger die Blätter sind, um so aromatischer und vitaminreicher ist der Salat.

2. Die abgelösten Blätter möglichst nur kurz in kaltem Wasser waschen.

3. In einem Sieb gut abtropfen lassen oder in einer Salatschleuder trockenschleudern.

4. Die Blätter in mundgerechte Stücke zupfen oder in Streifen schneiden.

5. Den Blättermix und gegebenenfalls die übrigen Salatzutaten, wie z. B. Sprossen und Kräuter, in eine große Schüssel geben.

6. Die Salatsauce anrühren. Dabei darauf achten, daß immer zuerst das Salz mit dem Essig so lange gerührt wird, bis es sich völlig aufgelöst hat. Erst dann die gewünschten Öle unter Rühren dazugießen.

7. Die Marinade über den Salat gießen und rasch und gründlich mit dem Salatbesteck miteinander vermischen.

8. Sofort servieren – denn ein noch so gut angemachter Salat schmeckt nicht, wenn die Blätter nicht mehr knackig sind.

Kopfsalat

Beim grünen Kopfsalat müssen die Köpfe fest geschlossen sein, bei seinem roten Pendant ist die Kopfbildung lockerer. Kopfsalat wiegt zwischen 250 g und 500 g und welkt rasch.

Eissalat

Aus Amerika kommt diese Zuchtart des Kopfsalats, der vor allem wegen der knackigen Frische geschätzt wird. Die Köpfe wiegen zwischen 600 g und 800 g und bleiben im Kühlschrank bis zu mehreren Wochen frisch.

Batavia

Dieser Salat ist eine Kreuzung aus Kopf- und Eissalat. Die 500 g bis 800 g schweren Köpfe halten sich im Kühlschrank einige Tage.

Römischer Salat oder Romanasalat

An den langgezogenen Blättern mit den fleischigen Blattrippen erkennt man den Romanasalat. Ein Salatkopf bringt etwa 400 g bis 500 g auf die Waage. Die robusten Blätter vertragen auch gehaltvollere Dressings und eignen sich gut zum Dünsten als Gemüsebeilage.

Lollo Rosso und Lollo Biondo

Ob rot oder hellgrün, beide Arten zählen zu den Pflücksalaten. Sie haben krause Blätter, die keine geschlossenen Köpfe bilden. Sie wiegen zwischen 200 g und 300 g und bleiben kühl gelagert etwa 1 Woche lang frisch.

Eichblattsalat

Dieser Pflücksalat zeigt die typisch lockere Kopfbildung. Die 400 g bis 500 g schweren Salatköpfe sind nur sehr kurz lagerfähig. Seine Blattform, die an Eichenblätter erinnert, gab dem Salat den Namen.

Feldsalat

Je nach Region werden die kleinen Blattrosetten auch Rapunzel, Ackersalat, Nüßli oder Vogerlsalat genannt. Dieser Herbst- und Wintersalat ist reich an Vitaminen und Mineralstoffen. Die Blätter welken rasch. Am besten bewahrt man sie, leicht angefeuchtet, locker in einer Plastiktüte verpackt im Kühlschrank auf. Sie halten sich dann einige Tage. Feldsalat kauft man grammweise.

Frisée, Endivien und Escariol

Sie stammen alle drei aus der großen Zichorienfamilie, unterscheiden sich aber optisch voneinander. Friséesalat wird wegen seiner bizarren, krausen Blätter gern als Garnitur verwendet. Endiviensalat und Escariol werden vor dem Marinieren fein geschnitten. Die Köpfe wiegen zwischen 600 g und 800 g und bleiben kühl gelagert einige Tage frisch.

Radicchio

Anders als der Treviso-Radicchio, dessen Köpfe lang und schmal sind, hat der Salat-Radicchio runde und feste Blätter mit weißen Blattadern. Die Köpfe wiegen zwischen 100 g und 400 g und bleiben im Kühlschrank bis zu einer Woche frisch.

Chicorée

Chicoréestauden gedeihen nur im Dunkeln. Sie verfärben sich durch Lichteinwirkung und werden dann hellgrün und bitter. Eine Chicoréestaude wiegt etwa 100 g bis 150 g und hält sich kühl und dunkel gelagert bis zu einer Woche.

Löwenzahn

Die ursprüngliche Wildpflanze wird heute kultiviert und in Plantagen angebaut. Sie schmeckt nicht so bitter wie die wildwachsende Pflanze.

Rucola

Dieses herrliche Würzkraut, auch als Rauke bekannt, eignet sich für frische Blattsalate. Die im Mittelmeerraum wildwachsende Pflanze hat den deutschen Markt wie kaum ein anderes Wildkraut erobert. Mittlerweile kann man Rucola überall, aus kultiviertem Anbau, kaufen. Das Kraut verleiht Blattsalaten eine angenehm pikante Würze, schmeckt aber auch solo sehr gut.

Brunnen-, Garten- und Kapuzinerkresse

Während es Gartenkresse ganzjährig in kleinen Kästchen zu kaufen gibt, ist frische Brunnenkresse nur im Frühling und Sommer erhältlich. Brunnenkresse hat einen wesentlich intensiveren und würzigeren Geschmack. Gartenkresse kann man ganz einfach zu Hause auf der Fensterbank innerhalb weniger Tage selber ziehen. Die hübschen Blüten der Kapuzinerkresse verschönern Salatteller und sind dazu eine geschmackliche Bereicherung. Nicht nur die Blüten (Mai bis Juni), auch die Blätter der Kapuzinerkresse verleihen Salaten eine pfefferige Note.

Gänseblümchen

Die zarten Blätter und die weißen Blüten sind nicht nur ein optischer Salatgag, sondern schmecken auch herrlich nussig.

Portulak

Immer häufiger findet man Portulak wieder in gut geführten Gemüsegeschäften. Die saftigen Blätter verleihen Salaten eine säuerliche Note.

Sauerampfer

Im Frühling verleihen die jungen Blätter des Sauerampfers Salaten einen frischen, feinsäuerlichen Geschmack.

Sprossen-vielfalt

Nur ein bißchen Wärme und Wasser sind nötig, um trockene Samen und Körner zum Leben zu erwecken. Im Nu entwickeln sich dann im Innern konzentrierte, wertvolle Nähr- und Wirkstoffe. Gekeimte Samen machen Salate nicht nur gesünder, sondern auch schmackhafter.

Mungobohnen

Ungefähr 12 Stunden beträgt die Einweichzeit, und 4 bis 6 Tage dauert es bis zum Keimen der Mungobohnen. Sie schmecken frisch, leicht nussig und sind knackig. 1 Tasse Samen ergibt etwa 250 g Keimlinge.

Sojabohnen

Nach einer Einweichzeit von 12 Stunden reicht eine Keimzeit von 3 bis 6 Tagen, bis sie eine Keimlänge von 1 cm erreicht haben. Ihr frischer Geschmack erinnert an Erbsen. Es ist sinnvoll, die Keimlinge kurz zu blanchieren.

Rettichsamen

Die kleinen Rettichsamen benötigen eine Einweichzeit von 6 Stunden und eine Keimzeit von 3 bis 6 Tagen, bis sie eine Keimlänge von 4 bis 10 mm erreichen.

Kichererbsen

12 Stunden eingeweichte und 3 bis 5 Tage gekeimte Kichererbsen entwickeln Keime von 1 bis 2 cm Länge. Geschmacklich erinnern sie an Erbsen.

Getreidekörner

Sie müssen 12 Stunden eingeweicht werden und 2 bis 4 Tage keimen. Die Körner sind ein nussig und leicht süßlich schmeckender Leckerbissen.

Die Seele des Salats

Die beste Salatkomposition wird zu einer Enttäuschung, wenn bei Essig und Öl die falsche Wahl getroffen wurde. Achten Sie beim Kauf von Essig und Öl aber nicht nur auf den Geschmack, sondern auch auf erstklassige Qualität.

Längst sind die Zeiten vorbei, in denen mit einer Sorte Öl und einem Universalessig alle Salate angemacht wurden. Heute ist die Auswahl an Essig- und Ölsorten schier unüberschaubar, und der Umgang damit verlangt viel Fingerspitzengefühl. Nicht jeder Essig harmoniert nämlich mit jedem Salatblatt oder jeder Ölsorte.

Das Anrühren einer Salatsauce ist vergleichbar dem Mixen eines Cocktails. Deshalb gilt auch hier: Probieren geht über studieren.

Bekannte Essigsorten

Im Grunde ist Essig nichts anderes als sauer gewordener Wein. Obwohl die Gärung von selbst beginnt, erfordert die Herstellung eines feinwürzigen Essigs die ständige Kontrolle der Temperatur und der Zeit. Die Herstellung eines guten Essigs ist eine Kunst, und dementsprechend sind auch die Preise.

Weiß- oder Rotweinessig

Sie reifen meist in Holzfässern und haben eine feine, milde Säure. Die Qualität des Weinessigs, der immer zu 100 % aus Rot- oder Weißwein hergestellt werden muß, hängt natürlich von der Güte des jeweiligen Weines ab.

Sherryessig

Dieser Essig besticht durch ein intensives Sherryaroma. Der Säuregehalt ist relativ hoch. Daher sparsam damit umgehen und die Marinade mit halbtrockenem Sherry abrunden.

Apfelessig

Aus 100 % Apfelwein wird dieser milde, apfelfruchtige Essig gemacht. Er hat wenig Säure und ist auch ein probates Schönheitsmittel, da er den Stoffwechsel anregt.

Kräuteressig

Die Basis guter Kräuteressige sind Weißweinessige, die mit frischen Kräutern angesetzt werden. Billigsorten bestehen aus Branntweinessig und Kräuteraromen.

Fruchtessige

Fruchtessige werden ebenfalls aus Weißweinessig gemacht und mit Himbeeren, Johannis- oder Brombeeren, Pfirsichen oder Kirschen angesetzt. Bei Salatenthusiasten liegen die fruchtigen voll im Trend. Auch hier hängen Qualität und Preis vom Ausgangsessig ab.

Aceto Balsamico

Je länger er Zeit zum Reifen hat, um so aromatischer, aber auch teurer wird das Essigwunder aus den italienischen Provinzen Modena und Emilia. Der „traditionelle" Aceto Balsamico wird aus den aromatischen Trebbiano-Trauben hergestellt und reift mindestens 12 Jahre in alten Eichenfässern. Preiswerter ist industriell hergestellter Balsamessig, der nur 3 Jahre Reifezeit benötigt.

Bekannte Ölsorten

Über den Geschmack von Öl läßt sich streiten, die Qualität jedoch hängt sehr stark davon ab, wie schonend jeweils die Früchte, Nüsse oder Körner gepreßt wurden. Bevorzugen Sie deshalb zum Salatanmachen Öl aus der ersten Pressung.

Olivenöl

Olivenöl wird in verschiedenen Verfahren hergestellt, die wiederum verschiedene Qualitäten ergeben. Laut EU-Verordnung gibt es drei Güteklassen, die jeweils auf dem Etikett vermerkt sein müssen:
Natives Olivenöl extra (max. 1 g freie Fettsäuren/100 g)
Natives Olivenöl (max. 2 g freie Fettsäuren/100 g)
Olivenöl (immer raffiniert).

Olivenölsorten

Geschmack und Aussehen des Olivenöls hängen von der Olivensorte und von der Herkunft ab. Das meiste Olivenöl wird in Spanien produziert. Viele spanische Öle haben einen intensiven Gelbton und schmecken sehr fruchtig.
Am bekanntesten ist Olivenöl aus Italien. Je nach Region gibt es große Geschmacksunterschiede.
Olivenöl aus Griechenland führt bei uns immer noch ein Schattendasein, vielleicht auch deshalb, weil die Griechen selbst weltweit den höchsten Pro-Kopf-Verbrauch haben. Frankreich stellt zwar nur bescheidene Mengen her, dafür aber von bester Qualität.
Eine kulinarische Entdeckungsreise durch die olivenölproduzierenden Länder des Mittelmeerraums lohnt sich also allemal.

Nuß- und Kernöle

Fast alle Nüsse und Kerne werden heute zu Öl gepreßt. Sie verleihen Salaten eine ganz individuelle Note.

Traubenkernöl

Es wird aus getrockneten Traubenkernen gewonnen und schmeckt mild-fruchtig.

Kürbiskernöl

Dieses dunkelgrüne, dickliche Öl, das in der Steiermark aus Kürbiskernen gewonnen wird, findet immer mehr Anhänger. Stets zum Schluß an den Salat geben, da es stark färbt.

Walnuß-, Haselnuß-, Pistazien-, Sesam-, Mandel- oder Pinienkernöl

Sie sind das Tüpfelchen auf dem „i" eines feinen Salates.

Tip

Für alle Nuß- und Kernöle gilt:

Sehr aromatische Sorten sollte man mit neutralem Öl mischen, da sonst der zarte Eigengeschmack der Salatblätter leicht untergeht.

Alle Nuß- und Kernöle sind empfindlich und werden schnell ranzig. Deshalb nur kleine Mengen kaufen und immer kühl und dunkel aufbewahren.

Das Aroma wird unterstrichen, wenn man den Salat mit der jeweiligen leicht gerösteten Nuß- oder Kernsorte bestreut.

Diese teuren Öle werden nur zum Verfeinern, nicht zum Braten verwendet. Beim Erhitzen verflüchtigt sich nämlich ihr feinwürziges Aroma.

Mit ein wenig aromatischem Öl beträufelt, schmecken nicht nur Salate noch besser, sondern auch gekochtes Gemüse.

Kunterbunter Salatreigen

Salat – das kann die kleine appetitmachende Rohkost sein, ein ansprechend arrangierter Vorspeisensalat, ein als Beilage gereichter Gemüsesalat, aber auch ein sättigender Nudel-, Reis- oder Kartoffelsalat. Das Spektrum ist riesig, und bei der Zubereitung sind der Phantasie keine Grenzen gesetzt.

Frische Kräuter – die grüne Würze

Frische Kräuter sind nicht nur eine geschmackliche Bereicherung, sie fördern auch den Appetit, machen Salate noch bekömmlicher und helfen Salz sparen.

Salatkräuter, die auf der Fensterbank gedeihen

Basilikum (grün und rot)
Feinstreifig geschnitten, harmoniert Basilikum ganz besonders mit Tomaten.

Dill
Ein Gurkensalat ohne Dill ist wie eine Suppe ohne Salz.

Estragon
Sparsam verwendet, verfeinert dieses Kraut Blattsalate und Kräuterdressings.

Kerbel
Die zarten, würzigen Blätter passen gut zu Gemüse- und Eiersalaten.

Kresse
Frisch geerntet, verleiht Kresse fast allen Salaten Pfiff.

Petersilie
Das meistverwendete Küchenkraut verfeinert vor allem Gemüse-, Eier- und Nudelsalate und natürlich auch Rohkostsalate.

Pimpinelle
Fein gehackt, würzt man damit Blattsalate und Kräuterdressings.

Schnittlauch
Fein geschnitten, kann er üppig über fast alle Salate gestreut werden.

Zitronenthymian
Schmeckt herrlich zitronig und verleiht Blattsalaten eine frische Würze.

Salatzutaten vorbereiten

1. Blätter vom Strunk ablösen, welke Stellen und dicke Rippen entfernen.

2. In einer großen Schüssel in reichlich kaltem Wasser sorgfältig waschen.

3. In einer Salatschleuder trockenschleudern, dann in Stücke zupfen.

1. Chicorée waschen, längs halbieren und den Strunk herauslösen.

2. Die Hälften mit einem großen Messer in die gewünschte Breite schneiden.

3. Von Radicchio oder Eissalat ebenso den Strunk herausschneiden.

1. Von Wurzelgemüsen das Grün entfernen, waschen und schälen.

2. Das jeweilige Gemüse auf der Rohkostreibe fein oder grob reiben.

3. Die Wurzeln längs in dünne Scheiben, dann quer in feine Streifen schneiden.

1. Avocados der Länge nach einschneiden und durch Drehen die beiden Hälften lösen.

2. Den Kern entfernen und das weiche Fleisch herauslösen und fein zerdrücken.

3. Die Hälften schälen und das Fruchtfleisch längs in feine Scheiben schneiden.

1. Die Samen in der 8fachen Wassermenge 5 bis 12 Stunden einweichen.

2. Das Wasser abschütten und die gequollenen Samen auf eine Keimschale streuen.

3. Während des Keimens die Samen immer wieder mit frischem Wasser abbrausen.

Grundrezepte für Salatsaucen

Klassiker der Salatsaucen: die Vinaigrette

Sie ist einfach in der Zubereitung und dennoch eines der schwierigsten Rezepte. Denn für eine gute Vinaigrette benötigt man nicht nur hochwertige Öle und Essigsorten, sondern besonders viel Fingerspitzengefühl.
Ein paar Tropfen Johannisbeeressig, gemischt mit einem guten Rotweinessig, abgerundet mit Olivenöl und ein wenig Walnußöl, schon werden die Salatblätter zum Geschmackserlebnis.
Haben Sie Mut, und experimentieren Sie ein wenig.

Tip

Bereiten Sie sich vom Grundrezept gleich eine größere Menge zu. In einer Flasche abgefüllt, hält sich die Vinaigrette einige Wochen. Nach Lust und Laune kann man sie dann zusätzlich mit Frucht- oder Kräuteressig sowie Würzölen abwandeln.

Für die leichte Küche: Dressings mit Milchprodukten

Wer auf seine Figur achten möchte oder üppige Saucen nicht so gerne mag, für den sind Salatsaucen aus Milchprodukten ideal.
Mager-, Vollmilch- oder Sahnejoghurt, Schmand, Sauerrahm oder Crème fraîche – alle sind eine gute Basis für milchfrische Dressings.
Möglichkeiten zum Verändern gibt es mehr als genug. Man kann beispielsweise Paprika- und Zwiebelwürfel oder gehackte Kräuter untermischen, zusätzlich mit Knoblauch, Senf, Meerrettich oder Zitronensaft würzen und zum Schluß mit einem aromatischen Nußöl abrunden.

1. Salz, Senf und Essig so lange rühren, bis sich das Salz gelöst hat.

2. Unter Rühren das Öl dazugießen. So lange rühren, bis eine cremige Sauce entsteht.

3. Variation: Zusätzlich 1 TL flüssigen Honig und Aceto Balsamico unterrühren.

4. Variation: Die Hälfte des Öls durch Walnußöl ersetzen. Gehackte Nüsse dazugeben.

5. Variation: Sherryessig und Orangensaft mit Salz verrühren.

1. Milchprodukte in eine Schüssel geben und mit Salz, Pfeffer und Senf verrühren.

2. Unter Rühren das Öl dazugießen und mit frisch gehackter Minze verfeinern.

3. Minze durch andere frisch gehackte Kräuter und Zwiebelwürfel ersetzen.

4. Anstelle der Kräuter die Sauce mit frisch geriebenem Ingwer und Curry würzen.

5. Das Dressing mit etwas Ketchup, Chili und Orangensaft verfeinern.

Ölig-glänzend oder cremig-weiß

Es soll Genießer geben, die jedes Salatblatt verschmähen, das mit etwas anderem als mit Essig und Öl in Berührung gekommen ist. Nichts gegen eine köstliche Vinaigrette, aber bringt man sich nicht um viele Genüsse, wenn man so puritanisch denkt? Nachfolgend 2 Grundrezepte, die man nach Belieben variieren kann.

Grundrezept Vinaigrette

Salz
frisch gemahlener Pfeffer
½ TL feinwürziger Senf
2 EL Weißwein- oder Rotweinessig
2 EL neutrales Öl
3 EL Olivenöl (kaltgepreßt)
1–2 EL Weißwein, Rotwein, halbtrockener Sherry oder Portwein

Grundrezept Dressing mit Milchprodukten

150 g Milchprodukte nach Wahl (z. B. Joghurt, Dickmilch, saure Sahne, Schmand, Crème fraîche)
frisch gemahlener Pfeffer
½ TL feinwürziger Senf
2 EL Weißweinessig oder Zitronensaft
2 EL Olivenöl (kaltgepreßt)
1 EL frisch gehackte Kräuter

Sättigende Fitmacher

Der Kreativität sind keine Grenzen gesetzt, wenn es darum geht, aus den Zutaten, die noch im Kühlschrank zu finden sind, etwas zu zaubern. Hin und wieder können dabei unvergeßlich gute, aber auch weniger gelungene Gerichte entstehen.
Das optimale Geschmackserlebnis aber stellt sich ein, wenn Salatsorte, Dressing und Belag perfekt miteinander harmonieren.

Fit statt schlapp

Räumen Sie auf mit dem Vorurteil, daß Salat hungrig macht. Frische Salatblätter, angemacht mit bestem Olivenöl oder sahnigen Milchprodukten und garniert mit Nüssen, Sprossen, Gemüse, Käse machen auch den Hungrigsten satt und garantiert nicht müde.

Grundrezept für Blattsalat mit Pilzen und Nüssen

ca. 400 g gemischte
Salatblätter
Für die Vinaigrette:
1 TL Dijonsenf
1 TL Aceto Balsamico
1–2 EL Rotweinessig
1 EL roter Portwein
4 EL Olivenöl (kaltgepreßt)
2 EL Walnußöl
Außerdem:
200 g Pfifferlinge
30 g Butter
2 EL gehackte Petersilie

1. Die Salatblätter waschen und abtropfen lassen.
2. Die Vinaigrette anrühren.
3. Pilze putzen, in heißer Butter braten und mit Petersilie vermischen.
4. Salatblätter mit der Vinaigrette marinieren und mit den gebratenen Pilzen bestreuen.

Salat mit Sprossen und Tofu

1 Eissalat
1 Bund Radieschen
1 Minisalatgurke
2 Möhren
200 g Sprossenmix
(z. B. Mungobohnen-,
Radieschen-, Alfalfa- und
Kichererbsensprossen)
Für die Vinaigrette:
Senf, Salz, Weißweinessig,
neutrales Öl, Kürbiskernöl
Außerdem:
200 g geräucherter Tofu
etwas Mehl, 2 Eier
100 g Sesamsamen
4–5 EL Öl zum Braten

1. Salat putzen, waschen, trocknen und in mundgerechte Stücke zupfen.
2. Gemüse vorbereiten und in Scheibchen oder Streifen schneiden. Mit den Sprossen unter den Salat mischen.
3. Vinaigrette wie auf Seite 55 beschrieben zubereiten.
4. Den Tofu in 2 cm große Würfel schneiden und erst in Mehl, dann in den verquirlten Eiern und zum Schluß in Sesam wenden. Die Panade gut festdrücken und den Tofu im heißen Öl goldbraun und knusprig braten.
5. Den Salat mit der Vinaigrette anmachen und mit den Tofuwürfeln anrichten.

Salat mit Kartoffelcroûtons

ca. 300 g Feldsalat
2 gekochte rote Beten (in
Würfel geschnitten)
2 EL Zwiebelwürfel
2 EL feingehackte Petersilie
Vinaigrette aus Salz, Meerrettich, Rotweinessig, Apfeldicksaft, Olivenöl und Nußöl
2 große Kartoffeln
4 EL Öl zum Braten

1. Vorbereitete Salatzutaten mit Vinaigrette marinieren.
2. Kartoffeln schälen, in ½ cm große Würfel schneiden, im Öl goldbraun braten und über den Salat streuen.

Salat mit Früchten und Käse

300 g bunte Salatblätter

Fruchtfilets von 2 rosa Grapefruits und 2 Orangen

2 rote Zwiebeln

1 Bund Petersilie

Für das Dressing:

Crème fraîche, Dijonsenf

Salz, bunter Pfeffer

Weißweinessig, Sherryessig

halbtrockener Sherry

Oliven- und Mandelöl

Außerdem:

150 g Edelpilzkäse (z. B. Roquefort oder Gorgonzola)

3 EL geröstete Mandelblättchen

1. Die vorbereiteten Salatblätter mit den Zitrusfilets vermischen. Die Zwiebeln schälen, der Länge nach in dünne Spalten schneiden und die Petersilie hacken.

2. Die Zutaten für das Dressing zu einer cremigen Sauce verrühren.

3. Die Salatzutaten in einer großen Schüssel mit dem Dressing vermischen und mit dem zerbröckelten Käse und den Mandelblättchen bestreuen.

Salat mit Eiern und gerösteten Kernen

1 großer Kopfsalat

1 Bund Frühlingszwiebeln

1 Bund Frühlingskräuter

Für die Vinaigrette:

Kräutersenf, Salz, Pfeffer

Weißweinessig

Estragonessig

Olivenöl

Basilikumöl

Außerdem:

2 Eier

2 EL Sahne, Salz

gemahlener weißer Pfeffer

20 g Butter

4 EL Sonnenblumenkerne

2 EL Öl zum Braten

1. Salat vorbereiten. Frühlingszwiebeln putzen, waschen und in Scheiben schneiden. Kräuter grob hacken.

2. Die angegebenen Zutaten zu einer cremigen Vinaigrette verrühren.

3. Die Eier mit der Sahne leicht schaumig schlagen und würzen. Die Butter in einer Pfanne erhitzen, die Masse hineingeben und ein Omelett braten. Herausnehmen, abkühlen lassen und in Streifen schneiden.

4. Die Sonnenblumenkerne in Öl goldbraun braten.

5. Den Salat marinieren und mit den Omelettstreifen und Kernen bestreuen.

Salate für jede Jahreszeit

Sicherlich – heute sind fast alle Salat- und Gemüsesorten zu jeder Jahreszeit zu haben. Aber wer möchte schon zu Weihnachten unbedingt Tomatensalat essen oder hat im Hochsommer Lust auf Endiviensalat? Im allgemeinen ist der Geschmack der Menschen doch sehr von der jeweiligen Saison abhängig, und richtet sich nach den natürlichen Wachstumsphasen von Gemüse und Salaten aus. An heißen Sommertagen hat man eben andere Vorlieben als an Wintertagen, an denen es draußen stürmt und schneit. Und das ist es auch, was Genießen so schön macht.

Denn, was im Frühling köstlich schmeckt, kann im Herbst eine Riesenenttäuschung sein. Wie bei keinem anderen Gericht ist bei Salat die Frische das A und O. Selbst einem Spitzenkoch gelingt mit der raffiniertesten Salatsauce keine kulinarische Offenbarung, wenn er welke Blätter damit mariniert. Deshalb sollte die Zusammenstellung eines Salates weniger zu Hause als vielmehr im Gemüseladen geplant werden. Lassen Sie sich dort für Ihre jahreszeitlichen Salatkreationen nach dem jeweiligen Angebot inspirieren.

Frühling

300 g gemischte Wildkräuter (z. B. Löwenzahn, Brunnenkresse, Rucola, Vogelmiere, Gänseblümchen)
6 Frühlingszwiebeln
1 Handvoll Sprossenmix
200 g Erdbeeren
2 EL geröstete Pinienkerne
8 Ziegenkäse (Rocamadour, paniert und gebraten)
Für die Vinaigrette:
Salz, Pfeffer, Apfeldicksaft, Aceto Balsamico, Orangensaft, Olivenöl, Pinienkernöl

Sommer

300 g grüne Salatblätter von Lollo Biondo, grünem Batavia-, Kopf-, Crisp-, Romanasalat
1 Bund Radieschen (in Scheiben geschnitten)
1 Minisalatgurke (in Scheiben geschnitten)
1 gelbe Paprikaschote (in Streifen geschnitten)
4 hartgekochte Eier
Für die Vinaigrette:
Salz, Pfeffer, Dijonsenf, Weißwein- und Estragonessig
Olivenöl

Herbst

300 g bunte Salatblätter (z. B. Eichblattsalat, Radicchio, Lollo Rosso, roter Batavia, Friséesalat)
je 100 g blaue und weiße Trauben
1 kleine Birne
2 EL geröstete Walnußkerne
100 g gehobelter, junger Parmesan
Für die Vinaigrette:
Salz, Pfeffer, Apfel- und Sherryessig, Birnendicksaft
Olivenöl, Walnußöl

Winter

2 mittelgroße Chicorée
100 g Feldsalat
1 kleine Fenchelknolle
Fruchtfilets von 2 Orangen und 1 rosa Grapefruit
6 frische Datteln (geschält, entkernt und geviertelt)
1 kleine Avocado
3 EL geröstete Haselnüsse
feingehacktes Fenchelgrün
Für die Vinaigrette:
Salz, Pfeffer, Rotweinessig
Olivenöl, Haselnußöl

Herzhafter, gesunder Ballast

Schon längst sind Rohkostsalate nicht mehr nur etwas für überzeugte Vegetarier, sondern auch in den Feinschmeckerkreisen weiß man mittlerweile eine schmackhafte Rohkost zu schätzen. Das Gemüse muß dabei nicht unbedingt fein geraspelt auf den Teller kommen. In hauchdünne Scheiben geschnitten und raffiniert mariniert ist die Rohkost absolut salonfähig geworden.

Erlaubt ist, was schmeckt

Ähnlich wie beim Blattsalat kann auch bei der Rohkost nach Herzenslust kombiniert werden: Früchte, Gemüse, Sprossen und Nüsse – bunt gemischt –, und mariniert mit Dressings aus Milchprodukten, Mayonnaise, Ölen und den zahlreichen Essigsorten. Die Möglichkeiten sind unendlich vielfältig.

1. Waldorfsalat

Dressing: 2 EL Mayonnaise, 2 EL Crème fraîche und 2 EL saure Sahne miteinander verrühren und mit Salz, weißem Pfeffer und 3 bis 4 EL Zitronensaft würzen.
1 mittelgroße Sellerieknolle (ca. 350 g) schälen und erst in feine Scheiben, dann in schmale Streifen schneiden. 3 mittelgroße, leicht säuerliche Äpfel schälen, entkernen und ebenfalls in Streifen schneiden. Beides mit der Salatsauce verrühren und 2 EL geschlagene Sahne unterziehen. Mit 60 g grobgehackten, leicht gerösteten Walnüssen bestreuen.

2. Möhren-Apfel-Rohkost

Dressing: 150 g Vollmilchjoghurt mit 2 EL Crème fraîche verrühren und mit etwas Salz, je 1 EL Apfeldicksaft und Sanddornsaft sowie 2 bis 3 EL Zitronensaft würzen.
1 Bund junge Möhren waschen, das Grün entfernen und die kleinen Blätter beiseite legen. 2 große Äpfel schälen, halbieren und entkernen. Möhren und Äpfel fein raspeln, 2 EL gehackte Pistazien sowie das Dressing daruntermischen. Mit den feingeschnittenen Möhrenblättern bestreuen.

5

6

3. Blumenkohlrohkost

Dressing: 2 hartgekochte Eigelb fein zerdrücken und mit 1 TL Curry, Cayennepfeffer, Salz, Pfeffer und 2 bis 3 EL Zitronensaft
verrühren. 6 bis 8 EL Öl langsam mit einem
Schneebesen unterschlagen. Zum Schluß
2 EL geschlagene Sahne und 2 EL gehackte Kerbelblätter untermischen.
1 kleinen Blumenkohl putzen und die Röschen grob raspeln. 1 Banane schälen, in
Würfel schneiden und mit Zitronensaft beträufeln. Alles mit 1 Handvoll Mungobohn-
nenkeimlingen unter die Salatsauce mischen und mit 2 bis 3 EL Gartenkresse und
gerösteten Kokosraspeln bestreuen.

4. Rettichrohkost

Vinaigrette: 1 TL Dijonsenf, Salz, weißen
Pfeffer und 2 EL Obstessig verquirlen und
unter Rühren 4 EL Öl dazugießen.
1 roten und 1 weißen Rettich sowie 1 Minisalatgurke in hauchdünne Scheiben schneiden und abwechselnd, schuppenartig auf
4 Tellern anrichten. Mit der Marinade beträufeln und mit 2 EL feingeschnittenem
Schnittlauch und 1 EL gerösteten Sesamsamen bestreuen.

5. Fenchelrohkost

Dressing: 3 EL Mascarpone, 3 EL Sahne,
1 EL Mangochutney, 1 EL gehackte, grüne
Pfefferkörner und den Saft von 1 Orange
verrühren. Mit Salz und Cayennepfeffer würzig abschmecken.
2 kleine Fenchelknollen waschen, halbieren
und das Grün entfernen. Die Hälften in feine
Streifen schneiden. 1 kleinen Kopf Radicchio in mundgerechte Stücke zupfen.
1 rotbackigen Apfel halbieren, entkernen
und längs in sehr dünne Spalten schneiden.
1 Orange und 1 rosa Grapefruit filetieren. Alle Rohkostzutaten mit der Salatsauce vermischen. Mit feingehacktem Fenchelgrün
und gekeimten Weizenkörnern bestreuen.

6. Sauerkrautrohkost

Dressing: 1 TL Dijonsenf, 1 TL dünnflüssigen Honig, Salz, Pfeffer, 1 EL Weinessig und
4 EL halbtrockenen Wein verrühren, zuletzt
2 EL neutrales Öl und 2 EL Nußöl unterrühren.
300 g Sauerkraut kleinschneiden und auflockern. 1 große Möhre schälen und in kleine Würfel oder Streifen schneiden. Je 100 g
blaue und grüne Trauben halbieren und
entkernen. Alles vermischen und mit der
Marinade anmachen. Mit 50 g gerösteten,
grobgehackten Walnüssen bestreuen.

Sojasprossensalat

Von 2 dünnen Lauchstangen die Wurzeln und das grüne Ende entfernen. Den weißen Teil der Lauchstangen waschen und in feine Ringe schneiden. 4 kleine geputzte Möhren in dünne Scheiben schneiden. Alles mit 250 g Sojasprossen kurz blanchieren und kalt abschrecken. Mit einer Vinaigrette aus Sojasauce, Sherryessig, Zitronensaft, Salz, Pfeffer, Cayennepfeffer und Erdnußöl marinieren und mit grobgehackten, gerösteten Erdnüssen bestreuen.

Sprossenmixsalat

2 Bund Rucola waschen und in mundgerechte Stücke zupfen. 2 kleine rotbackige Äpfel halbieren, entkernen und der Länge nach in schmale Spalten schneiden. Mit den Rucolablättern und 1 EL Zwiebelwürfeln vermischen und 250 g gemischte Sprossen, zum Beispiel von Radieschen, Alfalfa, Mungobohnen und Kichererbsen, darüberstreuen. Mit einer Vinaigrette aus geriebenem Meerrettich, Rotweinessig, Salz, Pfeffer und Olivenöl anmachen.
Wer möchte, träufelt noch etwas Nußöl darüber.

Linsensprossensalat

2 Handvoll junge Spinatblätter verlesen, waschen und trokkenschütteln. 2 rote Zwiebeln schälen, halbieren und längs in schmale Spalten schneiden. Beides mit 200 g Linsensprossen vermischen und mit einer Vinaigrette aus Dijonsenf, Salz, Pfeffer, Rotweinessig und Olivenöl anmachen.

(70 g Tellerlinsen ergeben etwa 200 g Linsensprossen.)

Es keimt und sprießt

Zum Keimen gebrachte Samen, Körner und Hülsenfrüchte vervielfachen nicht nur ihr Volumen, sondern auch ihren Nährwert. Ein bißchen Wasser, Wärme und wenige Tage Zeit, und schon entwickeln sich aus den unscheinbaren Körnern wahre Energiebündel, die super schmecken.

Sprossen selber ziehen

Zum Keimen sollte man grundsätzlich nur speziell gekennzeichnetes keimfähiges Saatgut, Sprießkorngetreide oder als keimtauglich bezeichnete Hülsenfrüchte nehmen. Sonst kann es passieren, daß ein Teil davon nicht keimt, da die Körner zu alt oder falsch gelagert waren.

Das Keimgut in eine große Schüssel mit Wasser geben und alle oben schwimmenden Teile entfernen.

Dann mit der 6- bis 8fachen Menge handwarmen Wassers übergießen und je nach Größe 5 bis 12 Stunden einweichen.

Die gequollenen Körner nicht zu hoch übereinander in ein Glas oder eine Keimschale füllen, damit sie genügend Sauerstoff bekommen.

Die sich entwickelnden Sprossen zweimal täglich mit lauwarmem Wasser durchspülen, um Schimmelbildung zu vermeiden.

Achtung, Keimlinge mögen keine nassen Füße! Deshalb Keimschalen mit einer Lochung am Boden bevorzugen.

Samen und Körner am besten im Dunkeln ankeimen lassen. Sobald sich die ersten Keime zeigen, bei Tageslicht weiterkeimen lassen. Niemals in die pralle Sonne stellen! Sprossen möglichst gleich nach der „Ernte" verwenden. Wenn es mal zuviel ist, kann man sie gut in einer Plastiktüte verpackt 1 bis 2 Tage im Kühlschrank aufbewahren.

Die Keimdauer hängt von der Art des Keimguts ab:

	Einweichzeit in Stunden	Keimdauer in Tagen
Alfalfa	5–7	5
Hafer	4–5	2–3
Kichererbsen	12	3
Kresse	2–4	4–6
Linsen	12	3
Mungobohnen	12	4–5
Rettichsamen	2–3	2–3
Senfkörner	5–6	4–8
Weizen	12	2–4

Gekochtes Gemüse – fein mariniert

Gemüsesalate sind besonders im Winter eine erfreuliche Abwechslung auf dem Speisezettel. Im Sommer schmecken sie als ideale, leicht bekömmliche Picknicksalate, die sich hervorragend vorbereiten lassen.

Gartips für Gemüse

1. Das Gemüse immer nur kurz garen. Zu weich gekochtes Gemüse schmeckt nicht. Außerdem gehen bei zu langer Kochzeit Vitamine und Mineralstoffe verloren. Je kürzer die Garzeit, um so aromatischer und gesünder ist das Gemüse.
2. Schonender als Kochen ist Dämpfen, entweder in einem Dampfgarer oder in einem Schnellkochtopf auf der Schon- oder Aromastufe. Im heißen Dampf wird Gemüse rasch gar, und die Vitamine und Nährstoffe werden geschont.
3. Bei besonders zarten Gemüsesorten, wie Zuckerschoten, hat sich das Blanchieren am besten bewährt. Das heißt, man taucht das Gemüse nur wenige Minuten in das kochende Wasser. Anschließend kommt es sofort in ein Eiswasserbad, damit die frische Farbe erhalten bleibt.
4. Beim Kochen von Gemüse immer nur so wenig Wasser wie unbedingt nötig verwenden und das Kochwasser auf keinen Fall wegschütten! Das Kochwasser ist ideal zum Herstellen von Marinaden, Suppen oder Saucen.
5. Salz nicht vergessen. Kochsalz verstärkt die Geschmacksstoffe jeder Gemüsesorte. Aber Vorsicht, zuviel davon ist ungesund!

Möhren-Lauch-Salat

2 große Lauchstangen und 1 Bund junge Möhren putzen und waschen. Die Möhren in dünne, die Lauchstangen in dickere Scheiben schneiden.
Den Lauch 5 bis 8 Minuten, die Möhren 3 bis 4 Minuten in kochendem Salzwasser garen. Gut abtropfen lassen und dabei ⅛ l Kochwasser aufbewahren. 4 bis 5 EL Zitronensaft mit 1 TL Dijonsenf, Salz, Pfeffer, etwas Kochwasser und 5 EL Olivenöl verquirlen. Das Gemüse damit marinieren. Einige Zeit durchziehen lassen und mit gehackter Petersilie bestreuen.

Bohnensalat

400 g grüne Stangenbohnen und 400 g gelbe Wachsbohnen putzen. In wenig Salzwasser mit 2–3 Bohnenkrautzweigen 10 bis 15 Minuten garen, dabei zwischendurch auf Bißfestigkeit prüfen. Kalt abschrecken und abtropfen lassen. 1 Bund Frühlingszwiebeln putzen und in Scheiben schneiden. 100 g Cocktailtomaten waschen und vierteln. 1 TL Senf, Salz, Pfeffer, 3 bis 4 EL Weißweinessig und 2 EL kaltgepreßtes Olivenöl zu einer Vinaigrette verrühren, 1 TL gejacktes Bohnenkraut dazugeben. Die Salatzutaten damit marinieren, gut durchziehen lassen und mit 1 EL gehackter Petersilie bestreuen.

Spargelsalat

500 g weißer Spargel
500 g grüner Spargel
Salz
etwas Zucker
2 EL Zitronensaft
Für die Vinaigrette:
2 EL Weißweinessig
2 EL Apfelessig
Salz
gemahlener weißer Pfeffer
3 EL Olivenöl (kaltgepreßt)
3 EL Traubenkernöl
2 EL gehackte Frühlingskräuter
4 EL gemischte Sprossen

1. Den weißen Spargel ganz, den grünen nur am unteren Ende schälen. Wenig Wasser mit Salz, Zucker und Zitronensaft zum Kochen bringen und die weißen Stangen 6 bis 8 Minuten kochen, dann die grünen Stangen dazugeben und 10 Minuten mit garen.
2. Die Essigsorten mit Salz, Pfeffer und den Ölen gründlich verquirlen und die Frühlingskräuter untermischen.
3. Spargelstangen schräg in Stücke schneiden, mit der Vinaigrette marinieren und kurz durchziehen lassen. Vor dem Servieren mit den Sprossen bestreuen.

Linsensalat

200 g Tellerlinsen
Salz
2 Thymianzweige
100 g schwarze Linsen
50 g rote Linsen
Für die Vinaigrette:
1 EL feinwürziger Senf
1 EL Aceto Balsamico
2 EL Rotweinessig
Salz, gemahlener Pfeffer
3 EL Zwiebelwürfel
4 EL Olivenöl (kaltgepreßt)
1 TL gehackter Zitronenthymian
1 EL gehackte Petersilie

Selleriesalat

2 mittelgroße Sellerieknollen waschen und in Salzwasser in etwa 1 Stunde gar kochen. Kalt abschrecken, schälen, halbieren und mit einem Buntmesser in Scheiben schneiden. 100 ml von der Kochbrühe mit 3 bis 4 EL Weißweinessig, Salz, Pfeffer und 5 EL Öl verquirlen und über die Selleriescheiben gießen. 1 Zwiebel schälen, in kleine Würfel schneiden und unter den Salat mischen. Einige Stunden, am besten über Nacht, marinieren und mit feingeschnittenem Schnittlauch bestreuen. Köstlich schmeckt der Salat auch, wenn etwas frisch geriebene Ingwerwurzel unter die Marinade gerührt wird.

Rote-Bete-Salat

4 mittelgroße rote Beten waschen und in wenig Wasser, mit Salz und 1 TL Kümmel vermischt etwa 1 Stunde garen. Dann in kaltem Wasser abschrecken, schälen und in dünne Scheiben oder in kleine Würfel schneiden. 1 EL geriebenen Meerrettich mit Salz, etwas Zucker oder Apfeldicksaft und 4 EL Rotweinessig verquirlen und 4 EL Öl hinzufügen. Die Gemüsescheiben mit der Marinade begießen und mindestens 2 Stunden durchziehen lassen. Kurz vor dem Servieren 2 EL kleine Schalottenwürfel und 2 EL feingehackte Petersilie untermischen.

Blumenkohl-Brokkoli-Salat

1 kleinen Blumenkohl und 1 Brokkoli putzen und in kleine Röschen teilen. In Salzwasser bißfest kochen. Kalt abschrecken und gut abtropfen lassen.
2 Fleischtomaten kurz blanchieren, häuten, halbieren, entkernen und in kleine Würfel schneiden. 5 EL Gemüsekochwasser, 3 EL Weißweinessig, 1 EL Kräuteressig, Salz, Pfeffer und 5 EL Olivenöl sowie 2 EL Basilikumöl gründlich verquirlen. Die Tomatenwürfel und 2 EL feingeschnittene Basilikumblätter unter die Marinade mischen und den Salat damit anmachen.

1. Tellerlinsen mit Thymian in Salzwasser 30 bis 40 Minuten garen. Die schwarzen Linsen etwa 15 Minuten und die roten Linsen etwa 5 Minuten mit kochen. Auf einem Sieb abtropfen lassen.
2. Senf, Essigsorten, Salz, Pfeffer und Öl zu einer Vinaigrette verrühren. Zwiebeln, Zitronenthymian und die gehackte Petersilie untermischen und die Linsen mit der Vinaigrette marinieren. Gut durchziehen lassen.
Wer möchte, bestreut den Salat noch mit grobgeriebenem Fetakäse.

Petersilienwurzel-salat

500 g Petersilienwurzeln
500 g Möhren
Salz
2 EL Zwiebelwürfel
Für die Vinaigrette:
1 TL Honig
1 EL feinwürziger Senf
1 EL Aceto Balsamico
1 EL Apfelessig
1–2 El Weißweinessig
Salz
gemahlener Pfeffer
4 EL gehackte Haselnüsse

1. Die Petersilienwurzeln und Möhren waschen, schälen und in wenig Salzwasser etwa 10 bis 15 Minuten bißfest kochen.
2. Das Gemüse in kaltem Wasser abschrecken, schälen und in Scheiben schneiden. Mit den Zwiebelwürfeln vermischen.
3. Honig, Senf, Aceto Balsamico, Apfelessig, Weißweinessig, Salz und Pfeffer zu einer Vinaigrette verrühren. Das Gemüse damit anmachen und gut durchziehen lassen. Mit gehackten, gerösteten Haselnüssen bestreuen.

Pilzsalat

500 g Waldpilze (z. B. Pfifferlinge und Steinpilze)
4 EL Öl, 20 g Butter
4 EL Zwiebelwürfel
Salz, gemahlener Pfeffer
1 EL Aceto Balsamico
2–3 EL Rotweinessig
2 EL Portwein
100 ml Gemüsebrühe
2 EL gehackte Petersilie

Pilze putzen und in Öl und Butter mit den Zwiebelwürfeln braten. Würzen, die übrigen Zutaten dazugeben und gut durchziehen lassen.

Feinsaure Gemüse-delikatessen

Süßsauer oder würzig pikant mariniert, wird Gemüse nicht nur schmackhafter und bekömmlicher, sondern auch haltbarer.

Das Einlegen von Gurken, Kürbis oder grünen Bohnen, früher in jedem Haushalt üblich, um für den Winter einen Vorrat anzulegen, ist heute zu einem beliebten Hobby für kochbegeisterte Feinschmecker geworden. Sicherlich kann man all die feinsauren Köstlichkeiten auch fertig im Glas kaufen, aber selbst zubereitet, womöglich nach Großmutters bewährten Rezepten, schmecken sie einfach unvergleichlich besser.

Wichtig für die Haltbarkeit ist, daß das Gemüse stets vollständig mit Flüssigkeit bedeckt ist.

Kräutergürkchen

1 ½ kg kleine Einlegegurken

150 g Salz

2 große Estragonzweige

1 Borretschzweig

½ Bund Dill

¾ l Weißweinessig

⅛ l Estragonessig

¼ l Wasser

100 g Zucker

1. Gürkchen säubern, mit 100 g Salz vermischen und 24 Stunden stehen lassen.

2. Die entstandene Flüssigkeit abgießen und die Gürkchen gut abtrocknen. Mit den abgezupften Kräuterblättern sorgfältig in Gläser schichten.

3. Essigsorten mit restlichem Salz, Wasser und Zucker aufkochen lassen und heiß über die Gurken gießen. Die Gläser verschließen und kühl stellen.

4. Am nächsten Tag den Sud abgießen, erneut erhitzen und die Gurken damit begießen. Diesen Vorgang noch einmal wiederholen. Danach die Gläser luftdicht verschließen und kühl lagern.

Süßsaure Gurken

2 kg Schmorgurken

100 g Salz

¾ l Weinessig

½ l Wasser

200 g Zucker

2 EL in Würfel geschnittene Ingwerwurzel

50 g Senfkörner

1 EL Pfefferkörner

2 Lorbeerblätter

1. Gurken schälen, halbieren, entkernen und in 1 cm breite Streifen schneiden.

2. Mit 80 g Salz bestreuen und 24 Stunden marinieren.

3. Übrige Zutaten aufkochen, die abgetropften Gurken etwa 2 Minuten darin garen und mit dem Sud in Gläser füllen. Nach einer Woche den Sud abgießen, aufkochen und über die Gurken gießen.

Essigschalotten

1 ½ kg Schalotten

Salz

¼ l Olivenöl

150 g Puderzucker

4 cl Madeira

⅛ l Aceto Balsamico

⅛ l Weißweinessig

1. Schalotten schälen und in Salzwasser 5 bis 8 Minuten vorgaren. Auf ein Sieb schütten und das Kochwasser aufbewahren.

2. Öl erhitzen und die abgetropften Schalotten darin anschwitzen. Mit Puderzucker bestäuben, mit Madeira begießen und bei schwacher Hitze weich dünsten. Mit den Essigsorten ablöschen, ¼ l Kochwaser dazugießen und kurz mit kochen lassen. In Gläser füllen, verschließen und kühl stellen.

Orangenkürbis

(Foto rechts)

1 kg reines Kürbisfleisch

500 g Zucker

¼ l Weißweinessig

50 ml Aceto Balsamico

200 ml Orangensaft

abgeriebene Schale von 2 Orangen

2 Gewürznelken

½ Zimtstange

1 EL geriebene Ingwerwurzel

1. Kürbisfleisch in 3 cm große Würfel schneiden.

2. Die übrigen Zutaten zum Kochen bringen und über die Kürbisstücke gießen und 24 Stunden marinieren.

3. Dann alles miteinander aufkochen und bei mittlerer Hitze 10 bis 15 Minuten köcheln lassen, bis die Kürbisstücke glasig werden.

4. Sofort in Gläser füllen und fest verschließen.

Marinierte Paprikahälften

(Foto links)

2 kg rote Paprikaschoten

½ l Olivenöl

2 EL Salz, 1 EL Zucker

3–4 Knoblauchzehen

1 Thymianzweig

2 EL Aceto Balsamico

½ l Rotweinessig

1. Die geputzten, halbierten Paprikaschoten so lange unter dem Grill rösten, bis sich die Haut abziehen läßt.

2. Die Hälfte des Öls erhitzen und die Paprika darin anbraten. Salz, Zucker und die geschälten und in Scheiben geschnittenen Knoblauchzehen sowie den Thymian dazugeben und mit andünsten. Balsam- und Rotweinessig sowie das restliche Öl dazugießen und kurz durchkochen lassen. In Gläser füllen und verschließen.

3. Den Sud am nächsten Tag abgießen, aufkochen und abgekühlt über die Paprika gießen. Gut verschließen.

Körniger Salatgenuß

Reis und andere Getreidekörner sind die ideale Basis für Party- und Picknicksalate, denn je länger sie durchziehen, um so besser schmecken sie.

Nicht nur Reiskörner, auch gekochte oder gekeimte Getreidekörner eignen sich bestens für knackige, körnige Salate. Damit die Körner die Aromen gut aufnehmen können, ist es wichtig, diese Salate ausreichend lange durchziehen zu lassen.

Für Reissalate eignet sich Parboiled-Langkornreis am besten, denn die gelblich aussehenden Reiskörner werden beim Kochen schneeweiß und herrlich körnig. Parboiled bedeutet, daß die Vitamine und Mineralstoffe, die sich in der Schale befinden, mit Hilfe eines Spezialverfahrens ins Innere des Korns gepreßt werden und somit durch das Schälen nicht verlorengehen.

Reissalat „Karibik"

150 g Langkornreis
Salz
1 reife Mango
200 g Ananasfruchtfleisch
1 Bund Frühlingszwiebeln
1 frische Chilischote
3 EL Mayonnaise
2 EL Crème fraîche
2 EL Kokosmilch
Saft und Schale von
½ unbehandelten Orange
und 1 Limette
1 EL frisch geriebene
Ingwerwurzel
frisch gemahlener Pfeffer
einige Spritzer Tabasco
1 EL frisch gehacktes
Koriandergrün
2 EL geröstete Kokos-
raspel

1. Etwa 1 l Salzwasser zum Kochen bringen. Den Reis hineingeben, einmal aufkochen lassen und bei mittlerer Hitze zugedeckt 15 bis 20 Minuten köcheln lassen. Auf einem Sieb abtropfen und abkühlen lassen.

2. Die Mango schälen, das Fruchtfleisch vom Kern lösen und wie die Ananas in schmale Streifen schneiden. Frühlingszwiebeln putzen und in feine Scheiben schneiden, die Chilischote halbieren, entkernen und fein hacken. Alles mit den gut abgetropften Reiskörnern in einer Schüssel mischen.

3. Mayonnaise mit Crème fraîche, Kokosmilch, Zitrussäften und -schale, feingeriebenem Ingwer, Salz, Pfeffer und Tabasco verrühren und mit den Salatzutaten vermischen. Mindestens 1 Stunde durchziehen lassen.

4. Kurz vor dem Servieren den Salat, falls nötig, noch etwas nachwürzen, das Koriandergrün untermischen und mit den gerösteten Kokosraspeln bestreuen.

Pußta-Reissalat

Den Reis wie im nebenstehenden Rezept zubereiten und mit 100 g gekochten Maiskörnern sowie je einer kleingeschnittenen roten, gelben und grünen Paprikaschote sowie einer halben gehackten Pfefferschote vermischen.

Die Mayonnaise mit Ketchup verrühren und mit edelsüßem Paprika, Weinessig, Salz und Pfeffer würzen. Zum Schluß reichlich frisch gehackte Petersilie untermischen.

Grünkernsalat

150 g Grünkern in etwa ¾ l kochende Gemüsebrühe geben und rund 20 Minuten ausquellen lassen. 1 Lauchstange putzen, waschen und in feine Streifen schneiden, kurz blanchieren und mit 5 EL Tomatenwürfeln und 2 EL feingeschnittenen Basilikumblättern vermischen. Den Grünkern daruntermischen und mit einer Vinaigrette aus Salz, Pfeffer, Weinessig, Aceto Balsamico und Olivenöl anmachen.

Bulgursalat

4 Fleischtomaten halbieren, entkernen und in kleine Würfel schneiden. Mit 4 EL Bulgur vermischen und etwa 1 ½ Stunden quellen lassen. 2 Bund glatte Petersilie und 6 bis 8 Minzeblätter fein hacken. 2 Zwiebeln in Würfel schneiden, 1 Knoblauchzehe fein hacken und mit den Kräutern unter die Bulgurmischung geben. Mit dem Saft von 2 Zitronen und 4 EL Olivenöl marinieren.

Quinoasalat

150 g Quinoa in etwa ¾ l kochendem Salzwasser 15 bis 20 Minuten ausquellen lassen. 1 Bund Frühlingszwiebeln putzen und in feine Scheiben schneiden. 200 g Tiefkühl-Erbsen wenige Minuten kochen und kalt abschrecken. Von 1 Bund Brunnenkresse die Blätter abzupfen. Die abgetropften Körner mit den Frühlingszwiebeln, Erbsen und der Brunnenkresse vermischen und mit einer Vinaigrette aus Estragonessig, Salz, Pfeffer und Olivenöl anmachen.

Salathits für jung und alt

Vom Kleinkind bis zur Großmutter werden alle schwach, wenn es Nudelsalat gibt. Ob mit italienischem Touch, asiatisch raffiniert oder herzhaft bayrisch – jede Version hat ihren besonderen Reiz.
Außerdem sorgt die Vielfalt an Sorten optisch und geschmacklich dafür, daß auch beim größten Nudelfan keine Langeweile aufkommen kann.

Nudelsalat mit Tomaten und Mozzarella

250 g Orecchiette oder
Cappeletti oder
Gnocchinudeln
Salz
250 g Minimozzarellakugeln
250 g Cocktailtomaten
1 Bund Basilikum
Für die Salatsauce:
1 EL Aceto Balsamico
2–3 EL Rotweinessig
Meersalz
frisch gemahlener Pfeffer
6 EL Olivenöl (kaltgepreßt)

1. Nudeln in reichlich kochendem Salzwasser nach der Packung al dente kochen. Auf einem Durchschlag abtropfen lassen, dabei etwas Kochwasser aufbewahren. Mit kaltem Wasser abbrausen.
2. Die Mozzarellakugeln und die gewaschenen Tomaten halbieren, die abgezupften Basilikumblätter in feine Streifen schneiden und alles mit den Nudeln vermischen.
3. Die Essigsorten mit Salz, Pfeffer und Öl gründlich verrühren und über die Salatzutaten gießen. Mit einem Salatbesteck vorsichtig vermischen und bei Bedarf mit etwas Nudelkochwasser geschmeidiger machen.

Nudelsalat mit Bohnen, Käse und Kräutern

250 g Penne
Salz
250 g junge, grüne Bohnen
(z. B. Keniabohnen)
je 1 Zweig Thymian,
Rosmarin, Basilikum,
Petersilie und Bohnenkraut
1 Knoblauchzehe
250 g Fetakäse
1 EL Aceto Balsamico
2 EL Weißweinessig
frisch gemahlener Pfeffer
6 EL Olivenöl

1. Die Penne in reichlich kochendem Salzwasser nach Anweisung auf der Packung al dente kochen. Auf einem Durchschlag abtropfen lassen, dabei etwas Kochwasser aufbewahren. Mit kaltem Wasser abbrausen.
2. Die geputzten Bohnen ebenfalls in Salzwasser bißfest kochen und eiskalt abschrecken.
3. Die Kräuter fein hacken, die geschälte Knoblauchzehe fein zerdrücken und den Fetakäse in kleine Würfel schneiden. Alles mit den Nudeln und den Bohnen in einer Schüssel vermischen.
4. Essigsorten mit Salz, Pfeffer und Öl verrühren und über die Salatzutaten gießen. Mit einem Salatbesteck vermischen und bei Bedarf mit etwas Nudelkochwasser geschmeidiger machen.

Tip

Ganz einfach herzustellen, ist der raffiniert schmeckende Salat aus al dente gekochten Nudeln (z. B. Rigatoni oder Fusilli) mit eingelegtem, in Öl mariniertem Gemüse, das man fertig kaufen kann. Den Salat nur mit etwas Aceto Balsamico und Rotweinessig würzen und mit frisch gehackter Petersilie bestreuen.

Fernöstlicher Nudelsalat

250 g chinesische Eiernudeln
Salz
1 kleine, grüne Paprikaschote
1 Bund Frühlingszwiebeln
100 g Shiitake-Pilze
1 Knoblauchzehe
3 EL Sesamöl
2 EL neutrales Öl
frisch gemahlener Pfeffer
½ Glas eingelegter Tomatenpaprika in Streifen
1 EL Curry
1 TL Chilisauce
1 EL Sojasauce
1–2 EL Sherryessig
1 EL feingehacktes Koriandergrün

1. Die Eiernudeln in kochendes Salzwasser geben und wenige Minuten nach Anweisung auf der Packung quellen lassen. Dann auf ein Sieb schütten und kalt abbrausen.
2. Paprikaschote, Frühlingszwiebeln und Pilze putzen. Paprika in feine Streifen, die Zwiebeln und die Pilze in feine Scheiben schneiden. Die geschälte Knoblauchzehe fein zerdrücken.
3. 2 EL Sesamöl und das neutrale Öl in einer Pfanne erhitzen und das vorbereitete Gemüse darin andünsten. Mit Salz und Pfeffer würzen. Die eingelegten Paprikastreifen, Curry, Chili- und Sojasauce sowie den Essig dazugeben und kurz durchschwenken.
4. Etwas abgekühlt mit den Nudeln vermischen und das restliche Sesamöl sowie das Koriandergrün untermischen.

Thema mit Variationen

Alle lieben Kartoffelsalat, aber jeder hat sein spezielles Lieblingsrezept. An Zubereitungsmöglichkeiten herrscht kein Mangel, denn die braune Knolle ist anpassungsfähig wie kein anderes Gemüse. Von deftig bis fein – für jeden Geschmack gibt es den richtigen Kartoffelsalat!

Die ganze Kreativität ist allerdings umsonst, wenn die Qualität der Kartoffel nicht stimmt. Wählen Sie deshalb eine festkochende und aromatische Sorte, wie z. B. Sieglinde, Hansa, Nicola oder Bamberger Hörnchen. Traditionell werden die Kartoffeln für den Salat mit der Schale in gesalzenem Wasser gekocht. Anschließend das Kochwasser sofort abgießen und die Knollen vor dem Pellen gut abdampfen lassen.

Grundrezept Kartoffelsalat mit Brühe

800 g festkochende, möglichst kleine Kartoffeln, Salz
1 große Zwiebel
200 ml heiße Gemüsebrühe
frisch gemahlener Pfeffer
4–5 EL Weißweinessig
5 EL Öl
1 Bund Schnittlauch

1. Die Kartoffeln waschen und in wenig Salzwasser garen. Die Zwiebel schälen und in kleine Würfel schneiden.

2. Das Kochwasser abschütten, die Kartoffeln abdampfen lassen und noch heiß pellen. Sobald man die Kartoffeln in die Hand nehmen kann, in gleichmäßig dünne Scheiben schneiden und mit den Zwiebelwürfeln vermischen.

3. Die heiße Gemüsebrühe mit Salz, Pfeffer, Essig und Öl verquirlen und die Kartoffeln damit übergießen. Vorsichtig vermischen und etwa 15 Minuten durchziehen lassen. Mit dem feingeschnittenen Schnittlauch bestreuen.

Variationen mit …

Frühlingszwiebeln

Die Kartoffelscheiben anstelle der Brühe mit erhitztem trockenem, fruchtigem Weißwein übergießen. 1 Bund Frühlingszwiebeln schräg in dünne Scheiben schneiden und 2 bis 3 EL gehackte Frühlingskräuter, beispielsweise Petersilie, Kerbel, Estragon und Schnittlauch, untermischen.

Rucola, Tomaten und Oliven

Die gegarten Kartoffeln in kleine Würfel schneiden und mit heißer Kräuterbrühe begießen. 1 Bund Rucola waschen und in mundgerechte Stücke zupfen. 300 g Cocktailtomaten waschen, halbieren. Beides mit 100 g entkernten, schwarzen Oliven unter die Kartoffeln mischen. 1 TL gehackten Thymian mit der Marinade vermischen und den Salat damit anmachen.

Brunnenkresse, Radieschen und Sprossen

Den Salat wie im Grundrezept beschrieben zubereiten. Kurz vor dem Servieren die abgezupften Blätter von 1 Bund Brunnenkresse sowie 1 Bund in Scheiben geschnittene Radieschen und 1 Handvoll gemischte Sprossen untermischen. 2 hartgekochte Eier grob hacken und den Salat damit bestreuen.

Salatgurke

Den Salat wie im Grundrezept beschrieben zubereiten. 1 Salatgurke schälen, in dünne Scheiben schneiden und mit Salz, Weinessig und Pfeffer marinieren. Kurz durchziehen lassen, dann mit gehacktem Dill unter den Kartoffelsalat mischen.

Pfifferlingen und Nüssen

Kartoffelsalat mit Brühe wie im Grundrezept beschrieben zubereiten. 300 g möglichst kleine Pfifferlinge putzen und in 3 EL Olivenöl anbraten. Mit 1 EL Aceto Balsamico ablöschen und 2 EL gehackte Petersilie dazugeben. Pilze unter den Salat mischen und mit 1 EL Nußöl und 2 EL gehackten, gerösteten Haselnüssen verfeinern.

Äpfeln und Sellerie

Kartoffelsalat mit Mayonnaise nach dem Grundrezept zubereiten. Dabei die Kartoffeln statt mit Gemüsebrühe mit heißem Cidre marinieren und die Mayonnaise mit ein wenig Calvados abschmecken. 2 rotbackige Äpfel vierteln, entkernen und in dünne Scheibchen schneiden. Mit 200 g gekochtem, in Würfel geschnittenem Knollensellerie unter den Kartoffelsalat mischen. Mit abgezupften Kerbelblättern oder feingehackten Sellerieblättern bestreuen.

Currymayonnaise und Früchten

Kartoffelsalat mit Mayonnaise nach dem Grundrezept zubereiten, dabei den Senf durch 1 EL Curry und 1 EL gehackte, grüne Pfefferkörner ersetzen. Je 100 g Fruchtfleisch von Mango, Ananas und Papaya dazugeben und den Salat mit frisch gehacktem Koriandergrün bestreuen.

Grundrezept Kartoffelsalat mit Mayonnaise

800 g festkochende, möglichst
kleine Kartoffeln
1 Zwiebel
6 EL heiße Gemüsebrühe
2 EL Weißweinessig, Salz
Für die Mayonnaise:
2 Eigelb
1 TL feinwürziger Senf
Salz, frisch gemahlener Pfeffer
2–3 EL Zitronensaft
¼ l Öl
2 EL saure Sahne oder Joghurt
2 EL frisch gehackte Petersilie

1. Die Kartoffeln waschen und in Salzwasser garen. Das Kochwasser abschütten, die Kartoffeln abdampfen lassen und noch heiß pellen. Sobald man die Kartoffeln in die Hand nehmen kann, in gleichmäßig dünne Scheiben schneiden.
2. Die Zwiebel schälen, in kleine Würfel schneiden und mit den Kartoffelscheiben vermischen.
3. Die heiße Brühe mit Essig und Salz vermischen und die Kartoffeln damit übergießen. Vorsichtig vermischen und etwa 15 Minuten durchziehen lassen.
4. Für die Mayonnaise Eigelb mit Senf, Salz, Pfeffer und Zitronensaft mit einem Schneebesen verrühren und nach und nach tröpfchenweise das Öl dazugießen. So lange rühren, bis eine cremige Sauce entsteht.
5. Zum Schluß saure Sahne oder Joghurt und die Petersilie hinzufügen und die Mayonnaise unter die marinierten Kartoffelscheiben mischen.

Tip

Mayonnaise läßt sich schneller zubereiten, wenn man einen Stabmixer zu Hilfe nimmt. Wenn es besonders schnell gehen soll, nehmen Sie am besten eine gute fertige Mayonnaise aus dem Glas.

Griechischer Bauernsalat

(Griechenland)

4 vollreife Fleischtomaten
1 mittelgroße Salatgurke
3 kleine Zwiebeln
1 grüne Paprikaschote
1 Knoblauchzehe
1 Handvoll schwarze Oliven
250 g Fetakäse
Für die Vinaigrette:
Salz
frisch gemahlener Pfeffer
2–3 EL Rotweinessig oder
Zitronensaft
6 EL Olivenöl (kaltgepreßt)
2–3 EL frisch gehackte
Oreganoblätter
1 EL gehackte Petersilie

1. Die Tomaten waschen, Stielansätze entfernen, vierteln und in etwa 1 cm dicke Stücke schneiden. Die Salatgurke schälen, halbieren und in dicke Scheiben schneiden. Die Zwiebeln schälen, halbieren und der Länge nach in dünne Spalten schneiden. Paprikaschote waschen, vierteln, Stielansatz und Trennwände entfernen. Die Paprikaviertel quer in Streifen schneiden.
2. Die Knoblauchzehe halbieren und eine große Salatschüssel damit ausreiben. Die vorbereiteten Salatzutaten hineingeben, Oliven und den in Stücke geschnittenen Fetakäse untermischen.
3. Salz und Pfeffer mit Essig oder Zitronensaft verquirlen, dann das Öl und den Oregano unterrühren.
4. Über die Salatzutaten gießen, gründlich vermischen und mit Petersilie bestreut servieren.

Salat nach Art „Niçoise"

(Südfrankreich)

150 g grüne Bohnen
Salz
4 Tomaten
1 Minisalatgurke
2–3 gekochte Kartoffeln
2 rote Zwiebeln
4 hartgekochte Eier
1 Knoblauchzehe
je 50 g grüne und schwarze
Oliven
30 g eingelegte Kapern
1 Handvoll beliebige Salatblätter
Für die Vinaigrette:
1 TL Dijonsenf, Salz
frisch gemahlener Pfeffer
3–4 EL Rotweinessig
6 EL Olivenöl (kaltgepreßt)

1. Von den Bohnen die Enden abknipsen und in kochendem Salzwasser 10 bis 15 Minuten, je nach Sorte, bißfest kochen, kalt abschrecken.
2. Tomaten waschen, Stielansätze entfernen und achteln. Gurke, Kartoffeln, Zwiebeln und Eier schälen. Die Gurke in Scheiben, die Kartoffeln in Würfel und die Zwiebeln in Ringe schneiden.
3. Die Knoblauchzehe halbieren und eine Salatschüssel damit ausreiben. Die vorbereiteten Salatzutaten hineingeben und Oliven und Kapern untermischen.
4. Die angegebenen Zutaten zu einer Vinaigrette verrühren, den Salat damit marinieren und auf frischen Salatblättern anrichten.

Weißer Bohnensalat

(Mittelmeerländer)

200 g weiße, kleine Bohnenkerne (Cannellini)
Salz
je 2 Thymian- und Bohnenkrautzweige
Für die Marinade:
2–3 EL Weißweinessig
2–3 EL Zitronensaft
6 EL Olivenöl (kaltgepreßt)
Salz
frisch gemahlener Pfeffer
2 EL frisch gehacktes
Bohnenkraut
Außerdem:
2 Zwiebeln
2 Fleischtomaten

1. Die Bohnen am Vortag i reichlich kaltem Wasser ei weichen.
2. Am nächsten Tag die Boh nen mit dem Einweichwasse Salz und den Kräutern zu Kochen bringen und in etw 1 Stunde gar kochen. Auf e nem Sieb abtropfen lasser dabei etwa ⅛ l Kochflüssig keit aufbewahren.
3. Essig, Zitronensaft, das Ö Salz und Pfeffer mit etwa Kochwasser zu einer Marina de verrühren und mit de Bohnen vermischen. Minde stens 2 bis 3 Stunden durch ziehen lassen.
4. Die Zwiebeln schälen, To maten halbieren und entker nen und beides in kleine Wü fel schneiden. Kurz vor der Servieren unter den Sala mischen.

Tip

Man kann auch gekoch Bohnenkerne aus der Dos nehmen.

Panzanella (Brotsalat)

(Toskana)

00 g altbackenes Toskana-
rot
–3 EL Rotweinessig
a. 200 ml Wasser
 Bund Frühlingszwiebeln
 Tomaten
 Minisalatgurke
 Knoblauchzehen
alz
isch gemahlener Pfeffer
 EL Olivenöl (kaltgepreßt)
 Bund Basilikum

. Das Brot in dicke Scheiben
chneiden und mit einer Mi-
chung aus Essig und Was-
er begießen. Durchweichen
ssen, dann ausdrücken, in
tücke zupfen und in eine
chüssel geben.
. Frühlingszwiebeln putzen
nd mit einem Teil des Grüns
chräg in Scheiben schnei-
en. Von den Tomaten die
tielansätze entfernen, hal-
eren und in Stücke schnei-
en. Die Gurke schälen, vier-
ln und in kleine Stücke
chneiden.
. Das vorbereitete Gemüse
it dem Brot locker vermi-
chen.
. Knoblauchzehen schälen,
it Salz fein zerreiben und
feffer und Öl unterrühren.
ber den Salat gießen und
orsichtig vermischen. Kalt
ellen.
. Vor dem Servieren die
asilikumblätter abzupfen, in
ine Streifen schneiden und
en Salat damit bestreuen.

Chicoréesalat mit Currycreme

(Belgien)

3 mittelgroße Chicorée
1 Banane
1 kleine Mango
100 g Ananasfruchtfleisch
20 blaue Trauben
Für die Salatsauce:
5 EL Mayonnaise
2 EL saure Sahne
Saft von ½ Zitrone und
½ Orange
1 EL Curry
½ feingehackte Chilischote
2 EL gehackte Pistazien
1 EL frisch gehacktes
Koriandergrün

1. Die Chicoréeblätter ablösen, waschen und gut ab-
tropfen lassen.
2. Die Banane und die Mango
schälen und wie das Ananasfruchtfleisch in kleine Würfel
schneiden. Trauben halbieren
und entkernen.
3. Mayonnaise und saure
Sahne mit den Zitrussäften,
Curry und Chilischote verrühren. Die Früchtewürfel untermischen.
4. Die Chicoréeblätter sternförmig auf vier große Teller
verteilen, die fruchtige Salatsauce in die Mitte geben und
mit Pistazien und Koriandergrün bestreuen.

Tip

Man kann die Chicoréestauden auch in breite Streifen
schneiden und dann mit der
Fruchtsauce vermischen.

Avocado-Tomaten-Salat

(Mexiko)

2 weiche, aber schnittfeste
Avocados
4 vollreife Tomaten
1 rote Paprikaschote
1 rote Pfefferschote
1 Zwiebel
Für die Vinaigrette:
1 Knoblauchzehe
Salz
frisch gemahlener Pfeffer
Saft von 1 Zitrone
4 EL Öl
1 EL frisch gehacktes
Koriandergrün

1. Die Avocados schälen, halbieren und entkernen. Die
Hälften quer in dünne Scheiben schneiden.
2. Von den Tomaten die Stielansätze entfernen, die Tomaten halbieren und quer zur
Blüte in dünne Scheiben
schneiden. Die Paprikaschote halbieren, Stielansatz und
Trennwände entfernen und
die Hälften wie die geputzte
Pfefferschote und die ge-
schälte Zwiebel in möglichst
kleine Würfel schneiden.
3. Die geschälte Knoblauchzehe mit Salz fein zerdrücken
und mit Pfeffer, Zitronensaft
und Öl cremig rühren.
4. Avocado- und Tomaten-
scheiben abwechselnd und
leicht überlappend auf einer
großen Platte anrichten. Mit
den Paprika-, Pfefferscho-
ten- und Zwiebelwürfeln bestreuen und mit der Marinade
beträufeln. Mit Koriandergrün
garnieren.

Suppen und Saucen

Ein verführerisch duftendes heißes Süppchen kann Wunder wirken: Schon nach ein paar Löffeln sieht die Welt wieder freundlicher aus. Klare Brühen mit Gemüseeinlagen sättigen auf angenehme Weise und beruhigen den nervösen Magen.

Der kleine Wohltäter kommt wieder in Mode. Vorbei sind die Zeiten, in denen Suppen und Eintöpfe nur deftige Kalorienbomben waren. Sie sind leichter, feiner und bekömmlicher denn je. Thailänder, Japaner und Chinesen haben gezeigt, daß nicht jede Suppe stundenlang auf dem Herd stehen muß, um zu schmecken.

Auch Omas mehlgebundene und sahneschwere Saucen sind längst passé. Zartschaumig aufgeschlagen, aromareich und kalorienarm, geben die Saucen von heute vielen Gerichten das gewisse Etwas.

Eine Hitparade für Suppen und Saucen

Nur wenn die Mischung stimmt, wird aus dem Suppentopf ein „Supertopf"!
Allerlei Gemüse mit viel Sorgfalt ausgewählt und zusammengestellt – darin besteht das Geheimnis einer köstlichen Suppe.
Das Wichtigste sind erstklassige Zutaten von bester Qualität. Eine köstliche Gemüsesuppe läßt sich nur schwer in der Küche planen. Lassen Sie sich vom reichhaltigen Angebot im Gemüseladen oder auf dem Markt inspirieren, denn je frischer das Gemüse, um so köstlicher ist das Ergebnis auf dem Teller.

Ein großer Topf und sanfte Temperaturen

…sind wichtige Voraussetzungen für das Gelingen von kräftigen, aromatischen Gemüsebrühen. Und Gemüsebrühen wiederum sind die Basis für viele köstliche Suppen und Eintöpfe.
Der große Topf ist nötig, damit Gemüse und Wasser reichlich Platz haben.
Je sanfter die Temperatur, um so besser gehen die Aromastoffe in die Flüssigkeit über. Bevorzugen Sie Töpfe mit dickem Sandwichboden, da diese die Hitze optimal weiterleiten und dafür sorgen, daß die Brühe immer gleichmäßig köchelt.
Bei der Vielzahl an Gemüsesorten sind die Kombinationsmöglichkeiten für schmackhafte Brühen grenzenlos.
Wer sämige Gemüsesuppen liebt, sollte sich eine Flotte Lotte (ein Passiersieb mit Kurbel) anschaffen. Nach wie vor ist es die schonendste Technik, Gemüse oder Früchte zu passieren.
Für zarte, schaumig aufgeschlagene Gemüsesuppen ist ein Stabmixer sehr hilfreich.

Gemüse

Fenchelknollen
Sparsam verwendet sind sie eine raffinierte Einlage.

Pilze
Wald- oder Zuchtpilze geben jeder Gemüsebrühe Pfiff.

Suppengrün
1 Bund Suppengrün besteht aus einem Stück Lauch, etwas Knollensellerie, Petersilienwurzel und einer Möhre. Es ist in jedem Supermarkt erhältlich. Das angeschnittene Gemüse trocknet aber rasch aus und verliert dann an Aroma. Beim Kauf sollte man deshalb auf Frische achten.

Stangensellerie
Der Geschmack der Selleriestangen ist zarter und raffinierter als der des Knollenselleries. Besonders geeignet für feine Suppen und Saucen.

Tomaten
Sonnengereifte Tomaten sind die Basis für herrliche Brühen und Suppen.

Zwiebeln
Sie verleihen Brühen eine noch herzhaftere Note, wenn man die Schnittflächen goldbraun anbrät.

Kräuter

Bohnenkraut
Wie der Name schon sagt, paßt das intensiv pfefferig schmeckende Bohnenkraut sehr gut zu Bohnensuppen und -eintöpfen, aber auch zu allen Gerichten aus Hülsenfrüchten.

Bouquet garni
So wird ein frisches Kräutersträußchen bezeichnet, das sich je nach der Verwendung unterschiedlich zusammensetzt. Die klassische Kombination besteht aus Petersilienzweigen, Thymian und Lorbeerblatt. Es wird in der Brühe mit gekocht und vor dem Servieren entfernt.

Estragon
Die schmalen Blätter sind unentbehrlich für die Sauce Béarnaise. Das bittersüße Aroma ist sehr intensiv. Deshalb nur sparsam verwenden. Stengel kann man mit kochen, die Blätter möglichst nur kurz erhitzen.

Majoran und Oregano
Diese beiden Kräuter sind eng verwandt. Majoran hat einen milderen Geschmack als der pfefferig-scharfe Oregano. Suppen mit südlichem Charakter schmeckt man mit Oregano ab, herzhafte Kartoffelsuppen hingegen mit Majoran.

Liebstöckel
Landläufig auch Maggikraut genannt, ist Liebstöckel das Suppengewürz schlechthin. Nicht zuletzt deshalb, weil es lange Garzeiten verträgt. Möglichst sparsam verwenden, damit der intensive Geschmack nicht dominiert.

Petersilie
Sie ist das verbreitetste und beliebteste Küchenkraut. Die glattblättrige Petersilie eignet sich besser zum Mitkochen, da sie hitzebeständiger ist als die krausblättrige.

Zitronengras
Ein intensives Zitronenaroma kennzeichnet die grünen Stengel. Es ist ein beliebtes Würzkraut vor allem für thailändische Gerichte. Von den Halmen nur die unteren 12 bis 15 cm verwenden und vor dem Mitkochen grob hacken oder zerdrücken, damit sich die Geschmacksstoffe besser lösen können.

Gewürze

Chillies, frisch/getrocknet
Sie sind die Scharfmacher für aromatische Suppentöpfe.

Curry
Unzählige Geschmacksvariationen sorgen für die exotische Note von Suppen und Co. In Fett angedünstet, wird das herrliche Aroma des Currypulvers noch feiner.

Gewürznelken
Sparsam verwendet, verfeinern sie süße und pikante Suppen.

Ingwer
Sein frisches, scharf-würziges Aroma paßt sowohl zu herzhaften als auch zu süßen Suppen und Saucen. Frisch gerieben kommt die Würze am besten zur Geltung. Nicht zu lange mit kochen.

Paprika
Gibt es in den Würznoten von edelsüß bis scharf. Das rote Pulver ist zum Beispiel für einen ungarischen Eintopf unerläßlich.

Pfefferkörner
Die weißen und schwarzen Körner dürfen bei keinem würzigen Fond fehlen.

Safran
Das teuerste Gewürz der Welt ist auch bei Suppen und Saucen eine willkommene Würze. Safran ist als Pulver oder in Fäden erhältlich.

Wacholder
Die würzig-süßen Beeren des Wacholders werden für die dunklen Fonds verwendet.

Vanillestangen
Aufgeschlitzt und mit gekocht, verfeinern die kostbaren Stangen nicht nur Vanillesauce, sondern auch andere süße Kaltschalen.

Zimtstangen
Die beliebte Würze für süße Saucen und Kaltschalen verleiht auch fernöstlichen Suppen und Eintöpfen eine exotische Note.

Zitronen- und Orangenschale
Damit können nicht nur süße Kaltschalen und Saucen, sondern auch so manche feinwürzige Süppchen abgerundet werden.

Flüssige Aromaten

Rot- und Weißwein
Ersetzt man einen Teil des Wassers beim Aufgießen durch Wein, werden die Fonds – ob hell oder dunkel – besonders aromatisch.

Noilly Prat
Der trockene, französische Wermut macht helle Fonds und Saucen unvergleichlich exquisit.

Worcestersauce
Die süßlich pikante Würze nimmt man zum Verfeinern von dunklen Saucen und Suppen.

Sojasauce
Die würzig-süßliche Sauce sorgt für den asiatischen Touch.

Tabasco
Unentbehrlich für alle, die es scharf mögen.

Gemüse- und Fruchtsäfte
Mit frisch gepreßten Gemüse- und Fruchtsäften intensiviert man den Geschmack von Suppen und Kaltschalen auf natürliche Weise.

Bindemittel

Butter
Das Binden von Saucen mit Butter, in der Fachsprache Montieren genannt, ist eine nicht ganz einfache Methode und erfordert etwas Geschick und Kocherfahrung. Der stark reduzierte Fond muß dazu von der Kochplatte genommen werden. Die eiskalte Butter wird dann in kleinen Stückchen nach und nach mit einem Schneebesen untergeschlagen.

Eigelb
Das Binden mit Eigelb heißt in der Küchensprache Legieren. Suppen und Saucen werden dadurch besonders cremig. Das Wichtigste ist, daß die Suppe oder Sauce nicht mehr kochen darf, nachdem die Eigelbmischung mit einem Schneebesen unter die heiße Flüssigkeit gerührt wurde.

Gemüse
Ein schmackhaftes und zugleich kalorienarmes Bindemittel ist das mitgegarte Gemüse. Brühe und Gemüse mit dem Stabmixer fein pürieren und am besten noch einmal durch ein Sieb passieren, und schon ist eine leicht gebundene Gemüsesauce oder ein delikates Süppchen fertig.

Mehl
Als dicke Mehlschwitze für Suppen und Saucen ist Mehl heute verpönt. Viele Köche entdecken aber wieder die vorzügliche Bindefähigkeit von Mehlbutter. Dazu wird die kalte Butter mit der gleichen Menge Mehl verknetet, unter Rühren in die Flüssigkeit gegeben und alles einmal aufgekocht.

Sahne, Crème fraîche etc.
Diese Bindemittel fallen nicht unter die Kategorie kalorienarm, da die gewünschte sämige Konsistenz erst durch längeres Einkochen erreicht wird. Außerdem muß man berücksichtigen, daß Crème fraîche und Crème double einen leicht säuerlichen Geschmack haben, der den Eigengeschmack der Sauce etwas verfälscht. Bei Saucen mit einem besonders zarten Aroma deshalb besser auf diese Bindung verzichten.

Saucenbinder
Industriell hergestellte Hilfsmittel finden immer mehr Anhänger, da sie überzeugend einfach in der Anwendung sind. Das Pulver wird direkt aus der Packung in die kochende Flüssigkeit gestreut. Das Ergebnis: eine sämige Sauce ohne Klümpchen.

Speisestärke
Im Unterschied zu den Saucenbindern muß die Speisestärke vorher in kaltem Wasser angerührt werden, bevor man sie in die kochende Flüssigkeit einrührt.

Schritt für Schritt zum Suppen- und zum Saucenglück

Die Zeiten, in denen Suppen als Dickmacher galten, sind vorbei. Moderne Kochmethoden, bessere Kenntnisse über die Ernährung und die zahlreichen Einflüsse aus den Küchen aller Welt haben Suppen einen neuen Stellenwert verschafft.

Suppen löffelt man heute als munter machenden Snack zwischendurch, zur Beruhigung des Gemüts nach einem langen Arbeitstag oder als leicht bekömmlichen, kalorienarmen Sattmacher.

Die Basis fast aller Suppen ist eine aromatische Brühe aus Gemüse und Kräutern. Die Mischung ist reine Geschmackssache, wichtig ist nur: die Verwendung frischer Zutaten von erstklassiger Qualität.

Bei Saucen zeigt sich der wahre Meister

Eine gute Sauce erfordert ein wenig Zeit, etwas Fleiß, viel Aufmerksamkeit und eine große Portion Liebe zum Kochen.

Wenn Sie ein paar Grundtechniken beherrschen, auf denen die Saucen basieren, kommt das Feingefühl für die Raffinesse ganz von selbst.

Tip

Für Kräuterbrühen und Kräuterfonds dünstet man die grobgehackten Stiele frischer Kräuter in Butter kurz an, begießt sie mit Wasser und läßt sie bei schwacher Temperatur etwa 30 Minuten ziehen. Gut eignet sich dafür eine Mischung aus Basilikum, Estragon, Sauerampfer und Petersilie und das Blattgrün vom Stangensellerie. Natürlich kann auch nur aus einer Kräutersorte eine Brühe zubereitet werden.

Kräuterbrühen schmecken pur gelöffelt zwar sehr fein, es lassen sich aber auch würzige Saucen daraus zubereiten.

Das Aroma kommt noch besser zur Geltung, wenn man die Brühe nach dem Entfernen der Kräuter um etwa ein Drittel einkochen läßt.

Gemüse-/Kräuterbrühe und -fond

Eine klare Gemüse- oder Kräuterbrühe kann pur oder mit Einlage ein appetitmachender kleiner Imbiß oder ein Menügang sein. Reduziert man die Brühe zu einem Fond, ist sie die Basis vieler köstlicher Gerichte.

Pürierte Gemüsesuppen

Der feine und typische Eigengeschmack der Gemüsesorten kommt bei diesen Suppen besonders gut zur Geltung. Durch diese Zubereitungsweise werden Suppen leichter und wesentlich bekömmlicher.

Bunter Gemüsetopf

Kleingeschnittenes Gemüse in einem großen Topf gekocht – das hat in allen Ländern der Welt Familientradition. Wie gut der Eintopf schmeckt, hängt einzig und allein von der Frische der verwendeten Gemüsesorten ab.

Helle Béchamelsauce

Zwar sind Mehlsaucen ein wenig aus der Mode gekommen, aber verfeinert mit diversen Gewürzen, Käse oder Kräutern sind sie immer noch eine herrliche Grundlage für so manch feine Sauce.

Sauce Hollandaise

Die wunderbarste aller Saucenkreationen hat schon so manchen Hobbykoch zur Verzweiflung gebracht. So unvergleichlich gut sie auch schmeckt, die Zubereitung erfordert jedoch ein wenig Geschick und das richtige Feeling.

1. Etwa 800 g unterschiedliche Gemüsesorten gründlich waschen.

2. Mit den äußeren Randschichten in kleine Stücke schneiden.

1. 500 g Gemüsesorten nach dem jahreszeitlichen Angebot zusammenstellen.

2. Das geputzte und kleingeschnittene Gemüse in 40 g heißem Fett andünsten.

1. 800 g Gemüse und Pilze in kleine Stücke schneiden, Kräuter fein hacken.

2. 40 g Butter in einem ausreichend großen Kochtopf zerlassen.

1. 30 g Butter bei mittlerer Hitze zerlassen.

2. 30 g Mehl in das heiße Fett geben und aufschäumen lassen.

1. 250 g Butter bei mittlerer Hitze in einer Sauteuse zerlassen.

2. Aufschäumen lassen und den sich bildenden Schaum abschöpfen.

3. 2 EL Öl erhitzen und das Gemüse darin nach und nach andünsten. Nicht bräunen.

4. Mit 2 l Wasser aufgießen, zum Kochen bringen und ca. 1 Stunde köcheln lassen.

5. Durch ein feines Sieb gießen. Nicht ausdrücken, damit die Brühe klar bleibt.

6. Für einen Fond läßt man die Brühe bei starker Hitze um die Hälfte einkochen.

3. Mit ¾ l Wasser oder besser mit Gemüse- oder Kräuterbrühe aufgießen.

4. Das gegarte Gemüse am besten mit der Flotten Lotte pürieren.

5. Für eine glatte cremige Suppe streicht man das Püree durch ein feines Sieb.

6. Kurz vor dem Servieren die Suppe mit einem Stabmixer leicht schaumig aufschlagen.

3. Gemüse und ca. 80 g eingeweichte, abgetropfte Hülsenfrüchte mit andünsten.

4. Unter Umrühren mit einem Kochlöffel etwa 10 Minuten andünsten.

5. Mit Gemüsebrühe aufgießen und bei schwacher Hitze ca. 1 Stunde köcheln lassen.

6. Rundkornreis oder Nudeln einstreuen und 15 bis 20 Minuten mit garen.

3. Unter Rühren mit dem Schneebesen anschwitzen, bis die Mischung glatt ist.

4. ¼ l kalte Milch nach und nach unter kräftigem Rühren dazugießen.

5. Mit einem Schneebesen durchschlagen und ungefähr 10 Minuten kochen lassen.

6. Die Sauce durch ein feines Sieb streichen und beliebig abschmecken.

3. 2 Eigelb und 4 EL Weißwein in eine Metallschüssel geben.

4. Im Wasserbad mit einem Schneebesen schaumig aufschlagen.

5. Die geklärte Butter tröpfchenweise unter ständigem Rühren dazugeben.

6. Die cremige Sauce mit Salz und etwas frisch gepreßtem Zitronensaft abschmecken.

Suppen leicht gemacht

Sie sehen aus wie dickmachende Kalorienbomben – aber das Gegenteil ist der Fall. Diese Suppen sind selbst bei einer Schlankheitsdiät erlaubt, wenn sich die Zugabe von Sahne, Crème fraîche oder Butter in Grenzen hält. Wer Fett sparen möchte, kocht eine mehligkochende Kartoffel mit, das macht die Suppe auf kalorienarme Weise herrlich sämig. Das Geheimnis des Geschmacks hängt einzig und allein von der Frische des verwendeten Gemüses ab.

Grundrezept für samtige Gemüsesuppen

400–600 g frisches Gemüse nach Wahl

evtl. 1 mehligkochende Kartoffel

20 g Butter oder 2 EL Öl

½–¾ l Gemüsebrühe, Salz

frisch gemahlener Pfeffer

Zum Verfeinern:

2 EL Crème fraîche oder

4 EL Sahne oder 1 Eigelb

Außerdem:

frisch gehackte Kräuter

1. Gemüse putzen und kleinschneiden. In Fett andünsten, mit Brühe aufgießen, mit Salz und Pfeffer würzen.
2. Je nach Gemüseart 5 bis 20 Minuten köcheln lassen.
3. Entweder durch die Flotte Lotte drehen oder mit einem Stabmixer fein pürieren.
4. Das Gemüsepüree, falls nötig, mit etwas Brühe verdünnen und mit Sahne oder Crème fraîche verrühren.
5. Besonders edel wird die Suppe, wenn man sie noch durch ein Sieb passiert und mit dem Stabmixer schaumig aufschlägt.

Dubarrysuppe

Blumenkohl mit einer mehlig-kochenden Kartoffel in Milch und Brühe weich kochen. Fein pürieren, durch ein Sieb streichen und mit Sahne und Eigelb legieren. Mit frischem Kerbel und kleinen, blanchierten Blumenkohlröschen anrichten.

Erbsensuppe

Frische Erbsen in Butter andünsten. Mit Gemüsebrühe aufgießen und garen. Pürieren, durch ein Sieb streichen und mit Sahne verfeinern. Mit gehackter Minze bestreuen.

Tomatensuppe

Die vollreifen Tomaten in Stücke schneiden und in Olivenöl andünsten. Mit Wasser oder Brühe aufgießen, salzen und pfeffern, Thymian und Rosmarin dazugeben und 20 Minuten köcheln lassen. Durch die Flotte Lotte drehen und noch etwas kaltgepreßtes Olivenöl unterrühren. Mit krossen Croûtons oder mit 1 Löffel Crème fraîche und feingeschnittenen Basilikumblättern servieren.

Spargelsuppe

Geschälte Spargelabschnitte in Fett andünsten und mit Spargelkochwasser aufgießen. Weich kochen, pürieren, durch ein Sieb streichen und mit Sahne verfeinern. Mit blanchierten Spargelspitzen und Schnittlauch servieren.

Möhrensuppe

Möhren mit etwas Tomatenmark andünsten, mit Brühe aufgießen und weich kochen. Pürieren, durch ein Sieb streichen und mit Sahne schaumig aufschlagen.

Sauerampfersuppe

Mehligkochende, geschälte und in Stücke geschnittene Kartoffeln mit den kleingeschnittenen Stielen von Sauerampfer in Butter andünsten, mit Gemüse- oder Kräuterbrühe aufgießen und weich kochen. Kurz vor Ende der Garzeit die kleingeschnittenen Sauerampferblätter dazugeben und kurz mit kochen. Pürieren, durch ein Sieb streichen und mit Sahne schaumig aufschlagen.
Auf die gleiche Weise bereitet man auch Kerbelsuppe zu.

Sechs Ideen für glasklare Brühen

Eine klare Gemüsebrühe wirkt zwar unglaublich belebend, ist aber doch mehr ein Drink als ein Imbiß. Mit einer feinen Einlage, wie bißfesten Gemüsestückchen, herzhaften Nockerln oder raffiniert gefüllten Wantans, wird daraus im Handumdrehen eine kleine Mahlzeit.

1. Grießnockerl

60 g weiche Butter cremig rühren und 1 großes Ei (Größe L) unterrühren. Weiterrühren, bis eine dickschaumige Masse entsteht. Nach und nach unter Rühren 60 bis 70 g Grieß einlaufen lassen. Mit Salz, Pfeffer und frisch geriebener Muskatnuß würzen. Mindestens 15 Minuten quellen lassen. Mit Hilfe von zwei nassen Teelöffeln Nockerl formen und in leicht siedendes Salzwasser legen. Einmal aufkochen lassen und bei schwacher Hitze 10 bis 15 Minuten ziehen lassen. Herausheben und zusammen mit Schnittlauchröllchen in die heiße Gemüsebrühe geben.

2. Kräuter- oder Pilzspätzle

200 g Mehl mit 2 Eiern und 3 bis 4 EL Wasser in eine Schüssel geben und mit den Knethaken eines Handrührgerätes so lange schlagen, bis der Teig Blasen wirft. Mit Salz, frisch gemahlenem Pfeffer und frisch geriebener Muskatnuß würzen und entweder 2 EL gehackte Frühlingskräuter und etwas abgeriebene Zitronenschale oder 1 EL sehr feingehackte, getrocknete Steinpilze und ½ TL gehackten Thymian dazugeben.
Den Teig 15 Minuten quellen lassen, dann mit Hilfe eines Spätzlehobels oder Spätzlesiebs in kochendes Salzwasser geben. Sobald die Spätzle an der Oberfläche schwimmen, mit einem Schaumlöffel herausheben und in die heiße Gemüsebrühe geben.

3. Gemüse in allen Formen

Möhren kochen, in Scheiben schneiden und beliebig ausstechen.
Tomaten häuten, halbieren, entkernen und das Fruchtfleisch in Streifen schneiden.
Wahlweise Spargelspitzen, Blumenkohl- oder Brokkoliröschen bißfest kochen.
Lauch in dünne Scheiben schneiden und 5 bis 6 Minuten garen.

1

2

3

4

4. Wiener Käseschöberl

50 g Butter glattrühren. 2 Eier dazugeben und mit dem Schneebesen zu einer glatten, schaumigen Masse verrühren. Abwechselnd unter Rühren 200 ml Milch und 200 bis 250 g Mehl dazugeben. Zwischendurch immer wieder so lange rühren, bis der Teig glatt und geschmeidig ist. Zum Schluß 50 g feingeriebenen Hartkäse untermischen und mit Salz, Pfeffer und etwas Paprika würzen. Den Teig in eine gefettete Kastenform füllen und im vorgeheizten Backofen bei 180° C 20 bis 25 Minuten goldbraun backen. Die Schöberl in kleine Stücke schneiden.

5. Quark-Basilikum-Klößchen

250 Magerquark einige Stunden auf einem Sieb abtropfen lassen. 30 g Butter cremig rühren und nach und nach 2 Eigelb sowie den abgetropften Quark unterrühren. 120 bis 150 g frisch geriebene Weißbrotbrösel und 1 Bund feingehackte Basilikumblätter nach und nach unter die Quarkmasse rühren. Mit Salz, Pfeffer und etwas Zitronenschale würzen. Zum Schluß 2 steifgeschlagene Eiweiß gleichmäßig unter die Masse rühren. Mit nassen Händen Klößchen formen und in siedendem Salzwasser 15 bis 20 Minuten ziehen lassen. Die Klößchen mit gehäuteten, in kleine Würfel geschnittenen Tomaten in die heiße Gemüsebrühe geben.

6. Wan tans mit süßsaurer Gemüsefüllung

Fertig gekaufte, in Quadrate geschnittene Wan-tan-Blätter (Asienladen) nebeneinander auf die Arbeitsplatte legen.
Für die Füllung 100 g gut abgetropfte Kürbisstückchen aus dem Glas im Mixer fein pürieren. 2 EL beliebige Gemüsewürfel und 1 eingelegte, feingehackte Peperoni untermischen. Mit etwas gehacktem Koriandergrün, frisch geriebenem Ingwer, einigen Tropfen Sojasauce sowie Salz und Pfeffer würzen. Falls die Masse zu weich ist, ein wenig geriebenes Weißbrot darunterrühren. Die Masse auf die Teigquadrate häufen, den Rand mit etwas verquirltem Eigelb bestreichen und die 4 Ecken diagonal nach oben zusammenziehen und gut festdrücken. Die Teigtaschen in reichlich erhitztem Öl in wenigen Minuten goldbraun und knusprig ausbacken.

Korn für Korn ein Genuß

Denken Sie bei Graupensuppe auch immer an schlechte Zeiten und bei Grünkern sofort an Körneresser? Oder sind Sie gar der Meinung, daß Reissuppen nur etwas für Kranke sind? Probieren Sie diese körnigen, appetitlich aussehenden Suppen, und Sie werden vom Gegenteil überzeugt sein.

Griechische Reissuppe

1 ½ l Gemüsebrühe
80 g Rundkornreis
Salz
1 Bund Frühlingszwiebeln
3 Eiweiß
frisch geriebene Muskatnuß
3 Eigelb
Saft von 1 ½ Zitronen
abgeriebene Schale von
½ unbehandelten Zitrone
½ Bund glatte Petersilie

1. Die Brühe zum Kochen bringen und den Reis einstreuen. Salzen und bei schwacher Hitze etwa 15 Minuten köcheln lassen.
2. Von den Frühlingszwiebeln die Wurzeln entfernen. Die Zwiebeln waschen und mit zwei Dritteln des Grüns in feine Scheiben schneiden.
3. Die Zwiebelringe in die Suppe geben und in etwa 5 Minuten bißfest garen.
4. Eiweiß mit etwas Salz und Muskat zu steifem Schnee schlagen. Dann das Eigelb dazugeben und alles zu einer cremigen Masse verrühren. Nach und nach den Zitronensaft und Zitronenschale darunterrühren.
5. Von der Reissuppe etwa 1 Tasse unter die Eimasse rühren. Dann die Suppe von der Kochplatte nehmen und die Schaummasse vorsichtig unterziehen.
6. Mit frisch gehackter Petersilie bestreuen und sofort servieren.

Tip

Wenn Sie keinen Risottoreis, wie Arborio, Vialone oder Superfino, bekommen, bereiten Sie die Suppe einfach mit Milchreis zu.

Grünkernsuppe mit Gemüse

125 g ganze Grünkernkörner
2 Schalotten
2 EL Olivenöl
Salz
frisch gemahlener Pfeffer
etwas Curry
1 EL Tomatenketchup
1 ½ l Gemüsebrühe
4 junge Möhren
1 kleiner Kohlrabi
250 g Spargel
150 g Spitzkohl
100 g Zuckerschoten
4 TL Crème fraîche
½ Bund Kerbel

1. Die Grünkernkörner über Nacht in kaltem Wasser einweichen.
2. Am nächsten Tag auf einem Sieb abtropfen lassen. Die Schalotten in kleine Würfel schneiden und im erhitzten Öl glasig dünsten. Die Grünkernkörner dazugeben und mit andünsten. Mit Salz, Pfeffer und etwas Curry würzen und 1 EL Tomatenketchup unterrühren. Mit Brühe aufgießen und etwa 10 Minuten köcheln lassen.
3. Die Möhren, den Kohlrabi und Spargel schälen, Spitzkohl putzen und die Zuckerschoten entfädeln. Möhren und Kohlrabi in Streifen, Spargelstangen in schräge Scheiben und den Spitzkohl in feine Streifen schneiden.
4. Das kleingeschnittene Gemüse in die Suppe geben und etwa 10 bis 15 Minuten mit kochen, dann die Zuckerschoten dazugeben und in weiteren 5 bis 6 Minuten fertiggaren.
5. Die Suppe auf tiefe Teller verteilen, in die Mitte die Crème fraîche geben und mit frisch gehacktem Kerbel bestreuen.

Graupensuppe mit Kräutern

125 g Graupen
4 Frühlingszwiebeln
1 dünne Lauchstange
1 Petersilienwurzel
1 Selleriestange mit Grün
½ Bund glatte Petersilie
1 Knoblauchzehe
50 g Butter
Salz
frisch gemahlener Pfeffer
1 Msp Safran oder einige
Safranfäden
2 cl Fino-Sherry
1 ½ l Kräuterbrühe
¼ l Sahne
1 Bund gemischte Frühlingskräuter (z. B. Basilikum, Kerbel, Estragon, Schnittlauch, Sauerampfer und Petersilie)

1. Die Graupen einige Stunden, am besten über Nacht in kaltem Wasser einweichen.
2. Von Frühlingszwiebeln und Lauch die Wurzeln und das grüne Ende entfernen. Petersilienwurzel schälen und wie die Selleriestange und das übrige Gemüse in winzig kleine Würfel schneiden. Von der Petersilie die Blätter abzupfen und beiseite legen, die Stiele und die geschälte Knoblauchzehe fein hacken.
3. Die Butter aufschäumen lassen und das Gemüse darin andünsten. Die gut abgetropften Graupen untermischen und mit andünsten.
4. Mit Salz, Pfeffer und Safran würzen, dann mit Sherry ablöschen und einkochen lassen. Mit Brühe aufgießen und so lange bei schwacher Hitze köcheln lassen, bis die Graupen weich sind. Das dauert etwa 25 bis 45 Minuten.
5. Die Sahne halbsteif schlagen. Die Kräuter fein hacken, mit der Sahne vermischen und unter die heiße Suppe ziehen.

Schmackhafte Energiebündel

In den reifen, getrockneten Samen von Bohnen, Erbsen und Linsen sind so viele Mineralstoffe, Vitamine und Ballaststoffe sowie wertvolles Eiweiß enthalten wie in keinem anderen pflanzlichen Nahrungsmittel. Und richtig zubereitet schmecken sie alle wirklich traumhaft.

Von wegen Arme-Leute-Essen!

Längst sind auch Gourmets auf den Geschmack von Hülsenfrüchten gekommen. Für eine köstliche Linsensuppe läßt man so manchen Braten stehen. Allerdings hat sich die Zubereitung gegenüber früher ein wenig gewandelt. Heute werden Hülsenfrüchte bißfest gekocht und raffiniert gewürzt.

Tips

• Je älter die Hülsenfrüchte, desto länger die Garzeit. Achten Sie deshalb beim Kauf auf frische Ware.
• Frische, erstklassige Hülsenfrüchte haben eine glatte und glänzende Oberfläche. Haben die Linsen fleckige Stellen oder gar Löcher, dann gehören sie nicht mehr in den Kochtopf.
• Ungeschälte Hülsenfrüchte kann man 1 Jahr, geschälte 6 Monate aufbewahren.
• Bohnen, Linsen und Erbsen in einer mit Wasser gefüllten Schüssel waschen. Oben schwimmende Samen entfernen.
• Das Einweichen verkürzt die Garzeit und spart Strom und Zeit.
• Hülsenfrüchte in der dreifachen Wassermenge einweichen. Beim Kochen das Einweichwasser unbedingt mit verwenden, sonst schütten Sie die darin gelösten Vitamine und Mineralstoffe weg. Bei Linsen können Sie sich das Einweichen größtenteils sparen.
• Essig oder ein anderes Säuerungsmittel erst nachdem die Hülsenfrüchte weich gekocht sind dazugeben.

Linsensuppe mit Kürbis-Petersilien-Pesto

200 g Tellerlinsen
1 l Gemüsebrühe
Bouquet garni (2 Thymian-,
4 Petersilienzweige und
1 Lorbeerblatt)
Salz
1 kleine Pfefferschote
Für das Pesto:
2 Knoblauchzehen
2 EL Kürbiskerne
1 TL grobes Meersalz
1 Bund glatte Petersilie
50 g junger Parmesan
100 ml Olivenöl
2–3 EL Kürbiskernöl
1–2 EL Aceto Balsamico
frisch gemahlener Pfeffer
2 Fleischtomaten

1. Die Linsen waschen, oben schwimmende Samen entfernen. In der Gemüsebrühe mit dem Bouquet garni, Salz und der Pfefferschote zum Kochen bringen und bei schwacher Hitze in etwa 25 bis 30 Minuten garen.
2. Für das Pesto die geschälten Knoblauchzehen mit den Kürbiskernen, Salz und den abgezupften Petersilienblättern mit einem Stabmixer grob zerhacken oder in einem Mörser zerstoßen. Nach und nach den zerbröckelten Käse und das Olivenöl einarbeiten, bis eine cremige Masse entsteht. Zum Schluß das Kürbiskernöl unterrühren.
3. Das Kräutersträußchen herausfischen und die Linsensuppe mit Essig, Salz und Pfeffer würzen.
4. Tomaten blanchieren, häuten, halbieren und entkernen. Das Fruchtfleisch in kleine Würfel schneiden und in die Suppe geben. Wenige Minuten erhitzen, dann auf vier Teller verteilen und jeweils einen Löffel Petersilienpesto in die Mitte geben.

Weiße-Bohnen-Suppe

300 g kleine, weiße Bohnen
(Cannellini), Salz
1 TL gekörnte Gemüsebrühe
½ Bund Bohnenkraut
2 Thymianzweige
1 Zwiebel mit 1 Lorbeerblatt
und 1 Nelke gespickt
8–10 Pfefferkörner
200 g in kleine Würfel
geschnittenes Gemüse
40 g Butter
2 EL gehackte Petersilie

1. Die Bohnen über Nacht in 1 l Wasser einweichen.
2. Am nächsten Tag im Einweichwasser zum Kochen bringen. Salzen, Gemüsebrühe, Kräuter und Gewürze dazugeben und in ca. 45 Minuten bei schwacher Hitze weich kochen.
3. Gemüsewürfel in Butter bißfest dünsten, salzen und die Petersilie untermischen.
4. Die Suppe in tiefe Teller füllen und die Gemüsemischung in die Mitte geben.

Kartoffel-Lauch-Suppe (Vichyssoise)

300 g mehligkochende
Kartoffeln
1 dicke Lauchstange
50 g Butter
1 l Gemüsebrühe
Salz
gemahlener weißer Pfeffer
frisch geriebene Muskatnuß
200 g Sahne
1 Bund Schnittlauch

1. Kartoffeln schälen, Lauch putzen, waschen und in Stücke schneiden. Beides in aufgeschäumter Butter andünsten. Mit Brühe aufgießen und mit Salz, Pfeffer und Muskat würzen. Bei schwacher Hitze 30 Minuten köcheln lassen.
2. Die Suppe mit einem Stabmixer pürieren und durch ein feines Sieb streichen. Die Sahne unterrühren und noch einmal erhitzen. Mit feingeschnittenem Schnittlauch bestreut heiß oder gut gekühlt servieren.

Kartoffelsuppe mit Brunnenkresse

400 g mehligkochende
Kartoffeln
1 Bund Brunnenkresse
2 EL Schalottenwürfel
40 g Butter
Salz
gemahlener weißer Peffer
½ l Kräuterbrühe
⅛ l Sahne

1. Die geschälten und in Stücke geschnittenen Kartoffeln mit den kleingehackten Kressestielen und den Schalottenwürfeln in Butter andünsten. Würzen, mit Brühe aufgießen und weich kochen. Pürieren, passieren und mit Sahne vermischen.
2. Zum Schluß die grobgehackte Brunnenkresse untermischen und kurz erhitzen.

Die Lieblingssuppe der Deutschen

Schon Kaiser Wilhelm II. liebte die Kartoffelsuppe so sehr, daß sie bei jedem festlichen Anlaß auf der Speisekarte stehen mußte. Für seine Leibköche war das Anreiz genug, immer wieder neue, raffinierte Kreationen zu erfinden.
Und heute ist es nicht viel anders: Kartoffelsuppen regen Profi- wie Hobbyköche zum Experimentieren an.
Der Wohlgeschmack einer guten Kartoffelsuppe hängt einzig und allein von der Qualität und dem Aroma der Kartoffelsorte ab. Mehligkochend soll sie sein, damit die Suppe eine sämige Konsistenz bekommt.
Leider wird es immer schwieriger, eine „Aula", „Irmgard" oder „Datura", so heißen die Sorten, die leicht zerfallen und somit ideal für ein Suppe sind, zu bekommen.

Gesundheitstip

Kartoffelsuppen sind ideale Schlankmacher: Sie haben wenig Kalorien, das reichlich enthaltene Kalium wirkt entwässernd, die vielen Vitamine und Mineralstoffe sorgen für die nötige Power, und das Beste ist – sie schmecken einfach köstlich!

Herzhafte Kartoffelsuppe

600 g mehligkochende
Kartoffeln
2 Möhren
1 Petersilienwurzel
1 Lauchstange
50 g Butter
1 EL frisch gehackter
Majoran, ½ TL Kümmel
Salz, gemahlener Pfeffer
1 ¼ l Gemüsebrühe
½ Bund Petersilie

1. Kartoffeln schälen, Gemüse putzen, waschen und alles in kleine Würfel schneiden.
2. Gemüse und Kartoffeln in der aufgeschäumten Butter andünsten, würzen und mit der Gemüsebrühe aufgießen. Aufkochen lassen und zugedeckt bei schwacher Hitze 40 Minuten köcheln lassen.
3. Ein Drittel der Suppe mit dem Stabmixer pürieren, damit die Suppe leicht sämig wird. Mit dem Rest der Suppe auffüllen. Mit frisch gehackter Petersilie bestreuen.

Minestrone

(Italien)

100 g kleine, getrocknete
weiße Bohnenkerne
1 Zwiebel
1–2 Knoblauchzehen
2 Selleriestangen
2 Möhren
½ Fenchelknolle
1 große Kartoffel
100 g grüne Bohnen
2–3 Wirsingblätter
2 kleine Zucchini
4 EL Olivenöl
1 ½ l Gemüsebrühe
1 Bouquet garni
(2 Thymian-, 1 Rosmarin-
zweig und 4 Petersilien-
zweige)
Salz, gemahlener Pfeffer
1 getrocknete Pfefferschote
2 Fleischtomaten
100 g ausgepalte Erbsen
100 g Gabelspaghetti
½ Bund Petersilie
frisch geriebener Parmesan
zum Bestreuen

1. Bohnen über Nacht in kaltem Wasser einweichen.
2. Die einzelnen Gemüsesorten waschen, putzen und kleinschneiden. Das Öl in einem großen Kochtopf erhitzen und zuerst die Zwiebel- und Knoblauchwürfel darin glasig dünsten. Dann das Gemüse dazugeben.
3. Mit Gemüsebrühe aufgießen, Kräuter und Gewürze dazugeben und zugedeckt 1 Stunde köcheln lassen.
4. Zum Schluß die gehäuteten, in Würfel geschnittenen Tomaten, die Erbsen und die Gabelspaghetti dazugeben und in 10 bis 15 Minuten fertiggaren. Mit Petersilie und Parmesan bestreut servieren.

Zwiebelsuppe

(Frankreich)

500 g Zwiebeln
50 g Butter
1 TL Mehl
¾ l Gemüsebrühe
¼ l trockener Weißwein
Salz
frisch gemahlener Pfeffer
2 Knoblauchzehen
4 EL Olivenöl
8 Scheiben Baguette
100 g geriebener Gruyère

1. Zwiebeln schälen und in dünne Scheiben schneiden.
2. Butter in einem Kochtopf zerlassen und die Zwiebeln darin goldgelb dünsten. Das Mehl darüberstäuben und kurz mit anschwitzen.
3. Mit Brühe und Wein aufgießen, mit Salz und Pfeffer würzen und einmal aufkochen lassen. Bei schwacher Hitze etwa 20 bis 25 Minuten köcheln lassen.
4. Die Knoblauchzehen schälen, mit dem Öl in eine Pfanne geben und erhitzen. Die Baguettescheiben darin goldbraun braten.
5. Die Zwiebelsuppe auf vier feuerfeste Tassen verteilen, jeweils mit zwei Brotscheiben belegen und mit dem Käse bestreuen. Unter dem heißen Grill goldgelb gratinieren.

Bohnensuppe

(Deutschland)

500 g grüne Stangenbohnen
250 g mehligkochende
Kartoffeln
1 große Zwiebel
40 g Butter
Salz
frisch gemahlener Pfeffer
1 l Gemüsebrühe
½ Bund Bohnenkraut
2 Fleischtomaten
½ Bund glatte Petersilie

1. Von den Bohnen die beiden Enden abknipsen. Falls nötig, entfädeln und schräg in Scheiben schneiden.
2. Kartoffeln und die Zwiebel schälen. Die Kartoffeln in 1 cm große Würfel schneiden, die Zwiebel fein hacken.
3. Die Butter in einem Kochtopf erhitzen und Zwiebelwürfel, Kartoffeln und Bohnen darin andünsten. Mit Salz und Pfeffer würzen und mit Brühe aufgießen. Das Bohnenkraut dazugeben, aufkochen lassen und bei schwacher Hitze zugedeckt 25 bis 30 Minuten köcheln lassen. Danach das Bohnenkraut entfernen.
4. Die Tomaten blanchieren, häuten, halbieren, entkernen und in kleine Würfel schneiden. Unter die Suppe mischen und kurz durchziehen lassen. Mit frisch gehackter Petersilie bestreuen.

Szetschuan-Suppe

(China)

 l Gemüsebrühe
⅛ l Reiswein
 EL Sojasauce
–3 dünne, frische Ingwer-
cheiben
 kleine Pfefferschote
 Zitronengrasstengel
½ frisches Lorbeerblatt
 dünne Lauchstange
50 g Egerlinge
 kleine Möhren
 EL Erdnußöl
 Knoblauchzehen
00 g Sojasprossen
 EL Fino-Sherry
 EL gehacktes Koriander-
rün

. Gemüsebrühe mit Reis-
wein, Sojasauce, Ingwer, Pfe-
erschote, Zitronengras und
orbeerblatt zum Kochen
ringen und etwa 15 Minuten
ei schwacher Hitze köcheln
assen.
. Lauch, Pilze und Möhren
aschen, putzen und alles in
ünne Scheiben schneiden.
 EL Öl im Wok erhitzen und
e feingehackten Knob-
uchzehen darin andünsten.
. Das Gemüse dazugeben
nd unter Rühren in 3 bis 4
inuten bißfest braten. Mit
er durchgesiebten Brühe
ufgießen und aufkochen
ssen.
. Das restliche Öl in einer
anne erhitzen und die
prossen darin kurz durch-
chwenken, mit Sherry ab-
öschen und in die Suppe
eben. Mit Koriandergrün be-
reut servieren.

Gemüsesuppe mit Pistou

(Südfrankreich)

250 g grüne Bohnen
1 grüner Zucchino
1 gelber Zucchino
1 dünne Lauchstange
1 Möhre
3 EL Olivenöl
250 g frische, ausgepalte
Bohnenkerne
3 Thymianzweige
Salz
3 Tomaten
50 g Rundkornreis
Für das Pistou:
3 Knoblauchzehen
½ TL Meersalz
1 großes Bund Basilikum
50 g junger Parmesan,
Pecorino oder Manchego
⅛ l Olivenöl (kaltgepreßt)

1. Gemüse putzen und wa-
schen. Bohnen in Stücke
schneiden, das restliche Gemüse in dicke Scheiben.
2. Olivenöl erhitzen und das
Gemüse darin andünsten.
Bohnenkerne und Thymian
dazugeben, salzen und mit
so viel Wasser aufgießen, bis
alles bedeckt ist. Aufkochen
lassen und zugedeckt bei
schwacher Hitze 20 Minuten
köcheln lassen.
3. Tomaten häuten, halbieren
und entkernen. Das Fruchtfleisch in Würfel schneiden.
Mit dem Reis unter die Suppe mischen und in weiteren
15 Minuten fertiggaren.
4. Die geschälten Knob-
lauchzehen, Salz, die abgezupften Basilikumblätter und
den zerbröckelten Käse in
einem Mörser fein zerstoßen
und nach und nach das Öl
dazugießen.
5. Die Paste unter die fertige
Suppe rühren.

Kohlsuppe

(Mallorca)

2 Gemüsezwiebeln
2 Knoblauchzehen
1 rote Paprikaschote
4 große Tomaten
½ kleiner Kohlkopf
100 ml Olivenöl
1 l Gemüsebrühe
Salz
frisch gemahlener Pfeffer
1 Bund Petersilie
250 g Weißbrot (in Scheiben
geschnitten)

1. Zwiebeln und Knoblauch
schälen und beides in kleine
Würfel schneiden. Paprika
halbieren, Stielansatz und
Trennwände entfernen und
die Hälften in Würfel schneiden. Die Tomaten häuten,
halbieren, entkernen und in
Stücke teilen. Den Kohlkopf
vierteln, den Strunk entfernen
und die Viertel quer in feine
Streifen schneiden.
2. Die Hälfte des Olivenöls in
einem Kochtopf erhitzen und
Zwiebeln und Knoblauch darin glasig dünsten. Paprika,
Kohlstreifen und Tomaten dazugeben und mit andünsten.
Mit Brühe aufgießen, salzen
und pfeffern, aufkochen lassen und so lange köcheln lassen, bis der Kohl weich ist.
3. Petersilie fein hacken und
untermischen.
4. Das Brot in große Würfel
schneiden, auf vier Teller verteilen und mit der Kohlsuppe
begießen. Mit dem restlichen
Öl beträufeln und sofort servieren.

Sauce Béarnaise

Die Hollandaise mit der Reduktion zubereiten und mit 2 EL frisch gehackten Kerbel- und Estragonblättern verfeinern. Mit Worcestersauce würzen.

Malteser Sauce

Die Hollandaise, wie auf Seite 80/81 beschrieben, zubereiten und zum Schluß mit dem Saft von 1 Blutorange und mit Zesten von 1 unbehandelten Orange verfeinern.

Sündigen Sie mal wieder

Gibt es etwas Schöneres, als ein Stückchen Brot genüßlich in eine Sauce zu tunken? Man kann es drehen, wie man will, und noch so kalorienbewußt leben, aber einer guten Sauce zu widerstehen, ist einfach schwer, zumal magere, fettarme Saucen einfach nur halb so gut schmecken. Deshalb finden Sie hier nach dem Motto „Sünde kann so schön sein" ein paar verführerische Saucen mit ordentlich Butter und Sahne.

Sauce Hollandaise - Das Original

Im Grundrezept von Seite 80/81 wird die einfache, schnelle Version der Sauce Hollandaise erklärt. Im Original wird die wunderbarste aller Saucen mit einer Reduktion zubereitet:
¼ l trockenen Weißwein mit 2 EL Weißwein- und 1 EL Estragonessig, 5 bis 6 Pfefferkörnern, 1 TL Schalottenwürfeln und 2 bis 3 Estragonblättern in einer Sauteuse so lange einkochen lassen, bis 3 oder 4 EL Flüssigkeit übrigbleiben. Durch ein Sieb gießen und statt des Weins (wie im Grundrezept) verwenden.

Sauce Mousseline

Unter die fertige Sauce Hollandaise einige Eßlöffel steif geschlagene Sahne ziehen.

Sauce Choron

Grundlage für diesen Saucenklassiker ist ebenfalls eine Sauce Hollandaise, unter die 2 bis 3 EL Tomatenpüree oder auch Tomatenketchup gerührt werden.
Besonders pikant wird die Sauce, wenn man zusätzlich frisch gehackte, grüne Pfefferkörner untermischt.

Grundrezept Sahnesauce

⅛ l trockenen Weißwein mit 1 EL Schalottenwürfeln um die Hälfte einkochen lassen. Durch ein Sieb gießen, ½ l Sahne dazugießen und kochen lassen, bis die Sauce sämig ist. Beliebig würzen.

Sahnesauce mit Kräutern

Unter das nebenstehende Grundrezept für Sahnesauce 2 bis 3 EL frisch gehackte Kräuter mischen und mit Zitronensaft, Salz und Pfeffer würzen.

Sahnesauce mit Morcheln

20 g Morcheln in kaltem Waser einige Stunden einweichen. Das Einweichwasser durch ein Sieb gießen und ⅛ l davon mit ⅛ l Rotwein um die Hälfte einkochen lassen. ½ l Sahne dazugießen und mit den gut abgetropften Morcheln sämig einkochen. Würzig abschmecken.

Sahnesauce mit Gorgonzola

Wein und Schalotten, wie im Grundrezept beschrieben, einkochen lassen. Sahne und 100 g Gorgonzola in Stückchen dazugeben und unter gelegentlichem Umrühren sämig einkochen lassen. Mit Aceto Balsamico, Pfeffer und etwas Salz abschmecken.

Heißgeliebte kalte Saucen

Frankfurter grüne Sauce, Remouladensauce, Aioli, Cocktailsauce oder Sauce Tartare – das sind die Klassiker der kalten Saucenküche.

Um sie zuzubereiten, müssen Sie lediglich zwei Grundzubereitungsarten beherrschen. Mit ein bißchen Kreativität kann man daraus die köstlichsten Dips in allen Geschmacksrichtungen herstellen.

Grundrezept Mayonnaise

1. Möglichkeit:
2 Eigelb mit 1 TL feinwürzigem Senf, etwas Salz und Pfeffer mit einem elektrischen Handrührgerät cremig rühren. 1 bis 2 EL Zitronensaft dazugeben und unter ständigem Rühren ¼ l geschmacksneutrales Öl tröpfchenweise dazugeben.

2. Möglichkeit:
1 Ei mit 1 TL feinwürzigem Senf, etwas Salz, Pfeffer, 1 bis 2 EL Zitronensaft und ¼ l Öl in einen hohen Becher geben und mit dem Stabmixer in Sekundenschnelle zu einer cremigen Mayonnaise aufmixen.

Variationen

Aioli (Knoblauchmayonnaise)
Eine Mayonnaise nach dem Grundrezept zubereiten und zusätzlich 4 bis 8 fein zerdrückte Knoblauchzehen, je nach gewünschter Intensität, unterrühren.
Wichtig ist, daß die Knoblauchzehen saftig und frisch sind. Den grünen Keim am besten entfernen.

Cocktailsauce
Eine Mayonnaise nach dem Grundrezept zubereiten, jedoch anstelle des Zitronensaftes Orangensaft nehmen. 2 bis 3 EL Ketchup und 1 EL Grand Marnier hinzufügen und kurz vor dem Servieren 2 bis 3 EL geschlagene Sahne und 2 EL Tomatenwürfel unterziehen.

Remouladensauce
Eine Mayonnaise nach dem Grundrezept zubereiten und zusätzlich noch etwas mehr Senf sowie 2 bis 3 EL gehackte Kapern, 2 bis 3 EL gehackte Essiggurken, 2 bis 3 EL gehackte Petersilie, 2 bis 3 gehackte Sardellen und 2 bis 3 feingehackte Estragonblätter untermischen.

Sauce Tartare

Eine Mayonnaise nach dem Grundrezept zubereiten und zusätzlich 3 hartgekochte, kleingehackte Eier, 1 EL gehackte Kapern, 1 EL Schalottenwürfel, 1 EL gehackte Cornichons sowie 1 bis 2 EL gehackte Petersilie unterrühren und gut durchziehen lassen.

Chantillysauce

Eine Mayonnaise nach dem Grundrezept zubereiten und 100 g geschlagene Sahne unterziehen.

Grundrezept für Dips aus Milchprodukten

200 g Milchprodukte nach Wahl, wie Joghurt, Dickmilch, saure Sahne, Crème fraîche oder Schmand, oder auch eine Mischung aus verschiedenen Produkten in einer Schüssel mit Salz, Pfeffer, etwas Senf oder Meerrettich verrühren. 2 bis 3 EL Zitronensaft, 1 bis 2 EL Öl und die Geschmackszutaten nach Wahl, wie Curry, Paprika, Kräuter, gehacktes Zitronengras, dazugeben. Kurz vor dem Servieren 1 bis 2 EL geschlagene Sahne unterziehen.

Grüne Sauce

Aus 100 g Crème fraîche und 100 g saurer Sahne eine Sauce nach dem Grundrezept zubereiten. 1 Bund gemischte Frühlingskräuter, wie Borretsch, Kresse, Pimpinelle, Dill, Sauerampfer und Schnittlauch, sowie 2 hartgekochte, gehackte Eier und 1 EL Zwiebelwürfel unterrühren. Gut durchziehen lassen und mit 1 bis 2 EL steif geschlagener Sahne verfeinern.

Eier-Tomaten-Dip

Aus 100 g Joghurt und 100 g Crème fraîche eine Sauce nach dem Grundrezept zubereiten und 3 hartgekochte, gehackte Eier, 2 EL Tomatenwürfel und 2 EL feingeschnittenen Schnittlauch unterrühren. Mit Cayennepfeffer würzen und geschlagene Sahne unterziehen.

Roquefort-Dip

Aus 150 g saurer Sahne und 50 g Crème fraîche eine Sauce nach dem Grundrezept zubereiten. 50 g feinzerdrückten Roquefort unterrühren. Mit etwas Portwein abschmekken, gut durchziehen lassen und etwas geschlagene Sahne unterziehen.

Meerrettich-Dip

Aus saurer Sahne eine Sauce nach dem Grundrezept zubereiten. 1 bis 2 EL frisch geriebenen Meerrettich, 1 EL feingeriebenen, säuerlichen Apfel und 2 EL feingeschnittenen Schnittlauch untermischen. Mit etwas geschlagener Sahne verfeinern.

Sämig, cremig und leicht bekömmlich

Zu Unrecht hat man die Béchamelsauce zu einer dick machenden Mehlsauce degradiert. Der Grund dafür war aber niemals das jahrhundertealte französische Rezept, sondern die entsprechende Zubereitung vieler Köche und Hausfrauen.
Nach wie vor ist eine gut zubereitete Béchamelsauce die Basis vieler samtiger Saucen.

Senfsauce

Bei der reichen Auswahl, die es mittlerweile an Senfsorten gibt, kann sich diese Sauce in vielen Variationen zeigen. Ob Dijon-, Kräuter-, Estragon- oder Knoblauchsenf – den Senf niemals mit kochen, sondern erst zum Schluß unter die Grundsauce von Seite 80/81 rühren. Senf verliert durch Kochen viel Aroma und kann zudem leicht bitter werden.

Käsesauce (Sauce Mornay)

Grundsauce von Seite 80/81 zubereiten und 3 bis 4 EL frisch geriebenen würzigen und gut schmelzenden Käse unterrühren, beispielsweise Bergkäse, Gruyère, Emmentaler oder auch mittelalten Gouda. Besonders raffiniert wird die Sauce, wenn geriebener Trüffelkäse (aus Italien) untergerührt wird.
Zieht man noch ein Eigelb unter, ist die Sauce auch zum Überbacken ideal.

Curry-Mango-Sauce mit Kapern

Verfeinern Sie die Grundsauce von Seite 80/81 mit 1 EL Currypulver, etwas frisch geriebenem Ingwer, 1 EL Mangochutney und 1 EL kleinen Kapern.

Petersiliensauce

Die Sauce nach dem Grundrezept von Seite 80/81 zubereiten. Zum Schluß mit frisch gepreßtem Zitronensaft abschmecken und 2 bis 3 EL halbsteif geschlagene Sahne sowie 1 Bund feingehackte Petersilie unterziehen.
Köstlich schmeckt die Sauce auch mit Dill oder Schnittlauch anstelle von Petersilie.

Käse-Nuß-Sauce

150 g Edelpilzkäse, Roquefort oder Stilton, zerbröckeln und mit 2 bis 3 EL grobgehackten, kurz gerösteten Walnüssen unter die Grundsauce von Seite 80/81 rühren.
Kurz durchköcheln lassen und mit etwas weißem Portwein abschmecken.

Safran-Orangen-Sauce

Die Grundsauce von Seite 80/81 mit 1 Msp gemahlenem Safran, 2 cl Noilly Prat und dem Saft von ½ Orange verfeinern. Zum Schluß noch halbsteif geschlagene Sahne unterziehen, dann wird die Sauce besonders zart und schaumig.

5 Saucentips

• Ein sicheres Mittel gegen Klümpchen: Immer mit kalter Flüssigkeit und unter ständigem Rühren aufgießen.
• Gut durchkochen lassen, damit der Mehlgeschmack völlig verschwindet.
• Anstelle von Milch kann man auch mit Gemüse- oder Kräuterbrühe, Wein, Sahne oder einer Mischung daraus aufgießen.
• Einen besonders samtigen Charakter bekommt die Sauce, wenn man sie zum Schluß mit Eigelb, Sahne, Crème fraîche oder Crème double verfeinert.
• Möchte man die Sauce aufbewahren, sollte man die Oberfläche mit flüssiger Butter beträufeln.

Fruchtsauce

Aus fast allen Früchten kan
man leckere Fruchtsauce
zubereiten. Viele weiche
kernlose Sorten können ein
fach roh durch ein Sieb ge
strichen und danach mit Zu
ker und Zitronensaft abge
schmeckt werden. Manch
Früchte, wie etwa Holunde
Aprikosen oder Zwetschger
werden durch vorheriges Ko
chen aromatischer.

Vanillesauce

1 aufgeschlitzte Vanilleschote
in ¼ l Milch und ¼ l Sahne
erhitzen. Das Mark herausschaben. 3 Eigelb mit 100 g
Zucker cremig rühren, die
heiße Sahnemilch dazugie-
ßen und über einem leicht
siedenden Wasserbad so
lange mit einem Schneebe-
sen aufschlagen, bis die Sauce dickschaumig ist. Dann
über einer mit Eiswürfel gefüllten Schüssel kalt schlagen.

Weinschaum- sauce

2 Eigelb mit 1 Ei, 100 g Zucker und 200 ml fruchtigem, halbtrockenem Weißwein in eine Metallschüssel geben und über einem Wasserbad dickschaumig aufschlagen.

Süße und fruchtige Verlockungen

So manche süße Mehlspeise wäre ohne die passende Sauce nur halb so gut. Ob fruchtig-erfrischend oder schaumig-süß – erst die Sauce macht Dampfnudeln, Strudel und Kochpuddings zu einem echten Geschmackserlebnis, das die Herzen der Schleckermäuler höher schlagen läßt.

3 Grundzubereitungen
bieten grenzenlose Möglichkeiten für eigene Kreationen.

Variationen für die Vanillesauce:
• Anstelle der Vanilleschote zwei Zimtstangen oder die abgeriebene Schale von 1 unbehandelten Orange in die Milch geben.
• Wer Fett sparen möchte, verrührt 10 g Speisestärke und 1 Eigelb mit etwas kalter Milch und dickt die kochende Sahnemilch damit an.
• Zusätzlich zum Vanillemark noch 2 EL feinst geriebene Mandeln in die heiße Sahnemilch geben und nach dem Aufschlagen mit Mandellikör abschmecken.

Variationen für Fruchtsaucen:
• Sehr gut harmonieren püriertes Mangofruchtfleisch und Pfirsiche. Frische Zitronenmelisseblätter kleingehackt untermischen und mit Orangenlikör abschmecken.
• Für eine Passionsfruchtsauce wird das kernige Fruchtfleisch im Mixer kurz püriert, dann durch ein Sieb gestrichen und mit frisch gepreßtem Orangensaft und Zucker gesüßt.
• Frische Beeren, solo oder gemischt, im Mixer pürieren, durch ein Sieb streichen und mit Puderzucker süßen.

Variationen für die Weinschaumsauce:
Das Grundrezept einfach abwandeln, indem man den Wein durch eine andere alkoholische Flüssigkeit ersetzt, zum Beispiel
• Marsala,
• halbtrockenen Sherry oder Cream Sherry,
• weißen oder roten Portwein,
• eine edelsüße Spätlese, Auslese, Rosenmuskateller, Vin Santo oder Eiswein.

99

Gazpacho andaluz

(Spanien)

200 g Weißbrot ohne Kruste
1 l Wasser
2 EL Rotweinessig
1 EL Sherryessig
1 mittelgroße Salatgurke
2 grüne Paprikaschoten
2 Knoblauchzehen
2 Zwiebeln
500 g Tomaten
Salz
frisch gemahlener Pfeffer
6 EL Olivenöl (kaltgepreßt)
2–3 EL Kapern

1. 150 g Brot in Würfel schneiden, mit einer Mischung aus Wasser und den beiden Essigsorten begießen und etwa 10 Minuten einweichen.
2. Die Gurke schälen, halbieren und entkernen. Paprikaschoten halbieren und die Stielansätze und Trennwände entfernen. Den Knoblauch und die Zwiebeln schälen, die Tomaten überbrühen, häuten, halbieren und entkernen. Von jeder Gemüsesorte etwa 100 g beiseite legen, den Rest in kleine Stücke schneiden und portionsweise, jedoch ohne Knoblauch mit dem eingeweichten Brot im Mixer pürieren.
3. Mit dem feinzerdrückten Knoblauch, Salz und Pfeffer würzen und 4 EL Olivenöl unterrühren. Einige Stunden in den Kühlschrank stellen.
4. Das restliche Brot in kleine Würfel schneiden und im restlichen Olivenöl goldbraun rösten. Das zurückbehaltene Gemüse in kleine Würfel schneiden und wie die Kapern in kleinen Schälchen zu der eiskalten Suppe reichen.

Tomatenkaltschale mit Parmesan

(Italien)

800 g vollreife Tomaten
1 Zwiebel
1 kleine Knoblauchzehe
2 EL Olivenöl
1 Rosmarin- und
Thymianzweig
½ Lorbeerblatt
einige Petersilien- und
Basilikumstengel
¾ l Wasser
Salz
frisch gemahlener Pfeffer
10–12 Basilikumblätter
100 g Crème fraîche
50 g junger Parmesan

1. Die Tomaten waschen und vierteln. Zwiebel und Knoblauch schälen und grob hacken.
2. Das Olivenöl erhitzen und Zwiebeln und Knoblauch darin glasig dünsten. Die Tomaten und die Kräuter dazugeben, einige Minuten mit andünsten und mit Wasser aufgießen. Salzen und pfeffern, aufkochen lassen und bei schwacher Hitze etwa 30 Minuten köcheln lassen.
3. Die Suppe durch die Flotte Lotte oder ein Sieb passieren und einige Stunden kalt stellen.
4. Basilikumblätter in feine Streifen schneiden, unter die Crème fraîche rühren und mit Salz und Pfeffer würzen.
5. Die gut gekühlte Tomatensuppe auf vier Tassen verteilen, jeweils in die Mitte einen Löffel Basilikumcreme geben und den Parmesan darüberhobeln.

Pikante Joghurtkaltschale

(Türkei)

1 kleine Salatgurke
200 g Vollmilchjoghurt
200 g Sahnejoghurt
200 g saure Sahne
2–3 Knoblauchzehen
einige Eiswürfel
Salz
gemahlener weißer Pfeffer
Saft und Schale von
½ Limette
einige frische Minzezweige
Olivenöl (kaltgepreßt)

1. Die Salatgurke schälen u entweder in winzig klei Würfel schneiden oder gr hobeln.
2. Vollmilch- und Sahne ghurt mit der sauren Sahr den geschälten Knoblauc zehen und den Eiswürfeln Mixer pürieren. Mit Salz, Pf fer, Limettenschale und mettensaft herzhaft würze
3. Die Gurkenwürfel oc -raspel untermischen und a vier tiefe Teller verteilen. feingehackter Minze bestre en. Das Öl träufelt sich je selbst bei Tisch über die k te Suppe.

Tip

Mit feingeschnittenem anstelle von Minze schmed die kalte Joghurtsuppe eb falls vorzüglich.

Geeiste Melonen-kaltschale

(Südfrankreich)

ca. 600 g Fruchtfleisch von
vollreifen Charentais- oder
Kantalup-Melonen (je nach
Größe 1 oder 2 Früchte)
¼ l fruchtiger Weißwein
(z. B. ein trockener Riesling)
einige Eiswürfel
Saft und Schale von
1 Limette
Zucker nach Geschmack
ca. 200 g frische Himbeeren
oder Walderdbeeren
2–3 Zitronenmelissezweige

1. Melonen halbieren, die
Kerne mit einem Löffel herauslösen.
2. Mit einem Kugelausste-
cher 12 kleine Bällchen formen und kalt stellen.
3. Das restliche Fruchtfleisch
herauslösen und mit dem
Wein und den Eiswürfeln im
Mixer pürieren.
4. Mit Limettensaft und Limettenschale sowie Zucker
abschmecken und in Teller
oder in die ausgehöhlten Me-
lonenschalen füllen.
5. Mit Himbeeren oder Erdbeeren und streifig geschnittenen Zitronenmelisseblättern
servieren.

Tip

Möchte man die Kaltschale in
den Fruchthälften servieren,
schneidet man die Früchte
am besten zickzackförmig
mit einem kleinen scharfen
Messer auseinander und legt
die Schalen nach dem Aus-
höhlen bis zum Servieren in
das Gefriergerät. Das bietet
nicht nur einen schönen Anblick, die Kaltschale bleibt
darin auch eisgekühlt.

Fliederbeersuppe mit Schnee-Eiern

(Deutschland)

800 g Holunderbeeren
¼ l Holundersaft
¼ l halbtrockener Weiß-
wein (z. B. Riesling Spätlese)
2 kleine Äpfel
200 g Zwetschgen
Zucker nach Geschmack
1 TL Speisestärke
2 cl Holunder- oder
Zwetschgenschnaps
3 Eiweiß
50 g Zucker
abgeriebene Schale von
½ unbehandelten Zitrone

1. Die Holunderbeeren mit
Saft und Wein zum Kochen
bringen und bei schwacher
Hitze etwa 10 Minuten kö-
cheln lassen.
2. Äpfel schälen, halbieren,
entkernen und in dünne Spalten schneiden. Die Zwetschgen vierteln und entkernen.
3. Die gekochten Holunderbeeren durch die Flotte Lotte
oder ein Sieb streichen, nach
Geschmack süßen.
4. Die vorbereiteten Früchte
dazugeben und in wenigen
Minuten weich kochen. Speise-
sestärke und Alkohol ver-
rühren und die Suppe damit
leicht binden. Kalt stellen.
5. Eiweiß steif schlagen und
nach und nach den Zucker,
Zitronensaft und -schale dazugeben. So lange weiter-
schlagen, bis die Masse
schnittfest und glänzend ist.
6. Mit zwei nassen Eßlöffeln
Nocken abstechen und im
siedenden Wasser auf jeder
Seite 1 bis 2 Minuten gar ziehen lassen. Herausheben
und auf die gut gekühlte Flie-
derbeersuppe setzen.

Fruchtige Ingwersuppe

(Asien)

2 Möhren
1 kleine Mango
30 g Ingwer
½ Fenchelknolle
2 EL Erdnußöl
½ TL Currypulver
etwas Tabasco
1 EL Ahornsirup
Saft von 2 Orangen
4 cl Fino-Sherry
¼ l Kokosmilch
2 EL halbsteif geschlagene
Sahne
4–6 frische Minzeblätter
100 g Ananasfruchtfleisch

1. Möhren, Mango und Ing-
wer schälen, Fenchelknolle
putzen und kleinschneiden.
2. Gemüse und Fruchtfleisch
in heißem Öl andünsten. Mit
Curry bestäuben, mit Tabasco und Ahornsirup würzen.
Mit Orangensaft, Sherry und
Kokosmilch aufgießen und
etwa 15 Minuten bei schwacher Hitze weich kochen.
3. Die Suppe mit dem Stabmixer fein pürieren und durch
ein Sieb streichen. Einige
Stunden kalt stellen.
4. Die Sahne mit den feingeschnittenen Minzeblättern
verrühren und schlierenartig
unter die kalte Suppe ziehen.
5. Ananas in kleine Würfel
schneiden und die Suppe
damit bestreuen.

Gemüse und Hülsenfrüchte

Knallrote Tomaten, violettglänzende Auberginen, Artischockenberge und Zwiebelzöpfe, leuchtende Paprikaschoten, grasgrüne Bohnen und goldgelbe Kürbisse, dazu büschelweise duftende Kräuter – wer könnte dem Zauber eines farbenfrohen Marktes widerstehen?

Gemüse und Hülsenfrüchte waren noch vor kurzem eine oft genug langweilige Beilage der Hausmannskost oder nur dekorative Farbkleckse auf den Tellern der Sterneköche. Endlich spielt das Gemüse wieder die Doppelrolle, die ihm zusteht: Umworbener Star in der Topgastronomie, gesunder Dauergast im Küchenalltag. Italiener, Südfranzosen und Thailänder haben vorgemacht, wie man Gemüse schonend behandelt und dabei raffiniert in Szene setzt. Selbstverständlich bleiben Frische, Herkunft und Qualität entscheidend für den Wohlgeschmack aller Gemüsegerichte.

Gemüseallerlei

Die wichtigsten Sorten auf einen Blick, alphabetisch geordnet und mit Tips, wie man sie am besten zubereitet.

Wurzel- und Knollengemüse

Knollensellerie
• Roh gerieben und mit einem cremigen Dressing angemacht, sind die Knollen eine köstliche Rohkost. Gekocht und in Scheiben geschnitten, wird daraus ein beliebter Salatklassiker.
• Kühl gelagert sind die Knollen lange haltbar. Gekocht kann man sie auch einfrieren.
• Blätter als Würze für Brühen verwenden.
Tip: Panierte Sellerieschnitzel

Möhren
• Das karotinreiche Gemüse schmeckt roh, gepreßt als Saft und gerieben als Rohkost. Möhren eignen sich aber auch zum Kochen, Dünsten, Garen im Dampf oder in der Alufolie, Braten im Wok oder zum Fritieren.
• Blanchiert sind sie tiefkühlgeeignet.
• Die inneren zarten Blätter mit verwenden!
Tip: Möhrenbratlinge

Pastinaken
• Sie ähneln im Aussehen Möhren und Petersilienwurzeln. Man kann sie roh als Salat essen oder die Wurzeln schälen und wie Möhren zubereiten.
• Erntezeit ist von November bis Mai.
Tip: Pastinakensoufflé oder -püree

Petersilienwurzeln
Jeder kennt sie als Bestandteil des Suppengrüns. Aber das ist längst nicht alles, wozu man die schmackhafte Wurzel verwenden kann. Sie schmecken gekocht oder geschmort als Gemüse, natürlich üppig mit frisch gehackter Petersilie bestreut.
Tip: Petersilienwurzelsuppe oder -püree

Rettich und Radieschen
• Es gibt viele verschiedene Sorten, und allesamt schmecken am besten roh und leicht gesalzen zum Brot oder als Salat.
• Radieschen werden manchmal auch gedünstet als warmes Gemüse serviert.
Tip: Die jungen Radieschenblätter sind feingehackt eine pfefferige Würze.

Rote Bete
• Gesund und schmackhaft: frisch gepreßt als Saft oder roh gerieben als Rohkost. Vorwiegend werden sie ungeschält gekocht oder gedämpft, und anschließend mariniert als Salat, oder man paniert und brät sie als vegetarisches Schnitzel.
• Gekocht sind sie gefriergeeignet.

Speiserüben
• Viele verschiedene Arten gibt es davon, am bekanntesten sind Mairüben, Herbstrüben und die Teltower Rübchen.
• Alle Rüben sind nur gekocht genießbar. Herbstrüben werden oft wie Sauerkraut geschnitten, eingelegt und bei Bedarf gekocht. Teltower Rübchen schmecken glasiert, gratiniert, geschmort und gegrillt.
Tip: Die jungen Minimairüben, (Navets) schmecken besonders köstlich.

Stielmus
• Stielmus ist zwar eine Rübenart, aber verzehrt werden nur die Blätter.
• Feingeschnitten, gedünstet oder gedämpft ist Stielmus vor allem im Rheinland und den Niederlanden ein beliebtes Gemüse.

Topinambur
• Die Wurzeln müssen vor dem Zubereiten gründlich gewaschen und gebürstet werden. Die Schale kann entfernt werden.
• Topinambur schmeckt roh und feingeschnitten als Salat, aber auch gedünstet, gebraten oder in Scheiben geschnitten und paniert.
Tip: Der feine nussige Geschmack geht durch das Kochen ein wenig verloren.

Yamswurzel
• Die stärkehaltige Knolle ist in Afrika und in Asien so beliebt wie bei uns die Kartoffel.
• Sie werden auch wie Kartoffeln gekocht oder im heißen Backofen 30 bis 40 Minuten gebacken. In Afrika zerstampft man sie nach dem Garen zu Brei. Diese beliebte Beilage heißt Fufu.
Tip: In Streifen schneiden wie Pommes frites, und im heißen Öl fritieren.

Ziestknollen/Knollenziest
Die stark geringelten Wurzeln schmecken roh im Salat, gekocht und in Butter gebraten als Gemüsebeilage.

Kohlgemüse

Blumenkohl, Brokkoli und Romanesco

Die beliebteste Zubereitung für alle drei: in Salzwasser bißfest kochen, anschließend überbacken oder mit einer feinen Sauce servieren. Beim Brokkoli die Stiele kreuzweise einschneiden und etwas länger kochen als die Blüten. Zu langes Kochen schadet dem Geschmack.

Tip: Blumenkohl schmeckt auch als Rohkost oder pfannengerührt im Wok.

Chinakohl

Der lockere Kohlkopf ist vielseitig verwendbar: roh als Salat, gedünstet als Gemüse oder Belag für herzhafte Tartes, geschmort als Eintopf, gefüllt auch als Rouladen.

Grünkohl

• Die gängigste Art der Grünkohlzubereitung ist das Blanchieren und anschließende Schmoren in reichlich Fett.

• Nicht zu lange kochen, dem Geschmack und der Vitamine zuliebe.

Kohlrabi

• Sie gehören zur Kohlfamilie, obwohl sie völlig anders aussehen und schmecken.

• Geschält wie ein Apfel, eignen sich die zarten Knollen als Rohkost, aber auch zum Dünsten oder Dämpfen. Kochen in Salzwasser schadet dem feinen Aroma.

Tip: Die jungen Herzblätter unbedingt mit verwenden.

Pak-Choi

Eine Neuheit aus Südostasien, die vor allem in Holland angebaut wird. Das mit dem Chinakohl verwandte Blattstielgemüse sieht nicht nur dem Mangold sehr ähnlich, es wird auch wie Mangold zubereitet. Die dicken Rippen brauchen eine längere Garzeit als die zarten Blätter.

Tip: In Asien wird Pak-Choi wie Sauerkraut eingelegt.

Rosenkohl

Die Röschen immer etwa 15 bis 18 Minuten in Salzwasser kochen. Anschließend kann man sie in Butter schwenken, mit Käse bestreut gratinieren oder als Belag für eine herzhafte Tarte verwenden.

Tip: Die Strunkenden vor dem Kochen kreuzweise einschneiden.

Rotkohl und Weißkohl

• Beide schmecken roh als Salat und geschmort als Beilage oder als Eintopf. Köstlich sind auch Suppen, Rouladen oder herzhafte Strudel mit Rotkohl- oder Weißkohlfüllung.

• Seit Urzeiten bekannt und geschätzt ist die Verarbeitung von Weißkohl zu Sauerkraut.

Tip: Besonders zart sind Frühkohl und Spitzkohl. Sie benötigen eine wesentlich kürzere Garzeit als Herbstkohl.

Wirsing

• Während Wirsing früher ein reines Herbstgemüse war, gibt es ihn heute erntefrisch auch im Frühling und Sommer. Die krausen, grünen Köpfe sind dann besonders zart. Wirsing schmeckt kurz gekocht, gedünstet oder geschmort.

• Köstlich: Wirsingsuppe, Wirsingroulade oder Wirsingauflauf.

Zuchtpilze

Austernpilze, Champignons und Egerlinge, Shiitake-Pilze

• Für alle gilt: gründlich putzen und wenn möglich nicht waschen, da sie sich leicht mit Wasser vollsaugen.

• Der Pilzgeschmack kommt am besten durch kurzes, scharfes Anbraten zur Geltung. So lange braten, bis die entstandene Flüssigkeit wieder verdampft ist.

• Kurz gedünstet und mit Sahne und Eiern vermischt, sind alle Pilze ein schmackhafter Belag für eine Quiche.

• Champignons schmecken auch roh, in dünne Scheiben geschnitten, als Salat.

• Paniert oder in Ausbackteig getaucht und im heißen Öl fritiert.

Waldpilze

Morcheln, Pfifferlinge, Steinpilze und Trüffel

• Sie können genauso wie Zuchtpilze zubereitet werden. Ausnahme sind die Trüffel. Die kostbare Knolle schmeckt am besten hauchdünn über fertige Gerichte gehobelt.

• Die Erntezeit von Pfifferlingen, Steinpilzen und Co. ist von Juni bis Oktober. Morchelzeit ist von April bis Juni, und die frischen weißen Trüffel finden Trüffelschweine oder -hunde von Oktober bis Dezember, die schwarzen von Oktober bis Februar.

Stengel- und Sprossengemüse

Artischocken
• Es gibt grüne, violette, grünviolette, kleine und große Artischocken, und alle müssen vor dem Verarbeiten sorgfältig geputzt werden. Was dann noch an eßbarem Anteil übrigbleibt, sind lediglich 20 % der Pflanze.
• Die Kochzeit großer Artischocken beträgt etwa 40 bis 45 Minuten. Kleine Artischocken oder die Blütenböden größerer Exemplare schmecken auch kurz in Öl gebraten. Man kann gekochte Artischocken aber auch füllen oder im ganzen mit Dips servieren.
Tip: Geputzte Artischocken in Zitronenwasser legen, damit sie sich nicht verfärben.

Bambussprossen
• Allmählich bekommt man frische Bambussprossen in guten Fachgeschäften, bislang mußte man auf Dosenware zurückgreifen.
• Frische Bambussprossen werden wie junge Kohlrabi in Stücke geschnitten, gedünstet und als Gemüse serviert.
Tip: Kurz gegart und mariniert als Salat.

Cardy oder Kardone
• Von der distelähnlichen Cardy werden nicht die Blütenköpfe, sondern wie beim Bleichsellerie die Blattstiele verzehrt.
• Von den Stengeln die Fäden und die stacheligen Ränder entfernen. Dann in Stücke schneiden und sofort in Essig- oder Zitronenwasser legen, damit sie einerseits nicht verfärben, andererseits den bitteren Geschmack verlieren. 15 Minuten kochen, dann kann man sie entweder in Butter oder Öl schwenken oder würzig marinieren.

Chicorée
Man genießt ihn sowohl roh als Salat, aber auch geschmort, gedünstet oder gratiniert als kleines Gericht oder Beilage.
Tip: Niemals in gußeisernen Töpfen garen, er verfärbt sich darin schwarz.

Fenchel
• Es gibt zwei Fenchelsorten: den großen, süßen Fenchel, auch Bologneser Fenchel genannt, der roh vorzüglich schmeckt, und den kleinen, sehr zarten Florentiner Fenchel, den Genießer am liebsten warm essen.
• Fenchel ist ein typisches italienisches Wintergemüse.
• Mit Früchten vermischt wird roher Fenchel ein beliebter Salat, gekocht und überbacken eine ganze Mahlzeit. Fenchel kann man aber auch dünsten, schmoren oder füllen und überbacken.
Tip: Die Blätter nicht wegwerfen, sondern gehackt über die Gerichte streuen.

Hopfensprossen
• Sie gedeihen in Hopfenanbaugebieten von Mitte März bis Mitte April. Am feinsten schmecken sie, wenn sie 8 cm lang und etwa 4 mm dick sind.
• Man ißt sie roh als Salat, gekocht mit Sauce Hollandaise, mit Teig umhüllt und fritiert oder in Butter geschwenkt mit frischen Kräutern.

Mangold
Die Blätter des Mangolds werden wie Spinat gedünstet oder kurz blanchiert als Hülle für würzige Farcen verwendet. Die dicken, weißfleischigen Stiele und Rippen werden wie Schwarzwurzeln oder Spargel zubereitet. Ein köstliches Gemüse mit einem zarten Nußaroma.
Tip: Stiele vor dem Garen schälen.

Spargel
• Um aus dem königlichen Gemüse vielseitige Gerichte zuzubereiten, muß man die weißen Stangen ganz, die grünen nur am unteren Ende schälen. Die Garzeit beim weißen Spargel liegt je nach Dicke zwischen 15 bis 18 Minuten, die grünen sind in 8 bis 12 Minuten gar.
• Die Stangen schmecken, dünn geschnitten, auch roh. Üblich ist es aber, sie zu kochen und dazu flüssige Butter zu reichen. Fein sind auch Salate, Ragouts, Suppen oder ein feine Spargelquiche.
Tip: Aus den Schalen eine Spargelbrühe kochen.

Spinat
• Der geringste Teil der Spinaternte wird frisch verwendet, der Hauptanteil wird industriell tiefgekühlt.
• Mit einer würzigen Vinaigrette angerichtet, ergeben junge Spinatblätter einen köstlichen Salat. Hauptsächlich werden die Blätter aber kurz blanchiert, in Eiswasser abgeschreckt, damit sie schön grün bleiben, und dann in Butter, Öl oder reduzierter Sahne geschwenkt.
Tip: Spinat-Ricotta-Gnocchi

Staudensellerie
• Die knackigen Stangen sind auch als Bleich- oder Stangensellerie bekannt.
• Sie sind nicht nur roh ein gesunder Knabberspaß, gedünstet oder gekocht und gratiniert lassen sich daraus zahlreiche leckere Mahlzeiten herstellen.
• Die Stangen sind leicht verdaulich und kalorienarm.

• Staudensellerie und Möhren in Butter und Wein gedünstet und mit reichlich frischem Sellerie- und Möhrengrün vermischt ist ein leichtbekömmliches und raffiniertes Gericht.
Tip: Kleingewürfelte Selleriestangen gehören in viele italienische Pastasaucen.

Avocado
• Die fettreiche Frucht wird vorwiegend roh, als Salat oder als Dip zubereitet. Sie ist ausgesprochen nahrhaft und gesund.
• Das Fruchtfleisch ist fein zerdrückt und mit kleingehackten Zwiebeln und Knoblauch gewürzt ein herzhafter Brotaufstrich oder Dip.

Chayote
• Die Früchte wiegen 200 bis 450 g und sind lange haltbar.
• Man kann sie roh, fein mariniert, als Salat essen. Meist jedoch werden die Früchte geschält, gekocht oder in Butter gedünstet.

Gurken
• Die Anzahl der Gurkensorten ist riesig. Der Markt wird allerdings von den meist geradegewachsenen, garantiert bitterfreien Schlangengurken beherrscht, die ganzjährig aus dem Gewächshaus stammen.
• Nur im Spätsommer gibt es die aromatischen Schmorgurken, aus denen man unbedingt ein Gemüse zubereiten muß. Schmorgurken und Freilandgurken am Stielende auf Bitterkeit probieren!
• Gurken sind roh auf Butterbrot, als Salat, sanft gedünstet mit Dill oder gefüllt und geschmort ein Genuß.

Kürbis
• Neben den Riesenkürbissen mit dem orangeroten Fleisch gewinnen die kleinen Patissons zunehmend an Bedeutung. Sie sehen originell aus, haben aber keinen sehr ausgeprägten Geschmack und lassen sich daher sehr vielseitig zubereiten.
• Die Minikürbisse sind nicht zum Rohessen geeignet. Sie werden gekocht, gedämpft, gebraten und geschmort. Gefüllt sind sie besonders dekorativ.
• Das orangerote Fruchtfleisch der Riesenkürbisse wird gerne süßsauer eingelegt. Sehr gut schmeckt das saftige Fleisch auch als Suppe oder Gemüse. Panierte Kürbisschnitzel oder eine süße Kürbistarte sind weitere Leckerbissen.

Okra
• Von den grünen Schoten den harten Stielansatz abschneiden, die Spitze kappen. Den Schleim, der beim Kochen austritt, kann man verhindern, indem man sie 5 Minuten in kochendem Salz-Essig-Wasser blanchiert und eiskalt abschreckt.
• Man bereitet ein Gemüsegericht daraus zu, zum Beispiel mit Tomaten, oder mischt sie unter einen Gemüseeintopf.
Tip: Blanchierte Okra panieren oder in Weinteig tauchen und goldbraun fritieren.

Paprika
• Ob rot, grün, gelb, orange oder violett – die Palette der Paprikasorten ist so vielfältig wie die Zubereitungsmöglichkeiten.
Bekömmlicher sind die Schoten, wenn man sie vor dem Verzehr häutet. Dazu kurz unter den Grill legen, bis die Haut Blasen wirft, dann die dünne Haut abziehen. Sie bekommen dadurch außerdem einen angenehmen Röstgeschmack.
• Paprikaschoten eignen sich auch zum Rohessen. Sehr beliebt sind die bunten Schoten gefüllt und geschmort oder geschält und in Olivenöl mit Knoblauch gebraten als leckere Vorspeise. Ein Klassiker der ungarischen Küche ist Lescó, ein würziges Paprikagemüse.

Tomaten
• Auch wenn sie heute das ganze Jahr hindurch wunderschön rot aussehen, das intensivste Aroma haben sie im Hochsommer.
• Die Sortenvielfalt ist groß. Wählen Sie die Tomate aus, auf die Sie Appetit haben.
• Eiertomaten sind ideal für Suppen und Saucen, Fleischtomaten eignen sich bestens zum Füllen, runde Tomaten nimmt man zum Salat oder für den Klassiker Tomaten mit Mozzarella, und Cocktailtomaten sind nicht nur eine hübsche Garnitur, sie haben auch besonders viel Aroma.

Zucchini
• Sie sind die Favoriten der Kürbisfamilie, und vor allem die kleinen Zucchini haben im Nu den Gemüsemarkt erobert. Voll ausgewachsene große Zucchini schmecken fade und sind geschmacklich keine Offenbarung.
• Aus den in Scheiben geschnittenen Minizucchini bereitet man einen Salat zu, brät sie kurz in Olivenöl oder schmort sie mit Tomaten. Außerdem sind sie fester Bestandteil des Ratatouille.
Tip: Ein Genuß sind die Babyzucchini mit Blüten. Die Blüten mit einer raffinierten Farce füllen und fritieren. Die in Scheiben geschnittenen Zucchini dünsten und dazu servieren.

Fruchtgemüse
Auberginen
• Um die Bitterstoffe in den Auberginen herauszuziehen, werden sie in Scheiben geschnitten und mit Salz bestreut. 30 Minuten ziehen lassen und trockentupfen.
• Da sie wenig Eigengeschmack haben, darf kräftig gewürzt werden.
Tip: Probieren Sie mal: Auberginen-Tomaten-Gratin mit Bohnenkraut gewürzt, bestreut mit Bröseln, geriebenem Parmesan und Petersilie und beträufelt mit Olivenöl. Bei 150° C etwa 45 Minuten gebacken – ein Genuß.

Die perfekte Vorbereitung

Das A und O der Gemüseküche ist die richtige Vorbereitung. Jede Gemüsesorte verlangt nach einer anderen Handhabung. Nachlässig geputztes Gemüse beeinträchtigt den Geschmack erheblich. Ob es notwendig ist, daß die Möhre in Form geschnitzt, zur Kugel geformt oder in Würfel geschnitten wird, darüber kann man streiten. Das Auge ißt jedenfalls mit, und alles, was appetitlich aussieht, schmeckt nun mal gleich viel besser.

Praktische Werkzeuge für die Gemüseküche

• Sparschäler – zum Schälen von Möhren, Gurken und Spargel.
• Tourniermesser – nur nötig, wenn man Gemüse in Form bringen möchte.
• Buntmesser – zum dekorativen Schneiden von rohem und gekochtem Gemüse. Durch Drehen des Gemüses entsteht ein Waffelmuster.
• Kugelausstecher – gibt es in verschiedenen Größen. Für Möhren, Zucchini, Kohlrabi oder Rettich geeignet.
• Juliennereißer – nicht nur ideal zum Schneiden von Orangen- und Zitronenschalen, man kann auch gut Gurken oder Zucchini damit streifenförmig schälen.

Tip

Jedes kleingeschnittene Gemüse sofort weiterverarbeiten. Nicht liegen lassen, denn fast alle oxidieren an der frischen Luft, das heißt, die Schnittflächen werden braun.
Auf keinen Fall ins Wasser legen. Das Gemüse behält zwar die Farbe, aber auf Kosten der Vitamine. Das beste ist, sofort nach dem Putzen und Zerkleinern weiterverarbeiten. Bei Gemüsesorten wie Artischocken oder Schwarzwurzeln ist das Einlegen in Zitronenwasser allerdings unerläßlich, sie verfärben sich nämlich rasch. Aber nur so lange als unbedingt nötig wässern.

Artischocken

1. Den Stiel unter dem Blütenkopf herausdrehen und die Schnittfläche mit Zitronensaft einreiben.
2. Die Blattspitzen mit einer Schere abschneiden.
3. Mit einem großen Messer das obere Drittel abschneiden.
4. Große Artischocken etwa 30 bis 45 Minuten kochen. Mit dem Kopf nach unten abtropfen lassen.

5. Den mittleren Blätterkelch auf einmal herausdrehen.
6. Das sichtbar gewordene Heu herausschaben.

Tip

Bei kleinen Artischocken lediglich die Stengel und harten Blattspitzen sorgfältig abschneiden. Vierteln und das innere Heu entfernen. In Zitronenwasser legen, bis alle geputzt sind. In heißem Öl braten.

Zwiebeln

Zwiebeln benötigt man zwar häufig, sie werden aber stets auf verschiedene Art und Weise vorbereitet:
• Geschälte Zwiebel mit Lorbeerblatt belegen und mit Nelken feststecken.
• Geschälte Zwiebel quer in feine Ringe schneiden.
• Geschälte Zwiebel längs halbieren, mit den Schnittflächen aufs Brett legen und in Scheiben schneiden.

• Die geschälte, halbierte Zwiebel erst mit einem Messer waagrecht bis zum Wurzelende hin einschneiden, aber nicht durchschneiden. Dann in Längsrichtung bis zum Wurzelende hin mehrfach einschneiden und zum Schluß mit einem senkrechten Querschnitt in feinere oder gröbere Würfel schneiden.
• Falls die Würfel noch kleiner sein sollen, mit einem Wiegemesser fein hacken.

Möhren & Co.

Möhren, Knollensellerie, Zucchini, Auberginen, Rettich und rote Bete kann man in feine oder dickere Streifen, in kleinere und größere Würfel oder in Rauten schneiden. Natürlich auch in Scheiben, am besten mit einem Buntmesser. Dekorativ sieht Gemüse aus, wenn es zu Kugeln geformt ist oder mit dem Tourniermesser in eine beliebige Form geschnitzt wird.

Gemüse als Behälter

Verschiedene Gemüsesorten sind besonders gut zum Füllen geeignet.
• Von Tomaten, Kohlrabi, Paprikaschoten jeweils einen Deckel abschneiden und mit einem Teelöffel oder Kugelausstecher aushöhlen.
• Auberginen oder Zucchini der Länge nach halbieren und das Fruchtfleisch rundherum einschneiden. Den in-

neren Teil kreuzweise tief einschneiden und herauslösen.
• Gurken entweder längs durchschneiden und mit einem Löffel die Kerne herausschaben oder jeweils 5 cm lange Stücke abschneiden und mit einem Kugelausstecher die Kerne herauslösen.
• Zwiebeln kochen, Deckel abschneiden und bis auf 2 Randschichten mit einem Kugelausstecher aushöhlen.
• Von Pilzen lediglich die Stiele herausdrehen.

Die 10 besten Garmethoden für Gemüse

Die Gemüsevielfalt ist grenzenlos, und die Zubereitungsmöglichkeiten sind vielfältig. Beherrscht man aber diese 10 Grundzubereitungen, kann man jede Gemüseart wohlschmeckend und vollwertig auf den Tisch bringen. Oberster Grundsatz ist dabei immer: Die von Natur aus enthaltenen Vitamine und Mineralstoffe sollten bestmöglichst erhalten bleiben.

5 Regeln für die Vorbereitung

1. Jedes Gemüse möglichst erntefrisch verwenden.
2. Wenn eine Lagerung unumgänglich ist, auf jeden Fall kühl und dunkel aufbewahren.
3. Bei der Vorbereitung ist wichtig: Erst putzen, dann waschen und zum Schluß zerkleinern.
4. Kleingeschnittenes Gemüse nicht offen stehenlassen oder, noch schlimmer, im Wasser liegenlassen. Falls es nicht gleich verwendet wird, in ein feuchtes Tuch einschlagen und kühl aufbewahren.
5. Bei allen Garmethoden gilt: möglichst kurze Garzeiten, um Geschmack und Vitamine zu schonen.

Kochen/Blanchieren
1. Wasser mit Salz zum Kochen bringen.

2. Das Gemüse darin 2 bis 3 Minuten blanchieren oder bißfest kochen.

3. Das Gemüse herausheben und in Eiswasser abschrecken.

Dämpfen mit Druck
1. Wasser erhitzen, Gemüse in den Siebeinsatz geben.

2. Den Topf mit dem Deckel verschließen, den Regler auf Schonstufe stellen.

3. Die Garzeit richtet sich nach der Gemüsesorte. Dampf ablassen und Deckel öffnen.

Dämpfen im Dampfgarer
1. Wasser in die Bodenmulde gießen, Gemüse in das Sieb.

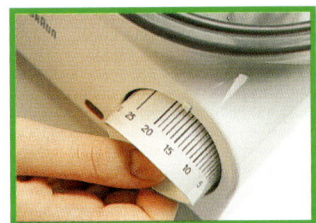

2. Zeitschaltuhr auf die gewünschte Garzeit stellen. Die Dampfentwicklung beginnt.

3. Bei Ertönen eines Signaltons schaltet das Gerät ab, das Gemüse ist gar.

Dünsten
1. Butter zerlassen, die Zwiebelwürfel glasig dünsten.

2. Kleingeschnittenes Gemüse dazugeben und mit andünsten.

3. Mit wenig Flüssigkeit begießen und bei mittlerer Hitze zugedeckt fertiggaren.

Schmoren
1. Öl und Butter in einem Schmortopf erhitzen.

2. Kleingeschnittenes Gemüse mit fester Struktur bei starker Hitze anbraten.

3. Mit Flüssigkeit begießen, aufkochen lassen und zugedeckt fertigschmoren.

Gemüse braten

Bei dieser Garmethode ist eine leichte Bräunung oder auch eine zarte Kruste erwünscht. Gemüsesorten wie Auberginen oder Zucchini werden roh gebraten, Sellerie- oder Rote-Bete-Scheiben unbedingt vorgegart.

1. Die Gemüsescheiben nur in Mehl wenden oder in Ei und Semmelbrösel panieren.

2. Das Fett auf Bratstufe erhitzen, Gemüse hineingeben und beidseitig braten.

Pfannenrühren

Für Liebhaber von knackig gegartem Gemüse ist diese Garmethode aus Asien genau das richtige. Die wichtigste Voraussetzung für gutes Gelingen ist der Wok oder eine Pfanne mit hohem, gewölbtem Rand.

1. Öl im Wok erhitzen und das kleingeschnittene Gemüse unter Rühren dazugeben.

2. Zuerst das Gemüse mit der längsten Garzeit, dann die zarteren Sorten braten.

Glasieren

Bei Gemüsesorten wie Möhren, Mairüben oder Teltower Rübchen und Schalotten wird durch Glasieren nicht nur die süßliche Note betont, das Gemüse bekommt dadurch auch einen besonders appetitlichen Glanz.

1. Butter und etwas Zucker zerlassen und Gemüse dazugeben. Mit Wasser begießen.

2. Offen einköcheln lassen und den Fond durch Schwenken überziehen.

Gratinieren

Fast immer werden die Gemüsesorten vorgegart, bevor man sie in eine feuerfeste Form schichtet, mit Käse oder einer Käsesauce bedeckt und im heißen Ofen goldbraun gratiniert.

1. Gemüse möglichst nicht zu hoch übereinander in eine feuerfeste Form schichten.

2. Mit Käse bestreut auf der oberen Schiene bei hoher Temperatur kurz gratinieren.

Fritieren

Ideal zum Fritieren sind elektrische Friteusen, bei denen ein Thermostat die Temperatur automatisch regelt. Wichtig ist: Nur gut abgetrocknetes Gemüse und niemals zuviel auf einmal in das heiße Fett geben.

1. Reichlich Ausbackfett auf etwa 180° C erhitzen. Gemüse in den Fritierkorb geben.

2. Das Gemüse in das heiße Fett geben und darin goldbraun und kroß braten.

Garweisheiten

Was ist gesünder: Gemüse roh oder sanft gegart? Die Meinungen gehen auch bei Ernährungsspezialisten auseinander. Lassen Sie sich nicht irritieren, genießen Sie Gemüse so, wie es Ihnen am besten schmeckt – mal roh, mal gekocht, mal gedünstet, mal gebraten. Wenn Sie Gemüse lieber gegart bevorzugen, sollte es möglichst schonend zubereitet werden.

Die Garzeiten für die Hauptgemüsesorten sind in der folgenden Tabelle aufgeführt.
Sie sind in Minuten angegeben und beziehen sich beim Kochen auf das ganze Gemüse, beim Dünsten oder Braten auf das kleingeschnittene Gemüse.

Gemüse	dünsten/ schmoren	kochen	braten
Möhren	8–10	6–10	6–8
Rote Bete	20–25	60	
Petersilien- wurzel	6–9	8–10	4–6
Knollen- sellerie	8–12	30–40	
Schwarz- wurzeln		20–25	
Spargel weiß Spargel grün	6–8 4–6	12–15 8–10	6–8 4–6
Blumenkohl		12–15	8–10
Brokkoli		6–10	
Weißkohl	30–40		8–12
Rotkohl	50–60		
Grünkohl	50–60		
Wirsing	15–20		8–10
Mairüben	6–8		
Teltower Rübchen	10–15	12–15	
Steckrüben	12–16	45–50	

Allerlei aus dem Topf

Je bunter, um so schöner, je frischer, um so aromatischer – das gilt für alle Gemüseeintöpfe.

Rund, bunt und voll Power

In Hülsenfrüchten steckt viel Gesundes. Die reichlich enthaltenen Ballaststoffe regen die Verdauung an. Hülsenfrüchte enthalten wesentlich mehr Eiweiß als andere Pflanzen und sind vitamin- und mineralstoffreich. Mit Ausnahme der Linsen sollte man alle vorher einweichen, das verkürzt die Garzeit und spart Strom und Zeit.

Die bekanntesten Hülsenfrüchte sind:

• **Linsen:** Es gibt sie in verschiedenen Farben und Größen. Die bekanntesten sind die Tellerlinsen (Garzeit etwa 30 bis 60 Minuten, je nach Alter). Schwarze Linsen sind sehr aromatisch und bleiben gut in Form (Garzeit rund 25 Minuten). Rote Linsen haben einen feinen Geschmack und sind in etwa 10 bis 15 Minuten weich.

• Bei **Bohnen** ist die Vielfalt groß. Die verbreitetste Sorte ist die weiße Perlbohne, die Italiener schätzen die kleinere Cannellinibohne, und für ein Chili con carne benötigt man unbedingt die roten Kidneybohnen. Die Wachtelbohnen sind bunt gesprenkelt. Die schwarzen Bohnen ganz besonders aromastark.

• **Erbsen** gibt es geschält und ungeschält. Gesünder sind die ungeschälten, bekömmlicher die geschälten.

• Die leicht nussig schmekkenden **Kichererbsen** sind die Kartoffeln des Vorderen Orients. Eine köstlich gesunde Knabberei: gekochte Kichererben in Öl geröstet.

Frühlingsgemüsetopf

1 Bund junge Möhren
250 g neue, kleine Kartoffeln
250 g grüner Spargel
1 Bund Frühlingszwiebeln
12 Mairübchen
4 Selleriestangen
½ junger Frühlingswirsing
80 g Butter
Salz, gemahlener Pfeffer
¼ l Wasser
100 g ausgepalte Erbsen
1 Bund frische Frühlingskräuter (z. B. Kerbel, Petersilie, Schnittlauch, Dill, Sauerampfer, Bohnenkraut)

1. Möhren und Kartoffeln schälen, Spargel waschen und die Enden abschneiden. Frühlingszwiebeln, Mairübchen, Selleriestangen und Wirsing putzen und waschen. Mairübchen und Frühlingszwiebeln halbieren, das restliche Gemüse in nicht zu kleine Stücke schneiden.
2. 60 g Butter aufschäumen lassen und das Gemüse darin nach und nach andünsten. Mit Salz und Pfeffer würzen und mit Wasser begießen. Zugedeckt bei mittlerer Hitze etwa 20 Minuten garen. 5 Minuten vor Ende der Garzeit die Erbsen dazugeben.
3. Die Kräuter fein hacken, mit der restlichen Butter in Flöckchen unter den Eintopf mischen. Sofort servieren.

Tip

Die Gemüseauswahl für den Eintopf erst auf dem Markt treffen, wenn das Gemüse in Augenschein genommen werden kann. Unübertrefflich schmeckt der Eintopf natürlich mit frisch geerntetem Gemüse aus dem eigenen Garten.
Die Garzeit richtet sich nach den verwendeten Gemüsearten, bei winterhartem Gemüse muß sie natürlich verlängert werden.

Kichererbsentopf

250 g Kichererbsen
1 ½ l Wasser
je 1 rote, gelbe und grüne Paprikaschote
2 Fleischtomaten
2 kleine Zucchini
2 Zwiebeln
2 Knoblauchzehen
4 EL Olivenöl
Salz, gemahlener Pfeffer
je 1 Msp Safran (gemahlen), Koriander und Piment
1 EL Curry
20 g Butter
4 frische Minzeblätter
½ Bund Petersilie

1. Die Kichererbsen mit dem Wasser begießen und etwa 6 Stunden einweichen. Anschließend im Einweichwasser 1 bis 1 ½ Stunden weich kochen (im Schnellkochtopf etwa 40 Minuten).
2. Paprikaschoten halbieren, putzen und waschen. Tomaten blanchieren und häuten. Von den Zucchini die Stielenden entfernen und Zwiebeln und Knoblauchzehen schälen. Paprika, Tomaten und Zucchini in etwa 2 cm große Würfel schneiden.
3. Zwiebeln und Knoblauch fein hacken und im erhitzten Öl glasig dünsten. Die Gemüsewürfel und die gegarten, abgetropften Kichererbsen dazugeben und mit andünsten. Würzen und mit ½ l Kochwasser der Kichererbsen aufgießen. Zugedeckt bei schwacher Hitze in etwa 20 bis 25 Minuten garen.
4. Minze und Petersilie fein hacken, mit der Butter verkneten und unter den Eintopf mischen.

Tip

Wenn es schnell gehen soll, können Sie auf Kichererbsen aus der Dose zurückgreifen, so spart man die Einweich- und Kochzeit.

Außen kroß, innen saftig

Gemüse ist das bessere Schnitzel

…denn, bißfest gegartes Gemüse hat einen ausgeprägten, je nach Sorte sehr individuellen Geschmack, der durch die abwechslungsreichen zarten Umhüllungen unterstrichen wird. Das gleiche gilt für die saftigen, geschmacksintensiven Gemüsebratlinge. Möglichkeiten für Variationen gibt es genug.

Grundrezept Gemüseteig für Bratlinge

Für den Teig:

800 g Gemüse nach Wahl

20 g Butter

2 EL Zwiebelwürfel

1 gehackte Knoblauchzehe

2 Eier

60–80 g Paniermehl, Haferflocken oder Mehl

1 EL gehackte Kräuter

80 g frisch geriebener Käse

Salz, gemahlener Pfeffer

Zum Panieren:

4–5 EL Sesamsamen, Paniermehl, gehackte Nüsse, Sonnenblumenkerne, Kokosraspeln oder Cornflakes

Öl zum Braten

Gemüse grob raspeln oder kleinschneiden und mit den in Butter gedünsteten Zwiebel- und Knoblauchwürfeln vermischen. Sobald die Mischung abgekühlt ist, die Eier und so viel Paniermehl, Haferflocken oder Mehl unterrühren, bis ein formbarer Teig entsteht. Käse hinzufügen, würzen und zu kleinen Plätzchen formen. Panieren und im heißen Fett goldbraun braten.

Möhrenbratlinge

800 g Möhren

1 Zwiebel

40 g Butter, Salz

2 EL Marsala

60–80 g zarte Haferflocken

abgeriebene Schale von ½ unbehandelten Orange

2 EL gehackte Kerbel- und Möhrenblätter

2 EL grobgehackte Haselnüsse, 2 Eier

frisch gemahlener Pfeffer

Außerdem:

3–4 EL Paniermehl

2 EL geriebene Haselnüsse

Öl und Butter zum Braten

1. Möhren waschen, schälen und in Scheiben schneiden.
2. Zwiebel schälen, in Würfel schneiden und mit den Möhren in heißer Butter andünsten. Salzen, mit Marsala aufgießen und in etwa 15 Minuten weich garen.
3. Abgekühltes Gemüse im Mixer fein pürieren und mit den Haferflocken und den übrigen Zutaten zu einem formbaren Teig verrühren. Zu kleinen Bratlingen formen. Paniermehl und geriebene Haselnüsse mischen und die Bratlinge darin wenden.
4. Öl und Butter in einer Antihaftpfanne erhitzen und die Bratlinge darin goldbraun braten.

Gemüsebuletten

je 100 g Möhren, Knollensellerie und Blumenkohl

1 rote Paprikaschote

6 Frühlingszwiebeln

50 g Mungosprossen

1 Knoblauchzehe

1 EL Sojasauce

½ TL geriebener Ingwer

Salz, Cayennepfeffer

1 EL gehacktes Koriandergrün, 3 Eier

60–80 g Mehl

3–4 EL Kokosraspel

Fett zum Braten

Zubereitung siehe Grundrezept für Bratlinge.

Gefüllte Rote-Bete-Schnitzel

2 große rote Beten

Salz

1 TL Kümmel

Für die Füllung:

100 g Edelpilzkäse

100 g Magerquark

½ TL Aceto Balsamico

2 EL geröstete Kürbiskerne

Zum Panieren:

4 EL Mehl

2 Eier

40–60 g Cornflakes

2 EL gehackte Kürbiskerne

4 EL Öl

20 g Butter

1. Die roten Beten in Salzwasser mit Kümmel in etwa 1 Stunde gar kochen.

2. In kaltem Wasser abschrecken, schälen und abgekühlt in etwa ½ cm dicke Scheiben schneiden.

3. Käse mit Quark und Essig verrühren und die gehackten Kürbiskerne untermischen. Die Käsecreme dick zwischen 2 Rote-Bete-Scheiben streichen. Erst in Mehl, dann in den verquirlten Eiern und zum Schluß in den zerbröselten Cornflakes mit den Kürbiskernen wenden.

4. Öl und Butter erhitzen und die Gemüseschnitzel darin auf jeder Seite 3 bis 4 Minuten goldbraun braten.

Gefüllte Sellerieschnitzel

2 Sellerieknollen à 500 g

Salz

Zum Füllen:

8 Scheiben Butterkäse

Zum Panieren:

2 Eier

2 EL geschlagene Sahne

60–80 g frisch geriebene Weißbrotbrösel

½ TL gemahlener Ingwer

2–3 EL Mehl

4 EL Öl

20 g Butter

1. Sellerieknollen ungeschält in Salzwasser in zirka 50 Minuten gar kochen. Abschrecken, schälen und in vier 1 cm dicke Scheiben schneiden.

2. Die Scheiben quer einschneiden, aber nicht durchschneiden, und die Käsescheiben dazwischengeben.

3. Eier verquirlen und die Sahne unterziehen. Brotbrösel mit Ingwer vermischen.

4. Die Schnitzel in Mehl, Ei-Sahne-Mischung und Bröseln wenden und im heißen Fett bei mittlerer Hitze braten.

Tip

Beide Schnitzel schmecken auch ungefüllt köstlich.

Potpourris aus dem Wok

Der Wok ist wie geschaffen für knackige Gemüsegerichte – stammt das praktische Kochgerät doch aus Asien, dem Kontinent der verführerischen Gemüsegerichte. Starke Hitze, frisches, kleingeschnittenes Gemüse, emsiges Rühren und ein paar exotische Gewürze bilden die Voraussetzungen, die Erfolg versprechen.

Was der Gemüsemarkt gerade frisch bietet

…wird geputzt und in gleichmäßige Stücke geschnitten. Sobald das Öl im Wok richtig heiß ist, brät man das Gemüse portionsweise an und schiebt gleichzeitig das Fertiggebratene zum Warmhalten den Rand hinauf, da die Temperatur dort geringer ist. Raffiniert würzen und sofort servieren – so das Credo der Gegenwart.

Wok-Tips

• Legen Sie alles bereit, was Sie für das ausgewählte Gericht benötigen. Ist der Wok erst mal richtig heiß, muß alles ganz schnell gehen.
• Gemüse in feine Streifen oder in kleine Würfel schneiden und nach Sorten getrennt in Schälchen bereitstellen. Je kleiner die Stücke, um so kürzer die Garzeit.
• Erhitzen Sie den Wok, vor allem wenn er aus Edelstahl ist, bevor Sie das Öl hineingeben.
• Sobald das Fett richtig heiß ist, kommt zuerst das Gemüse mit der längsten Garzeit hinein und wird unter Rühren mit einem Woklöffel oder einem Pfannenwender rasch knackig gebraten. An den Rand schieben und die zarteren Gemüsesorten nach und nach darin anbraten.
• Zum Schluß beliebig würzen und abschmecken. Mit Kokosraspeln, gerösteten Sesamsamen oder mit frisch gehackten Kräutern bestreuen und sofort servieren.

Wok-Variationen

Immer nach dem gleichen Prinzip: Gemüse kleinschneiden. Öl, Gewürze und Würzsaucen, Kräuter, Samen und sonstige Zutaten bereitstellen und den Wok erhitzen. Nun darf munter gerührt werden.

Chinapfanne

4 EL Sojasauce mit 4 EL Fino-Sherry, 1 TL frisch geriebenem Ingwer, 1 Msp Sambal Oelek und 1 TL Speisestärke verquirlen.
1 Knoblauchzehe, 1 frische Pfefferschote, 6 Frühlingszwiebeln, 250 g Möhren, 150 g Knollensellerie und 250 g Shiitake-Pilze putzen und kleinschneiden. 2 EL Erdnußöl und 2 EL Sesamöl im Wok erhitzen und die Gemüse nacheinander unter Rühren bißfest braten. Sojasaucenmischung darunterrühren, durchkochen lassen und mit frisch gehacktem Koriandergrün bestreuen.

Weißkohlpfanne mit Paprika, Ananas und Sprossen
(Foto rechts)

500 g Weißkohl oder Spitzkohl und 1 rote Paprikaschote putzen, waschen und in Streifen schneiden. 200 g frisches Ananasfruchtfleisch in Stücke schneiden. 1 frische Pfefferschote und 1 Zitronengrasstengel hacken. 200 g Mungosprossen bereitstellen. 2 EL helle Sojasauce, 4 EL Fino-Sherry, 1 TL Chilisauce, Salz, ½ TL Szetschuanpfeffer und 1 TL Speisestärke verquirlen. 2 EL Kokosraspel und 1 EL Sesamsamen goldgelb rösten und mit ½ TL abgeriebener Zitronenschale vermischen.
Kohlstreifen und Paprika im heißen Öl unter Rühren bißfest braten. Ananas, Pfefferschote, Zitronengras und Sprossen dazugeben und die Saucenmischung unterrühren. Mit Sesamsamen bestreut servieren.

Brokkolipfanne

400 g Brokkoli putzen und waschen, in kleine Röschen teilen, den Stiel in kleine Stücke schneiden. 1 Lauchstange putzen und waschen, in feine Ringe und 4 geputzte Möhren in dünne Scheiben schneiden. 2 EL Erdnußcreme mit 100 ml Kokosmilch, 1 EL Curry, Cayennepfeffer und den Saft von 1 Orange verrühren.
5 EL Öl im Wok erhitzen und das Gemüse portionsweise darin anbraten. Sobald alles bißfest gegart ist, die Kokos-Erdnuß-Mischung unterrühren, kurz durchkochen lassen und mit 2 EL grobgehackten Erdnüssen bestreuen.

Gebratener Blumenkohl in Currycreme

1 großen Blumenkohl in kleine Röschen teilen, putzen und waschen. 6 Frühlingszwiebeln putzen, waschen und in Ringe schneiden. 1 Knoblauchzehe schälen, 2 rote Pfefferschoten entkernen, waschen und beides fein hacken.
200 g Zuckerschoten putzen, waschen, blanchieren und eiskalt abschrecken. 5 EL Öl im Wok erhitzen und Frühlingszwiebeln, Pfefferschote und Knoblauch darin andünsten. 1 EL mildes Currypulver und 1 Msp Sambal Oelek dazugeben und das Gemüse darunterrühren. Bei mittlerer Hitze bißfest braten. Mit 2 EL Orangensaft und 2 cl trockenem Amontillado-Sherry ablöschen. 100 ml Sahne und 1 EL Kokosmark verquirlen und darunterrühren. Die blanchierten Zuckerschoten daruntermischen, kurz durchkochen lassen und mit gerösteten Kokosraspeln und gehackter Petersilie bestreuen.

Lauch mit Edelpilzcreme

3 dicke Lauchstangen putzen, gründlich waschen und in 1 cm breite Ringe schneiden. 150 ml Sahne, 150 g Edelpilzkäse und 1 EL Sherryessig im Mixer verquirlen.
2 EL Öl und 20 g Butter erhitzen und die Lauchringe unter Rühren nach und nach anbraten. Mit wenig Salz würzen. Mit der Käse-Sahne-Mischung aufgießen und kurz durchkochen lassen. Mit grobgeschrotetem Pfeffer, abgeriebener unbehandelter Zitronenschale und einigen Kerbelblättern bestreuen.

Gebratene Möhren in Schnittlauchsahne

800 g junge Möhren schälen und in 1 cm dicke Scheiben schneiden. 2 Schalotten schälen, in Würfel schneiden und in 30 g Butter andünsten. Die Möhren dazugeben und unter Rühren wenige Minuten braten lassen. Mit Salz, Pfeffer und Muskat würzen und mit 200 g Sahne zugeben. Bei mittlerer Hitze so lange köcheln lassen, bis die Möhren gar sind und die Sahne sämig eingekocht ist. 1 Bund Schnittlauch waschen, fein schneiden und daruntermischen.

Zucchini-Tomaten-Pfanne

6 kleine Zucchini von je 100 g der Länge nach vierteln. 3 Fleischtomaten blanchieren, häuten, halbieren, entkernen und in Würfel schneiden. 1 Zwiebel und 2 Knoblauchzehen schälen und in kleine Würfel schneiden. 4 EL Olivenöl erhitzen und die Zucchini darin rundherum goldbraun anbraten. Zwiebel-, Knoblauch- und Tomatenwürfel dazugeben und mit Salz, Pfeffer und 1 TL Thymianblättern würzen. Unter Schwenken der Pfanne in wenigen Minuten fertiggaren.
Zum Schluß mit feingeschnittenen Basilikumblättern bestreut servieren.

Gesunder Knabberspaß

Kartoffeln goldbraun und knusprig fritiert, das kennt und liebt jeder, wie gut ausgebackenes Gemüse schmeckt, ist nicht so bekannt.

Dabei ist es ganz einfach: Gemüse putzen, waschen, gut abtrocknen und in Scheiben oder Streifen schneiden. In Mehl wenden, panieren oder in einen Ausbackteig tauchen und im heißen Fettbad goldbraun und kroß werden lassen. Köstlich sind auch Gemüsekroketten aus gehacktem oder püriertem Gemüse.

Das Knabbergemüse kann man als witzige Beilage oder auch als Snack zum Aperitif reichen. Ein herrliches Eßvergnügen ist das japanische Tempura. Ein Öltopf wird auf einem Rechaud auf den Tisch gestellt, und jeder fritiert sein Gemüse selbst.

Folgende Gemüsesorten eignen sich für das Bad im heißen Fett:

• Knollensellerie, Auberginen, Paprika, Zucchini, Fenchel, Bataten, Kochbananen und rote Bete – in dünne Scheiben oder in Streifen geschnitten.

• Junge Möhren, Frühlingszwiebeln, kleine Artischocken oder die Köpfe von Radicchio und Chicorée roh geviertelt, Blumenkohl und Brokkoli in Röschen geteilt, Spargel und Schwarzwurzeln in mundgerechte Stücke geschnitten und blanchiert.

• Okras, grüne zarte Bohnen, Zuckerschoten, Knollenziest, Zucchiniblüten und kleine Pilze im ganzen.

• Spinat-, Staudensellerie- oder Salbeiblätter kroß fritiert.

Tempurateig

1 Ei mit ⅛ l eiskaltem Wasser verquirlen und unter Rühren 150 g gesiebtes Mehl und 1 Msp Backpulver unterrühren. Falls nötig, Wasser dazugießen.

Bierteig

100 g Mehl mit 1 Msp edelsüßem Paprika, 1 EL flüssiger Butter mit etwa ⅛ l eiskaltem Bier verrühren und 2 steifgeschlagene Eiweiß unterziehen.

Weinteig

180 g Mehl, ½ TL Backpulver und 1 TL Salz vermischen, etwa ¼ l eiskalten Weißwein unterrühren und 1 steif geschlagenes Eiweiß unterziehen.

Für alle Teige gilt: Sofort verwenden!

Frisch vom Rost

Diese beliebte Zubereitungsweise aus den Mittelmeerländern ist nachahmenswert. Vor allem Sommergemüse, wie Zucchini, Artischocken oder Tomaten, erinnern – auf dem Holzkohlengrill geröstet und mit Olivenöl beträufelt – an Sommer, Sonne und Meer. Zu Hause erfüllt auch ein elektrischer Grill diesen Zweck. Darauf achten, daß die Hitze nicht zu stark ist, damit das Gemüse nicht verbrennt.

Für die heiße Glut gut geeignet sind:
Zucchini, Auberginen, Artischocken, Frühlingszwiebeln, Treviso-Radicchio, Maiskolben, Steinpilze, Austernpilze oder andere Zuchtpilze und natürlich Tomaten.

Anregungen fürs Grillfest

Austernpilze vom Grill
Die Pilze putzen und mit kleingehacktem Knoblauch, Chili, Thymian und Rosmarin sowie mit Olivenöl mindestens 2 bis 3 Stunden marinieren. Dann kurz grillen und mit Zitronensaft beträufelt genießen.

Gegrillte Knoblauchknollen
Junge, frische Knoblauchknollen im ganzen auf den Rost legen und so lange grillen, bis die Haut Blasen wirft und verbrannt ist. Das weiche, cremige Innere herausschaben und auf geröstetes Brot streichen.

Gemüsespieße
Abwechselnd dickere Scheiben von Zucchini, Paprikastreifen, kleine Champignons, geschälte, geviertelte Zwiebeln und Tomaten auf Spieße stecken und mit Öl, etwas feinzerdrücktem Knoblauch und frischen Kräutern etwa 1 Stunde marinieren. Dann goldbraun grillen und mit einer würzigen kalten Sauce (siehe Seite 94/95) genießen.

Tomaten in der Alufolie
Tomaten waagrecht halbieren, auf Alufolie setzen und mit feingeschnittenen Basilikumblättern, Knoblauch, Salz und Pfeffer würzen. Mit je 1 Scheibe Mozzarella bedecken und mit der Folie umhüllen. Auf den Rost oder unter den heißen Grill legen, bis der Käse geschmolzen ist. Man kann die Tomaten auch in eine Aluschale geben
Prima schmecken halbierte Tomaten mit Salz, Pfeffer und Fenchelsamen gewürzt und auf dem Holzkohlengrill gegart.

Heiß geliebt: Aufläufe und Soufflés

Unterschiedliche Gemüsesorten werden mit Eiermilch oder Béchamelsauce übergossen und im heißen Ofen so lange gebacken, bis eine goldbraune Kruste entsteht. So zerfällt der Auflauf nicht und wird schön saftig. Fügt man Kartoffeln, Nudeln oder Reis hinzu, ist die Mahlzeit – ohne großen Aufwand – komplett, denn alles gart gleichzeitig in einer Form.

Die verfeinerte Variante des Auflaufs ist das Soufflé. Je mehr Eischnee verwendet wird, desto lockerer, aber auch empfindlicher wird es. Deshalb: Sofort servieren, sonst fällt das zarte Gebilde zusammen und alle Mühe war umsonst.

Quark-Soufflé mit Schafskäse

250 g Magerquark
60 g Schafskäse
2 Eigelb
1 EL Paniermehl
1 Knoblauchzehe (fein gehackt)
1 EL gehackte Petersilie
Salz
gemahlener weißer Pfeffer
2 Eiweiß
Fett für die Förmchen

1. Die Quark in eine Schüssel geben. Den Schafskäse reiben oder mit einer Gabel fein zerdrücken. Mit den Eigelben zum Quark geben und unterrühren. Paniermehl, Knoblauch und Petersilie hinzufügen und mit Salz und Pfeffer herzhaft würzen.

2. Den Backofen auf 220° C vorheizen.

3. Die Masse in 4 gefettete Souffléförmchen (je ¼ l Inhalt) füllen, dabei mit einem Messer einmal zwischen Teig und Förmchenrand entlangfahren. Die Förmchen auf der mittleren Schiene des Backofens etwa 10 Minuten bei 180° C backen. Anschließend die Temperatur auf 220° C schalten und die Soufflés in weiteren 10 Minuten gar backen. Sofort servieren.

Winterlicher Gemüseauflauf

800 g Schwarzwurzeln
Salz, 2 EL Essig
1 EL Mehl
800 g junge Spinatblätter
80 g Butter
frisch geriebene Muskatnuß
800 g Möhren
1 EL Marsala
100 g Crème fraîche
⅛ l Sahne
3 Eier
100 g geriebener Hartkäse (z. B. Gruyère oder Gouda)
gemahlener Pfeffer
abgeriebene Schale von ½ unbehandelten Orange
2–3 EL gehackte Kürbiskerne, Pinienkerne oder Haselnüsse
Butter für die Form

1. Schwarzwurzeln säubern, schälen. 1 EL Essig, Mehl und kaltes Wasser verquirlen und die Stangen hineinlegen, damit sie nicht braun werden. Anschließend in kochendem Wasser mit Salz und restlichem Essig vermischt etwa 20 Minuten kochen.

2. Spinat verlesen, putzen, waschen und in wenig kochendem Salzwasser kurz blanchieren. Gut abgetropft in 20 g Butter schwenken und mit Salz und Muskat würzen.

3. Möhren schälen und in Scheiben schneiden. In 30 g Butter und Marsala bißfest dünsten. Salzen. Den Backofen auf 200° C vorheizen.

4. In eine gebutterte Auflaufform abwechselnd Möhren, Spinat und Schwarzwurzeln hineinschichten.

5. Crème fraîche, Sahne, Eier und Käse verquirlen und mit Salz, Pfeffer und Orangenschale würzen. Über das Gemüse gießen und mit gehackten Kernen oder Nüssen bestreuen. Die restliche Butter in Flöckchen verteilen und im heißen Backofen in 25 bis 30 Minuten goldbraun überbacken.

Einfach (und) unwider-stehlich

Mit einem Gemüsegratin kann man selbst den größten Gemüsemuffel überzeugen. Goldbraun überbacken und mit einer zarten Kruste schmeckt einfach jedes Gemüse noch ein wenig raffinierter.

Die Grundregeln

• Gemüse grundsätzlich vor dem Überbacken je nach Sorte blanchieren, dünsten oder braten.
• Möglichst flach in eine Form schichten.
• Den Grill rechtzeitig vorheizen.
• Käse, Nüsse, Samen oder Paniermehl unterstützen die Krustenbildung. Obendrauf jedoch immer Butterflöckchen setzen oder mit Öl beträufeln.
• Verrührt man geschlagene Sahne oder Crème fraîche mit Eigelb und geriebenem Käse, bekommt man eine besonders schöne, goldgelbe Kruste.
• Die Form nicht zu nah unter die Grillstäbe stellen und während des Gratinierens ständig beobachten.

Die Gratin-Favoriten

Gratinierte Spargelstangen

1,5 kg Spargel schälen und je nach Dicke der Stangen 8 bis 12 Minuten kochen. Abgetropft in eine längliche Gratinform schichten, die Köpfe müssen frei bleiben. 80 g Butter zerlassen und über den Spargel träufeln und mit etwa 100 g frisch geriebenem Parmesan bestreuen. Unter dem heißen Grill 3 bis 4 Minuten gratinieren.

Gratinierte Schwarzwurzeln

Sie werden auf die gleiche Weise zubereitet, allerdings ist die Garzeit etwas länger. Wie man Schwarzwurzeln vorbereitet, ist auf Seite 120 (Winterlicher Gemüseauflauf) erläutert.
Probieren Sie auch einmal: Schwarzwurzeln auf blanchierte Spinatblätter oder aufgetauten Tiefkühl-Blattspinat gelegt, mit einer Mischung aus geschlagener Sahne, geriebenem Käse und Eigelb überzogen und goldgelb gratiniert.

Auberginengratin

4 kleinere Auberginen in Scheiben schneiden, salzen, mit einem Küchenpapier trockentupfen, in Mehl wenden und nacheinander in Olivenöl auf jeder Seite goldgelb braten. Auf Küchenpapier abtropfen lassen. 4 Tomaten in Scheiben schneiden, Auberginen und Tomaten abwechselnd schuppenförmig in eine Gratinform schichten. 3 Knoblauchzehen und 2 Zwiebeln fein hacken und mit 1 EL gehacktem Bohnenkraut, 2 EL gehackter Petersilie, Meersalz und Pfeffer sowie 4 EL Olivenöl verrühren und das Gemüse damit bestreichen. 2 EL Paniermehl und 2 EL frisch geriebenen Pecorino oder Parmesan vermischen und darüberstreuen. Mit 2 EL Olivenöl beträufeln und auf der oberen Schiene des heißen Backofens erst 30 Minuten bei 180° C, dann 10 Minuten bei 220° C überbacken.

Spinatgratin

1,2 kg verlesene, geputzte und gewaschene Spinatblätter kurz blanchieren und gut abgetropft in Butter schwenken. In eine gefettete Gratinform geben und mit Salz, Pfeffer, Muskat und Knoblauch würzen. 200 g Crème fraîche mit 2 Eigelb und 50 g geriebenem Butterkäse verrühren, würzen und über dem Spinat verteilen. Im 200° C heißen Backofen 5 bis 8 Minuten überbacken

Pilzgratin

800 g Steinpilze, Pfifferlinge, Egerlinge oder Champignons putzen, vierteln oder in Scheiben schneiden und mit Zwiebel- und Knoblauchwürfel in Butter andünsten. Sobald alle Flüssigkeit verdampft ist, herzhaft würzen und 2 EL gehackte Kräuter untermischen. In eine gefettete Gratinform geben und wie das Spinatgratin weiterverarbeiten.

Fenchelgratin

4 gekochte Fenchelknollen vierteln und mit 4 EL geschälten Tomatenstücken in eine gefettete Gratinform geben. Je eine kleingehackte Zwiebel und Knoblauchzehe, 2 EL gehacktes Fenchelgrün, 2 EL Paniermehl und 3 EL geriebenen Parmesan vermischen und darüberstreuen. Mit 5 EL Olivenöl beträufeln und etwa 15 bis 20 Minuten im 200° C im heißen Backofen gratinieren.

Radicchiogratin

4 Treviso-Radicchio längs halbieren und in Olivenöl braten. Mit Salz und Pfeffer würzen, mit 2 cl Grappa ablöschen und wenige Minuten köcheln lassen. In eine ovale, gefettete Gratinform legen. 200 ml Sahne, 200 g Gorgonzola, 1 EL Aceto Balsamico und 2 Eigelb im Mixer verquirlen. Über das Gemüse gießen und im 210° C heißen Backofen etwa 8 bis 10 Minuten gratinieren.

So zergeht Gemüse auf der Zunge

Wer meint, Pürees und Flans seien nur Diät- oder Schonkost, wird eines Besseren belehrt. Zartschmelzende Flans sind ein Hochgenuß, wenn sie aus jungem, aromatischem Gemüse zubereitet werden. Seit man in den Gourmettempeln entdeckt hat, daß Gemüse nicht nur Dekoration, sondern ein wichtiger Bestandteil eines Gerichtes ist, hat das Gemüsepüree zunehmend an Bedeutung gewonnen. Als feiner Flan oder Terrine taucht es nun wieder auf, dieses Mal als leckere Vorspeise.

Gemüse und Eier

…das sind die Grundzutaten für einen Flan oder eine Terrine, hinzu kommt lediglich eine Prise Phantasie, dann kann das Pürieren beginnen.

Tips und Tricks

• Je frischer das Gemüse, um so besser schmecken Pürees und Flans.
• Gemüse nur in wenig Wasser oder Brühe garen.
• Ein Mixer oder ein Stabmixer erleichtert das Zerkleinern.
• Besonders glatt und geschmeidig wird das Püree, wenn man es durch ein Haarsieb oder durch die Flotte Lotte streicht.
• Geschlagene Sahne macht Püree samtig.
• Kleine Förmchen gut fetten, größere mit nasser Sichtfolie auskleiden. Die zarten Flans lösen sich dann leichter aus der Form.
• Die Formen nur zu zwei Dritteln füllen.
• Das Wasserbad darf auf keinen Fall kochen.
• Vor dem Stürzen kurz ruhen lassen.

Sellerie-Ingwer-Püree

2 mittelgroße Sellerieknollen in Salzwasser in etwa 1 Stunde weich kochen. Kalt abschrecken, schälen und in Stücke schneiden. Im Mixer fein pürieren, dabei ca. ⅛ l Sahne hinzufügen. Es muß ein cremiges Püree entstehen. Mit 1 EL frisch geriebenem Ingwer, Salz und frisch geriebener Muskatnuß abschmecken. Mit feingehackten Sellerieblättern bestreuen.
Auf die gleiche Weise stellt man Petersilienwurzelpüree her. Lediglich den Ingwer weglassen, mit weißem Pfeffer würzen und reichlich frisch gehackte Petersilie unterrühren.

Kürbispüree

(Foto links)
Von einem kleinen Riesenkürbis (ca. 2 kg) einen Deckel abschneiden, Kerne und Fasern herauslösen und das Fruchtfleisch im 230° C heißen Backofen in etwa 30 bis 40 Minuten weich werden lassen. Das weiche Fleisch mit einem Löffel herausschaben. 3 EL Olivenöl in einer Pfanne erhitzen und das Kürbisfleisch bei starker Hitze unter ständigem Rühren braten lassen, bis alle Flüssigkeit verdampft ist. Sobald die Konsistenz breiähnlich ist, mit Salz, Pfeffer und frisch durchgepreßten Knoblauchzehen würzen und noch 2 bis 4 EL Olivenöl unterrühren.

Möhrenflan

300 g junge Möhren
30 g Butter
Salz, 1 Prise Zucker
gemahlener weißer Pfeffer
etwas abgeriebene unbehandelte Orangenschale
4–5 EL Gemüsebrühe
3 Eier
⅛ l geschlagene Sahne
Für das Zucchiniragout:
2 kleine Zucchini
50 g Butter
100 ml Gemüsebrühe
Salz, Cayennepfeffer

1. Geschälte Möhren kleinschneiden, in Butter andünsten, würzen und mit der Brühe weich kochen.
2. Mit den Eiern im Mixer pürieren, durch ein Sieb streichen und die Sahne unterziehen. Backofen auf 150° C vorheizen.
3. In vier gefettete Timbaleförmchen füllen und im heißen Wasserbad 25 bis 30 Minuten garen.
4. Zucchini mit einem Kugelausstecher zu Perlen formen in 20 g Butter anbraten. Mit Brühe begießen, würzen, und mit restlicher Butter verfeinern.

Erbsenflan

300 g ausgepalte Erbsen
Salz
3 Eier
3–4 gehackte Minzeblätter
gemahlener weißer Pfeffer
1 Prise Zucker
⅛ l geschlagene Sahne
Außerdem:
Safran-Orangen-Sauce
(siehe S. 97), Minzeblätter

1. Zubereitung wie Möhrenflan.
2. Auf Safran-Orangen-Sauce servieren und mit Minze garnieren.

Bohnenpüree

150 g getrocknete weiße Bohnen über Nacht in reichlich Wasser einweichen und am nächsten Tag mit Salz und 2 Bohnenkrautzweigen in etwa 1½ Stunden weich kochen. Die abgetropften Bohnen im Mixer fein pürieren, dabei so viel Bohnenkochwasser dazugießen, bis die Masse cremig ist. Zum Schluß 40 g kalte Butter in kleinen Stücken unterschlagen und mit frisch gehacktem Bohnenkraut, Salz und Pfeffer würzen.

Schmeckt warm als Beilage, aber auch kalt als Brotaufstrich.

Auberginenpüree

(Foto unten)

1 kg Auberginen mehrmals mit der Gabel einstechen und im 250°C heißen Backofen so lange backen, bis die äußere Haut schwarz ist. Die Auberginen halbieren und das weiche Fruchtfleisch mit einem Löffel herausschaben. 1 geschälte, in Würfel geschnittene Zwiebel und 2 gehackte Knoblauchzehen in 2 EL Olivenöl glasig dünsten. Das Auberginenfleisch dazugeben und andünsten. Mit Salz und Pfeffer würzen und im Mixer fein pürieren. 2 EL Olivenöl dazugießen und mit etwas Zitronensaft würzen. Mit frisch gehackter Petersilie bestreuen. Schmeckt warm und kalt.

Linsenpüree

150 g geschälte rote Linsen in Salzwasser mit 1 Lorbeerblatt und 2 Thymianzweigen in etwa 10 bis 15 Minuten weich kochen. Abgetropft im Mixer fein pürieren und dabei 3 bis 4 EL bestes Olivenöl und etwas Kochflüssigkeit dazugießen, bis eine geschmeidige Creme entsteht. Mit frisch gehackten Thymianblättern, Salz, Pfeffer und Zitronensaft würzen.

Schmeckt warm als Beilage und kalt als Brotaufstrich.

Blumenkohlflan

(Foto oben)

250 g Blumenkohl, Salz
3 Eier
1 EL geriebener Hartkäse
gemahlener weißer Pfeffer
1 Msp Curry und Muskat
⅛ l Sahne
Für das Paprikapüree:
1 rote Paprika
1 EL Olivenöl
etwas Thymian
100 ml Tomatensaft
Salz, gemahlener Pfeffer
Cayennepfeffer
einige Basilikumblätter

1. Blumenkohl putzen, waschen, in Röschen teilen und in wenig Salzwasser bißfest kochen. Vier kleine Röschen beiseite legen, den Rest pürieren und wie Möhrenflan weiterverarbeiten. Blumenkohlröschen zusätzlich in die Förmchen geben.
2. Die Paprikaschoten putzen und kleinschneiden, in Olivenöl anbraten, Thymian und Tomatensaft dazugeben, würzen und weich kochen.
3. Pürieren, durch ein Sieb streichen und auf vier Teller verteilen. Die Blumenkohlflans daraufstürzen und mit Basilikumblättern garnieren.

Spinatflan

(Foto rechts)

500 g junge Spinatblätter
oder 300 g Tiefkühl-Spinat
Salz
30 g Butter
2 EL Zwiebelwürfel
1 gehackte Knoblauchzehe
100 g Crème fraîche
40 g geriebener Käse
gemahlener weißer Pfeffer
frisch geriebene Muskatnuß
Außerdem:
Käsesauce von Seite 96
2 EL Tomatenwürfel

1. Die Spinatblätter verlesen, waschen und in wenig kochendem Salzwasser kurz blanchieren. In Eiswasser abschrecken. Gut ausdrücken.
2. Die Butter zerlassen, Zwiebel- und Knoblauchwürfel darin glasig dünsten. Spinat dazugeben und kurz durchschwenken. Crème fraîche und Käse unterrühren und im Mixer pürieren. Würzen und wie den Möhrenflan weiterverarbeiten.
3. Die Käsesauce auf vier Teller verteilen, die Spinatflans darauf stürzen und mit Tomatenwürfeln garnieren.

Lassen Sie sich überraschen

Paprikaschoten war das erste Gemüse, das gefüllt und geschmort auf den Tisch kam. Schnell entdeckte man, daß auch viele andere Gemüsesorten ideale, eßbare Behälter für locker-leichte Füllungen sind. Dazu gehören Tomaten, Zwiebeln, Rote Bete, Kohlrabi, Auberginen, Champignons, Artischocken, Zucchini und Zucchiniblüten.

Tip

Das ausgehöhlte Gemüsefruchtfleisch auf keinen Fall wegwerfen! Entweder klein hacken und angedünstet als Grundlage für die Farce verwenden oder andünsten, dann fein pürieren und als Sauce dazu reichen.

Tomaten mit Käsefüllung

8 Fleischtomaten
1 kleiner Zucchino
½ TL Thymianblätter
2 EL Olivenöl
250 g Mascarpone
3 Eigelb
50 g geriebener Parmesan
Salz, gemahlener Pfeffer
3 Eiweiß (steif geschlagen)
Fett für die Form

1. Tomaten waagrecht halbieren und aushöhlen.
2. Zucchino in winzige Würfel schneiden und mit Thymian in Olivenöl andünsten.
3. Mascarpone, Eigelb und Parmesan verrühren. Zucchiniwürfel dazugeben, würzen und den Eischnee unterziehen. Die Tomaten damit füllen, in eine gefettete Form setzen und rund 15 Minuten bei 200° C backen.

Gefüllte Riesenchampignons

10 Riesenchampignons
1 Bund Petersilie
1 gehackte Knoblauchzehe
2 EL Zwiebelwürfel
60 g Butter
Salz, gemahlener Pfeffer
2–3 EL Paniermehl

1. 8 Pilze entstielen. Die Stiele, die restlichen Pilze und die Petersilie fein hacken.
2. Knoblauch, Zwiebelwürfel und gehackte Pilze in 40 g Butter so lange andünsten, bis alle Flüssigkeit verdampft ist. Petersilie untermischen und die Farce in die Pilzhüte füllen. In eine gefettete Form setzen, mit Paniermehl bestreuen und mit Butterflöckchen belegen.
3. Im 180° C heißem Backofen etwa 20 Minuten garen.

Gefüllte Zucchini

8 kleine Zucchini
1 rote Paprikaschote
4 EL Olivenöl
½ Bund Petersile
10 entkernte, schwarze Oliven
2 EL geriebener Pecorino
2–3 EL Paniermehl

1. Die Zucchini der Länge nach halbieren und mit einem kleinen Löffel aushöhlen. Die Zucchinihälften wenige Minuten blanchieren.
2. Das Fruchtfleisch sowie die geputzte Paprikaschote in kleine Würfel schneiden und in Olivenöl andünsten. Petersilie und Oliven hacken und mit dem Käse und dem Paniermehl untermischen.
3. Die vorgegarten Zucchinihälften mit der Farce füllen, in einer gefetteten Form im 180° C heißem Backofen ca. 15 Minuten backen.

Gefüllte Zwiebeln

4 Gemüsezwiebeln, Salz
50 g Butter
2 EL Madeira
2 EL Rosinen
2 EL geröstete Pinienkerne
2–3 EL Paniermehl
2–3 gehackte Salbeiblätter
4–5 EL Gemüsebrühe

1. Zwiebeln schälen und in Salzwasser 15 Minuten garen. Quer halbieren und aushöhlen.
2. Das Fruchtfleisch fein hacken und in 30 g Butter andünsten. Madeira und Rosinen dazugeben und einige Minuten köcheln lassen. Pinienkerne, Paniermehl und Salbei unterrühren, salzen und in die acht Zwiebelhälften füllen.
3. In eine gefettete Form setzen, mit Brühe begießen, mit Butterflöckchen belegen und im 180° C heißen Backofen 45 Minuten garen.

Gefüllte Kohlrabi

8 junge Kohlrabi, Salz
1 Bund Karotten (rund) oder
sehr kleine Gartenmöhren
200 g weiße Spargelstangen
100 g ausgepalte Erbsen
40 g Butter
2 EL Schalottenwürfel
200 ml Sahne
gemahlener weißer Pfeffer
Cayennepfeffer
frisch geriebene Muskatnuß
2 Eigelb
je 1 EL gehackte Petersilie
und Kerbel

1. Die Blätter der Kohlrabi abschneiden, dabei die kleinen aufbewahren. Die Knollen schälen.
2. Die Kohlrabi in Salzwasser kochen, bis sie fast gar sind, dann einen Deckel abschneiden und aushöhlen.
3. Inzwischen Karotten oder Möhren und den Spargel schälen und in Salzwasser bißfest kochen. Das ausgehöhlte Kohlrabifleisch in Würfel schneiden, die Erbsen blanchieren und eiskalt abschrecken. Die Spargelstangen in 5 cm lange Stücke schneiden.
4. 20 g Butter zerlassen und die Schalottenwürfel darin glasig dünsten. Die Sahne dazugießen und mit Salz, Pfeffer, Cayennepfeffer und Muskat würzen. Bei starker Hitze sämig einkochen lassen.
5. Von der Kochplatte nehmen, verquirlte Eigelb, Kräuter und Gemüse daruntermischen.
6. Das Gemüseragout in die Kohlrabi füllen und in eine mit Butter ausgestrichene Form setzen. Etwa 10 bis 15 Minuten im 150° C heißen Backofen fertiggaren. Mit den Kohlrabiblättern garnieren.

Tip

Eine italienische Spezialität sind gefüllte Zucchiniblüten. Sie werden entweder im Ofen kurz gegart oder auch im heißen Fett ausgebacken.
Möglichkeiten für Füllungen gibt es genügend, wichtig ist nur, daß man vor dem Füllen den Blütenstempel entfernt. Den anhängenden, hellgrünen Fruchtstiel schneidet man in Scheiben oder Würfel, dünstet sie oder brät sie kurz und reicht sie dazu.

Damit kann man die zarten Blüten füllen:
• Ratatouille aus winzig klein geschnittenem Gemüse
• Mozzarella- und Tomatenwürfeln und feingeschnittenem Basilikum
• Creme aus Ricotta, Kräutern und Parmesan
• Farce aus Champignons, Knoblauch und Petersilie

Aromatisch umhüllt

So verwendet werden die etwas derben Kohlsorten zu einer feinen Delikatesse. Die schmackhaften Blätter schützen die Füllung vor dem Austrocknen und verleihen ihr gleichzeitig ein herzhaftes Aroma.
Daß Kohlrouladen nicht nur mit Hackfleisch gefüllt köstlich schmecken, beweisen diese Füllungen. Eine abwechslungsreiche Kombination aus Gemüse, Käse, Körnern oder Kartoffeln – leichtbekömmlich und kalorienarm.

Blätter, die sich zum Einwickeln eignen:

• Weißkohl
• Rotkohl
• Wirsing
• Chinakohl
• Pak-Choi
• Mangold
• Romanasalat
• Radicchio
• Weinblätter

Tips für Gemüseröllchen

• Falls nötig, die äußeren welken Blätter entfernen, dann die folgenden Blätter vorsichtig ablösen.
• Für 4 Personen benötigt man 8 Blätter. Bei dünnen Blättern, wie Romanasalat, nimmt man 16 Blätter und legt je zwei übereinander.
• Damit die Blätter formbar werden, kurz – je nach Festigkeit – blanchieren.
• Die Blätter in Eiswasser abschrecken, damit sie die Farbe behalten. Anschließend abtropfen lassen und auf einem Tuch ausgebreitet trocknen lassen. Die mittlere Rippe flach schneiden. Mit einer der angegebenen Farcen bestreichen. Die seitlichen Blattränder einschlagen und das Blatt von der Schmalseite her aufrollen. Festere Blätter mit einem Küchengarn zusammenbinden, bei zarten Blättern, beispielsweise Mangold, ist das nicht nötig. Im heißen Fett rundherum unter Wenden mit zwei Kochlöffeln anbraten und mit Gemüsebrühe und Sahne aufgießen. Die Garzeit richtet sich nach der Struktur der Blatthülle und der Art der Füllung.

Bulgur-Petersilien-Füllung

80 g Bulgur
150 ml Gemüsebrühe
200 g Petersilienwurzeln
1 Bund Petersilie
1 Ei
Salz, gemahlener Pfeffer
frisch geriebene Muskatnuß
8 dünne Scheiben
Butterkäse

1. Bulgur in der Gemüsebrühe aufkochen. Bei schwacher Hitze in etwa 15 Minuten ausquellen lassen.
2. Petersilienwurzeln in Salzwasser in etwa 15 Minuten weich kochen. Schälen und im Mixer pürieren.
3. Mit feingehackter Petersilie, Ei und gequollenem Bulgur verrühren und herzhaft würzen.
4. Die Blätter erst mit Käsescheiben, dann mit der Füllung belegen und aufrollen.

Pfifferlingfüllung

500 g kleine Pfifferlinge oder kleine Steinpilze (geviertelt)
2 EL Zwiebelwürfel
1 gehackte Knoblauchzehe
40 g Butter
300 g Frischkäse
4 EL frisch gehackte Frühlingskräuter
Salz, gemahlener Pfeffer
geriebene Muskatnuß

Gemüsefüllung

250 g Möhrenwürfel
250 g Sellerieknollenwürfel
30 g Butter
2 EL Noilly Prat
200 ml Sahne
Salz, gemahlener Pfeffer
geriebene Muskatnuß
3 Eigelb
60 g geriebener Hartkäse
2 EL gehackte Petersilie

Grünkernfüllung

300 g gekochter Grünkern
200 g Zucchiniwürfel
100 g rote Paprikawürfel
100 g gelbe Paprikawürfel
1 EL Zwiebelwürfel
2 EL Olivenöl
je 1 TL gehackte Oregano-
blätter
250 g Magerquark
2 Eier
Salz, gemahlener Pfeffer

Reisfüllung

200 g gekochter Rund-
kornreis
4 EL Tomatenwürfel
1 gehackte Knoblauchzehe
1 gehackte Chilischote
2 EL gehackte grüne Oliven
2 EL gehackte Walnüsse
80 g Fetakäse (fein zer-
drückt)
1 TL Thymianblätter
Salz, gemahlener Pfeffer

Tip

Das Gemüsearoma bleibt intensiver erhalten, wenn man die Rouladen mit Alufolie umhüllt in leicht siedendem Wasser gar ziehen läßt. Sie lassen sich dann auch gut in Scheiben schneiden.

Ratatouille

(Südfrankreich)

2 mittelgroße Auberginen
4 kleine Zucchini
4 Zwiebeln
2 rote Paprikaschoten
1 gelbe Paprikaschote
500 g Tomaten
100 ml Olivenöl
4 Knoblauchzehen
1 Lorbeerblatt
3 Thymianzweige
1 Rosmarinzweig
Salz, gemahlener Pfeffer
etwas Zucker

1. Auberginen und Zucchini waschen, die Zwiebeln schälen und die Paprikaschoten waschen, halbieren und Stielansätze sowie Trennwände entfernen. Die Tomaten blanchieren, häuten, halbieren und entkernen. Alles in Würfel schneiden.
2. Das Olivenöl in einem schweren Schmortopf erhitzen und die Zwiebeln darin goldgelb anbraten. Dann Paprika und Auberginen dazugeben und anbraten. Zuletzt Zucchini, Tomaten, ungeschälte Knoblauchzehen sowie die Kräuterzweige und das Lorbeerblatt daruntermischen. Mit Salz und Pfeffer würzen.
3. Einmal aufkochen lassen, dann die Hitze reduzieren und zugedeckt etwa 45 Minuten sanft köcheln lassen.
4. Den Deckel abnehmen und die Kräuter, Lorbeerblatt und die Knoblauchzehen herausnehmen. Die sich bildende Flüssigkeit bei mittlerer Hitze und offenem Topf einkochen lassen.

Leipziger Allerlei

(Deutschland)

10 g getrocknete Morcheln
250 g weißer Spargel
250 g junge Möhren
250 g Romanesco
100 g Zuckerschoten
Salz
1 Prise Zucker
100 g gesalzene Butter
frisch geriebene Muskatnuß
100 g geschlagene Sahne
1 Bund Schnittlauch

1. Morcheln in 1 Tasse lauwarmem Wasser mindestens 1 Stunde einweichen.
2. Spargel und Möhren schälen, den Romanesco putzen und in Röschen teilen. Von den Zuckerschoten die Enden abknipsen.
3. Reichlich Salzwasser mit etwas Zucker zum Kochen bringen und erst den Spargel darin etwa 15 Minuten kochen, dann die Möhren in etwa 8 bis 10 Minuten und den Romanesco in ca. 10 Minuten bißfest werden lassen. Die Zuckerschoten ganz zum Schluß wenige Minuten blanchieren und wie den Romanesco in eiskaltem Wasser abschrecken. Den Spargel in 6 cm lange Stücke schneiden. Die Morcheln abtropfen lassen und in 20 g Butter anschwitzen. Mit etwas durchgeseihtem Morcheleinweichwasser begießen und in einigen Minuten weich kochen.
4. Restliche Butter aufschäumen lassen und das abgetropfte Gemüse und die Morcheln darin wenige Minuten unter Schwenken der Pfanne erhitzen. Mit Salz und Muskat würzen und die geschlagene Sahne unterziehen. Mit Schnittlauch bestreuen.

Lescó

(Ungarn)

500 g grüne Paprikaschoten
500 g rote Paprikaschoten
500 g Gemüsezwiebeln
500 g Fleischtomaten
2 Knoblauchzehen
4 EL Öl
20 g Butter
1 EL Paprika (edelsüß)
1 TL Rosenpaprika
Salz, gemahlener Pfeffer
⅛ l Rotwein
½ Bund Petersilie
evtl. 100 g saure Sahne

1. Paprikaschoten waschen halbieren und Stielansätze sowie Trennwände entfernen und in Streifen schneiden. Zwiebeln schälen, halbieren und quer in feine Scheiben schneiden. Die Tomaten überbrühen, häuten, halbieren entkernen und in Stücke schneiden. Die Knoblauchzehen schälen und fein hacken.
2. Öl und Butter in einem Schmortopf erhitzen und Zwiebeln und Knoblauch darin glasig dünsten.
3. Die Paprikaschoten dazugeben und mit andünsten. Mit den Paprikagewürzen bestreuen und kurz mit anrösten. Salzen und pfeffern und mit Rotwein aufgießen.
4. Zugedeckt bei schwacher Hitze etwa 45 Minuten köcheln lassen.
5. Kurz vor dem Servieren die frisch gehackte Petersilie untermischen. Das Lescó kann zum Schluß noch mit saurer Sahne verfeinert werden.

Gratinierter Chicorée

(Belgien)

4 Chicorée
40 g Butter
2 EL Noilly Prat
100 ml trockener Weißwein
4 Fleischtomaten
½ Bund Basilikum
250 g Mozzarella
2 EL frisch geriebene
Weißbrotbrösel
2 EL geriebener Parmesan
3 EL Olivenöl

1. Vom Chicorée die äußeren welken Blätter entfernen.
2. Die Butter in einer Pfanne mit feuerfesten Griffen aufschäumen lassen und die Chicorée darin rundherum anbraten. Mit Noilly Prat ablöschen und einkochen lassen, dann mit Weißwein aufgießen und um die Hälfte einkochen lassen. Den Backofen auf 200° C vorheizen.
3. Tomaten überbrühen, häuten, halbieren, entkernen und in Würfel schneiden. Mit den eingeschnittenen Basilikumblättern vermischen und über die Chicorée verteilen.
4. Den in kleine Würfel geschnittenen Mozzarella darüber verteilen und mit Brotbröseln und Parmesan bestreuen. Mit Olivenöl beträufeln und im heißen Backofen etwa 15 bis 20 Minuten überbacken.

Buntes Gemüsecurry

(Indien)

2 rote Paprikaschoten
1 dicke Lauchstange
200 g Brokkoli
200 g Blumenkohl
3 EL Öl
1 TL Kurkuma
1 Msp gemahlene Nelken
1 Msp Kardamom
1 Msp Muskatblüte
1 Msp gemahlener
Koriander
1 Msp Zimt
1 Msp Kreuzkümmel
je 1 kleine rote und grüne,
gehackte Chilischote
1 gehackte Knoblauchzehe
¼ l Gemüsebrühe
2 EL Kokosmark
1 EL Zitronensaft
2 EL gehacktes Koriander-
grün

1. Die Gemüsesorten waschen und putzen. Paprika in mundgerechte Stücke und Lauch in Scheiben schneiden. Brokkoli und Blumenkohl in Röschen teilen.
2. Das Öl im Wok erhitzen, die Gewürze sowie die Chilischote und Knoblauchzehe hineingeben und kurz darin anrösten. Dann das Gemüse dazugeben und kurz mit andünsten.
3. Mit Brühe begießen und zugedeckt etwa 20 Minuten garen.
4. Kokosmark, Zitronensaft und Koriandergrün untermischen und kurz durchziehen lassen.

Überbackener Bohneneintopf

(Mexiko)

400 g schwarze oder rote
Bohnen
500 g Tomaten
2 Zwiebeln
2 Knoblauchzehen
1 rote Paprikaschote
1 rote Chilischote
3 EL Öl
3–4 Salbeiblätter
1 Thymianzweig
Salz, gemahlener Pfeffer
3–4 EL frisch geriebenes
Weißbrot
4–5 EL geriebener Hartkäse

1. Die Bohnen über Nacht in kaltem Wasser einweichen. Am nächsten Tag mit dem Einweichwasser zum Kochen bringen und etwa 1 Stunde zugedeckt bei schwacher Hitze köcheln lassen.
2. Tomaten überbrühen, häuten, halbieren und entkernen. Zwiebel und Knoblauch schälen, Paprika- und Chilischote halbieren und entkernen. Alles in Würfel schneiden. Den Backofen auf 160° C vorheizen.
3. Das Öl in einem Schmortopf erhitzen und das Gemüse bis auf die Tomaten darin andünsten. Dann die Bohnen mit etwa ¼ l Kochwasser, die Tomaten und die Kräuter dazugeben. Salzen und pfeffern und zugedeckt im heißen Backofen ca. 50 Minuten garen.
4. Mit Brotbröseln und Käse bestreuen und bei 220° C überbacken, bis der Käse geschmolzen und goldbraun geworden ist.

Was alles in der Kartoffel steckt

Ein Leben ohne die braunen Knollen – undenkbar! Dabei ist es noch keine 250 Jahre her, daß der Preußenkönig Friedrich II. seinen Untertanen den großflächigen Anbau der Kartoffel befahl. Die aus den Anden stammende robuste Kulturpflanze hat später auch die Europäer vor mancher Hungersnot bewahrt. Bis in unsere Zeit wurde sie vor allem als nahrhafter Sattmacher geschätzt – oder als Dickmacher verleumdet, je nachdem. Heute entdecken auch linienbewußte Genießer die unbegrenzten Möglichkeiten der tollen Knolle – jenseits von Pommes und Salzkartoffeln. Dutzende Arten mehliger bis festkochender Sorten werden heute rund ums Jahr angeboten. Kaum ein Lebensmittel bietet soviel Genuß für so wenig Geld.

Die Qual der Wahl

Die Kartoffelfamilie ist groß, und jedes Jahr kommen einige Neuzüchtungen hinzu. Für jeden Geschmack und für jede Verwendungsmöglichkeit gibt es spezielle Sorten, denn: Kartoffel ist nicht gleich Kartoffel. Um sich in dieser Vielfalt besser zurechtzufinden, hat man die Kartoffelsorten nach ihren Kocheigenschaften eingeteilt. Einen wichtigen Einfluß auf die jeweilige Verwendbarkeit hat die Erntezeit.

Unterteilung der Sorten nach Kocheigenschaften

Die Angaben über die Kocheigenschaften müssen bei abgepackter wie auch bei loser Ware immer deutlich gekennzeichnet sein.

Festkochende Kartoffeln

Sie werden landläufig auch als Salatkartoffeln bezeichnet, da sie sich vorzüglich dafür eignen. Aber auch Bratkartoffeln gelingen sehr gut damit, weil festkochende Kartoffeln schnittfest sind und nicht zerfallen. Die bekanntesten Sorten sind: Cilena, Exquisa, Forelle, Linda, Nicole, Regina, Renate, Selma und Sieglinde.

Vorwiegend festkochende Kartoffeln

Diese am häufigsten angebotene Sorte findet man vor allem in Supermärkten, da sie für Püree wie Salat gleichermaßen empfohlen wird. Echte Kartoffelfans lehnen diesen Sortentyp als nicht befriedigenden Kompromiß eher ab. Arnika, Christa, Clivia, Cinja, Désirée, Donella, Grandifolia, Hela, Quarta und Ulla sind einige bekannte Sortennamen dieser Allroundkartoffel.

Mehligkochende Kartoffeln

Wenn die Schale beim Kochen aufplatzt und die gegarte Kartoffel beim Aufspießen gleich auseinanderbricht, dann ist es die ideale Sorte für Püree, Klöße, Knödel oder Suppen. Mehligkochende Sorten sind vor allem im Knödelland Bayern sehr gefragt. Die Auswahl an Sortentypen nimmt jedoch ab, und man muß nach Aula, Irmgard oder Likaria gezielt Ausschau halten.

Erntezeiten

Neben den Kocheigenschaften sind die Reife- bzw. Erntezeiten für die Verwendung in der Küche von größter Bedeutung.

Frühkartoffeln, wie bespielsweise Christa, Berber, Akula oder Rosara, sind noch etwas wässrig und dadurch rasch verderblich. Die Schale ist hauchdünn und wird von Kartoffelgenießern gerne mitgegessen.

Die ersten Frühkartoffeln aus südlichen Gefilden kann man schon auf dem Markt entdecken, wenn bei uns noch Schnee liegt. Ab Ende Mai, rechtzeitig zur Spargelzeit, gibt es dann die Frühkartoffeln aus heimischer Ernte. Gekocht und mit der Schale verzehrt sind sie ein Genuß. Zum Verarbeiten sind diese frühen Sorten weniger geeignet, da der Stärkeanteil noch sehr gering ist.

Für die **mittelfrühen Sorten,** wie z. B. Rosella, Solara und Quarta, beginnt die Erntezeit im August. Sie haben wesentlich mehr Aroma als die frühen Sorten und können auch längere Zeit ohne Qualitätsverlust gelagert werden.

Will man einen Vorrat für den Winter anlegen, wartet man besser auf die stärkereichen **Spätkartoffeln,** die ab Mitte September geerntet werden. Außerdem sind mehligkochende Spätkartoffeln, wie Aula oder Irmgard, der Garant für die besten Kartoffelknödel.

Kartoffelähnliche Exoten

Bamberger Hörnchen sind die Früchte eines kartoffelartigen Knollengewächses, das vorwiegend in Nordbayern angepflanzt wird. Die länglichen, hörnchenartigen Knollen werden im Herbst geerntet. Feinschmecker bereiten am liebsten Salat oder Bratkartoffeln daraus zu.

Bataten, auch Süßkartoffeln genannt, sehen zwar ähnlich aus wie Kartoffeln, entstammen aber ebenfalls einer anderen botanischen Familie. Sie sind dickschaliger, und ihr knackiges Fleisch zerfällt beim Kochen zu einem weichen Brei. Sie haben einen ausgeprägten süßlichen Geschmack, vergleichbar mit Kastanien. Man schätzt sie gekocht und püriert oder kleingeschnitten und fritiert. Traditionell werden Bataten mit braunem Zucker karamelisiert zum Truthahn am Thanksgiving Day, dem Erntedankfest in den USA, gegessen.

Ohne Hitze ungenießbar

Fast alles läßt sich aus der Wunderknolle zubereiten – nur keine Rohkost. Damit der menschliche Körper alle wertvollen Inhaltsstoffe aufnehmen und verwerten kann, muß die Kartoffel unbedingt gegart werden. Auch ihr feiner Geschmack kann sich erst dann richtig entwickeln. Die Zubereitungsmöglichkeiten sind nahezu grenzenlos.

Tips rund um die Knolle

• In Folienbeuteln verpackte Kartoffeln zu Hause sofort herausnehmen und in einen Korb legen. Möglichst dunkel, kühl und luftig aufbewahren – das gilt sowohl für kurze, als auch für längerfristige Lagerung.
• Wärme und Licht machen die Schale schrumpelig und lassen die Keime sprießen.
• Grüne Flecken sollten großzügig weggeschnitten werden, denn sie enthalten das giftige Solanin.
• Vor dem Kochen die Kartoffeln mit einer Bürste unter fließend kaltem Wasser abbürsten.
• Kartoffeln immer erst kurz vor dem Garen schälen, denn sie verfärben rasch. Legt man sie in kaltes Wasser, verhindert man zwar das Verfärben, nimmt aber den Verlust wichtiger Inhaltsstoffe in Kauf.
• Garen mit der Schale schont Vitamine und Mineralstoffe.

Die schmackhaften Fitmacher

Kartoffeln enthalten alles, was man für die Fitneß benötigt: reichlich leichtbekömmliche Kohlenhydrate, eine kleine, aber hochwertige Portion Eiweiß, viel Kalium, das den Körper entwässert, und zahlreiche wertvolle Mineralstoffe und Vitamine.
Kartoffeln sind also ein gesunder, schlankmachender Genuß, sie enthalten pro 100 g lediglich 72 Kalorien – aber nur, wenn man bei der Zubereitung sparsam mit Fett umgeht.

Dämpfen

Da die Kartoffeln nicht mit Wasser in Berührung kommen und zudem in der Schale gegart werden, bleiben sowohl die Aromastoffe als auch die Vitamine und Mineralstoffe weitgehend erhalten.

Aromagaren

Beim Garen im modernen Schnellkochtopf werden Vitamine und Geschmacksstoffe dank einer Schon- oder Biostufe sanft behandelt.
Die neue Topfgeneration ist zudem einfach und absolut sicher in der Handhabung.

Garen in der Folie

Längst sind Baked Potatoes auch außerhalb Amerikas eine beliebte Beilage zu Steaks. Bestens geeignet für diese aromaschonende Garweise sind mehligkochende Kartoffeln.

Salzkartoffeln

Die beliebte Beilage wird immer mehr durch Pellkartoffeln verdrängt, da durch das Garen mit der Schale die Nährstoffe besser erhalten bleiben. Wer dennoch Salzkartoffeln bevorzugt: unbedingt in möglichst wenig Salzwasser garen.

Garen im Fettbad

Nicht nur Kinder können dem Anblick knuspriger Pommes frites schlecht widerstehen. Um so gut zu schmecken, wie sie es verheißen, muß die Qualität der Kartoffeln und der Fettsorte stimmen. Darüber hinaus die Fritiertemperatur.

1. Die Kartoffeln gründlich unter fließend kaltem Wasser abbürsten.

2. Nicht zu hoch in den Locheinsatz des Kartoffeldämpfers schichten.

1. Den Schnellkochtopf 3 bis 4 cm hoch mit Wasser füllen und zum Kochen bringen.

2. Gewaschene Kartoffeln nicht zu hoch in den gelochten Einsatz geben.

1. Die gründlich gewaschenen, mehligkochenden Kartoffeln mehrfach einstechen.

2. Einzeln in ein ausreichend großes Stück Alufolie einwickeln.

1. Gereinigte Kartoffeln mit einem Sparschäler schälen, kurz waschen.

2. Die Kartoffeln sollten etwa gleich groß sein, sonst die größeren halbieren.

1. Die geschälten Kartoffeln erst in Scheiben, dann in Stäbchen schneiden.

2. Kartoffelstäbchen in ein Sieb geben und mit kaltem Wasser abbrausen.

3. Den unteren Topfteil mit Wasser füllen und zum Kochen bringen.

4. Zugedeckt bei mittlerer Hitze je nach Größe etwa 30 bis 40 Minuten garen.

5. Den Topfteil mit den Kartoffeln auf ein Tuch stellen und abdampfen lassen.

6. Gut eignet sich auch ein Dampfgarer, der nach Ende der Garzeit selbst abschaltet.

3. Das Wasser zum Kochen bringen, dann den Topf verschließen.

4. Auf Schon- oder Biostufe 8 bis 12 Minuten garen.

5. Topf von der Kochplatte nehmen und mit Hilfe des Reglers abdampfen lassen.

6. Den Deckel öffnen und prüfen, ob die Kartoffeln schon weich sind.

3. Nebeneinander auf ein Backblech legen.

4. Auf die mittlere Schiene des auf 220°C vorgeheizten Backofens schieben.

5. Je nach Größe 1 bis 1 ½ Stunden backen. Kartoffeln kreuzweise einschneiden.

6. Kartoffeln etwas auseinanderbrechen und beliebig mit Dips füllen.

3. In den Topf geben und pro 1 kg Kartoffeln etwa ½ l Salzwasser dazugießen.

4. Zugedeckt zum Kochen bringen, dann die Hitze reduzieren und 20 Minuten garen.

5. Mit einer Gabel eine Garprobe machen, dann das Kochwasser abschütten.

6. Ein zusammengefaltetes Tuch auf den Topf legen und abdampfen lassen.

3. Sobald das Wasser klar abläuft, die Kartoffeln mit einem Tuch gut abtrocknen.

4. Das Fett am besten in einer Friteuse auf 180°C erhitzen.

5. Die Kartoffeln portionsweise 4 bis 5 Minuten fritieren, herausnehmen, abtropfen lassen.

6. Im heißen Fettbad nochmals kurz goldbraun und kroß werden lassen.

Längst nicht mehr nur Beilage

Kartoffeln gemeinsam mit frischem Gemüse schonend gegart oder vermischt mit einer cremigen Sahnesauce schmecken so unvergleichlich gut, daß man sich daran satt essen möchte – nur als Beilage sind sie also viel zu schade.

Für Kartoffelgemüse eignen sich festkochende oder vorwiegend festkochende Kartoffelsorten am besten. Mehligkochende Sorten zerfallen zu rasch und lassen das Kartoffelgemüse zu breiig werden. Für die Béchamelkartoffeln sollten die Scheiben ebenfalls in Form bleiben.

Bouillonkartoffeln

1 Lorbeerblatt
2 Thymianzweige
2 Petersilienzweige
4 mittelgroße Möhren
2 Petersilienwurzeln
800 g vorwiegend festkochende Kartoffeln
2 dünne Lauchstangen
80 g Butter
Salz, gemahlener Pfeffer
1 l Gemüsebrühe
2 gehäutete Fleischtomaten
1 Bund gemischte Frühlingskräuter (z. B. Petersilie, Schnittlauch, Basilikum, Kerbel, Estragon und Dill)
50 g eiskalte Butter

1. Lorbeerblatt, Thymian und Petersilie zusammenbinden. Die Möhren, Petersilienwurzeln und Kartoffeln schälen. Lauch putzen und waschen.

2. Das Gemüse kleinschneiden. Alles in 30 g Butter andünsten, das Kräutersträußchen dazugeben, mit Gemüsebrühe begießen.

3. Bei starker Hitze zum Kochen bringen, dann zurückschalten und bei schwacher Hitze zugedeckt etwa 25 bis 30 Minuten köcheln lassen.

4. Tomaten halbieren und entkernen. Das Fruchtfleisch in Würfel schneiden, die Kräuter fein hacken und beides unter das Kartoffelgemüse mischen. Kurz erhitzen, mit einer Schaumkelle in eine Terrine füllen und die Kochflüssigkeit mit der restlichen eiskalten Butter in Flöckchen binden. Darübergießen und servieren.

1. Die gewaschenen Kartoffeln in der Schale garen. Kurz abdampfen lassen, danach schälen und noch warm in Scheiben schneiden.

2. Die Butter in einem Schmortopf zerlassen. Unter Rühren mit einem Kochlöffel das Mehl dazugeben und hellgelb anschwitzen.

3. Nach und nach mit kalter Milch aufgießen. Unter ständigem Rühren einige Minuten kochen lassen. Mit Salz, Pfeffer und Muskat würzen.

4. Die Béchamelsauce durch ein Sieb über die Kartoffeln geben. Zitronensaft und Zitronenschale hinzufügen und vorsichtig mit zwei Kochlöffeln vermischen. Die Sahne steif schlagen und mit den gehackten Kräutern unter die Béchamelkartoffeln ziehen.

Béchamel-kartoffeln

1 kg festkochende oder vorwiegend festkochende Kartoffeln
50 g Butter
50 g Mehl
¾ l Milch
Salz
gemahlener weißer Pfeffer
frisch geriebene Muskatnuß
etwas Zitronensaft und abgeriebene unbehandelte Zitronenschale
⅛ l Sahne
4–5 Estragonblätter
1 Bund glatte Petersilie

Variationsmöglichkeiten für die Bouillonkartoffeln

• Verschiedenfarbige Paprikaschoten, geputzt und in Rauten geschnitten, junge geschälte, geviertelte Zwiebeln und gehackte Knoblauchzehen in reichlich Olivenöl anbraten. Rosmarin und Thymian dazugeben und alles mit Weißwein begießen. Zum Kochen bringen und zugedeckt bei schwacher Hitze weich garen. Zum Schluß Tomaten und feingeschnittene Basilikumblätter untermischen.
• Geputzte Frühlingszwiebeln mit Knoblauch und rohen Kartoffelwürfeln in Olivenöl anbraten. Würzen, Thymianzweige dazugeben, mit Gemüsebrühe begießen und wie die Bouillonkartoffeln garen.

Variationsmöglichkeiten für die Béchamelkartoffeln

• Anstelle der geschlagenen Sahne einen geriebenen Hartkäse, z. B. Emmentaler, untermischen und mit Eigelb legieren.
• Die Sahne durch einen cremigen Gorgonzola ersetzen.
• Das Mehl für die Béchamelsauce goldbraun rösten, mit Rotwein anstelle Milch aufgießen und mit einem Lorbeerblatt einige Minuten köcheln lassen. Mit Salz, Pfeffer und Essig würzen und die Kartoffelscheiben untermischen.

Delikate Bratkartoffelvariationen

Bratkartoffeln sind die gelungenste Version der Resteverwertung – vorausgesetzt, sie sind richtig gebraten und die Kartoffeln sind von allerbester Qualität.

Bei der Zubereitung kann eigentlich nichts schiefgehen, wenn Sie die folgenden Punkte beachten:

10 Tips für knusprige Bratkartoffeln

1. Nur festkochende Kartoffelsorten eignen sich für Bratkartoffeln.

2. Die gegarten Kartoffeln abkühlen lassen, bevor man sie in Scheiben schneidet. Noch besser in Form bleiben die Bratkartoffeln, wenn man gekochte Kartoffeln vom Vortag verwendet.

3. Ganz wichtig ist die richtige Pfanne. Bevorzugen Sie eine hocherhitzbare Eisen-, Edelstahl- oder Gußpfanne, und erhitzen Sie die Pfanne trocken, bevor das Fett hineinkommt.

4. Wer Fett sparen möchte, brät in einer beschichteten Pfanne mit wenig Fett die geschälten Pellkartoffeln im ganzen.

5. Wichtiger als die Fettart ist die Qualität des verwendeten Fettes. Gut schmecken Bratkartoffeln in einer Mischung aus Butter und Öl gebraten. Doch auch in geklärter Butter, Butterschmalz, neutralem Öl oder in Olivenöl können sie gebraten werden.

6. Eine raffinierte Note bekommen die Kartoffeln aus der Pfanne, wenn etwas Nußöl oder Trüffelöl nach dem Anbraten darauf geträufelt wird.

7. Während des Bratens die Kartoffelscheiben vorsichtig mit einem Pfannenheber wenden, niemals zu viele Scheiben auf einmal in das heiße Fett geben.

8. Zwiebeln mit zu braten ist reine Geschmackssache.

9. Das gleiche gilt für das Würzen: Bratkartoffeln können je nach Vorliebe nur mit Salz, frischem Majoran oder Kümmel gewürzt werden.

10. Am besten sofort servieren, damit die Scheiben auch kroß auf den Tisch kommen.

Grundrezept Bratkartoffeln

1 kg festkochende Kartoffeln (am Vortag gekocht)
40 g Butter
4 EL Öl
Salz
Außerdem, je nach persönlichem Geschmack:
2–3 EL Zwiebelwürfel
1–2 gehackte Knoblauchzehen
2 EL frisch gehackte Majoranblätter
1 EL Thymianblätter
1 EL Kümmelsamen
2 EL Nußöl oder Trüffelöl

1. Die gekochten Kartoffeln schälen und in dünne Scheiben schneiden.

2. Eine große Eisen- oder Edelstahlpfanne bei starker Hitze aufheizen.

3. Butter und Öl darin erhitzen und die Kartoffelscheiben hineingeben. Sie sollten nicht übereinanderliegen, falls nötig, portionsweise braten. Salzen und mit einem Pfannenheber immer wieder wenden. Bei starker Hitze rasch goldbraun und knusprig braten.

4. Wer Bratkartoffeln mit Zwiebeln möchte, gibt diese vor dem ersten Wenden in der Pfanne dazu. Die anderen Gewürze erst kurz vor Ende der Bratzeit untermischen.

Weitere köstliche Kartoffelkreationen aus der Pfanne

Bauernfrühstück

800 g gekochte, festkochende Kartoffeln schälen, in Scheiben schneiden und in 3 EL Öl und 20 g Butter anbraten. 1 Bund Frühlingszwiebeln, in feine Scheiben geschnitten, wenige Minuten mit braten. Mit Salz, Pfeffer, feingehacktem Rosmarin und Thymian würzen und 6 verquirlte Eier unterrühren. Zugedeckt bei mittlerer Hitze stocken lassen.

Kartoffel-Artischocken-Pfanne

600 g festkochende, rohe Kartoffeln schälen und in Würfel schneiden. 8 kleine Artischocken sorgfältig putzen und vierteln. Gemeinsam in etwa 100 ml Olivenöl bei starker Hitze scharf anbraten, dann die Temperatur zurückschalten und in weiteren 20 Minuten unter Schütteln der Pfanne garen. Mit Salz, Pfeffer und abgeriebener unbehandelter Zitronenschale würzen und mit feingeschnittenen Basilikumblättern bestreuen.

Bratkartoffeln aus rohen Kartoffeln

1 kg festkochende Kartoffeln schälen und in etwa 3 mm dünne Scheiben hobeln. In einer Schüssel mit kaltem Wasser waschen, abtropfen lassen und mit einem Küchentuch gut abtrocknen. Reichlich Olivenöl in einer Eisenpfanne erhitzen und die Kartoffelscheiben darin unter Wenden mit einem Pfannenheber in etwa 15 Minuten gar und knusprig braten. Auf einem Sieb abtropfen lassen, salzen, mit feingeschnittenem Schnittlauch bestreuen. Sofort servieren, denn sie verlieren rasch ihr knuspriges Äußeres.

Ewig junger Evergreen

Kartoffelpüree ist wohl das erste, was der Mensch aus Kartoffeln zubereiten kennenlernt. Vielleicht ist es die Erinnerung an das einst liebevoll zum Mund geführte Löffelchen Kartoffelbrei, das in vielen ein Leben lang den Wunsch nach einem cremigen Kartoffelpüree entstehen läßt.
Gutes Kartoffelpüree muß locker sein, fast ein wenig schaumig, und muß auf der Zunge zerfließen.

Hände weg vom Mixer

…denn so bearbeitete Salzkartoffeln werden zu einem zähen, kleisterähnlichen Brei. Bei aller Liebe für die Technik, für ein gutes Kartoffelpüree benötigt man lediglich eine Kartoffelpresse oder einen Kartoffelstampfer zum Durchdrücken und einen Kochlöffel oder einen Spachtel zum Unterrühren der Milch.
Das Wichtigste ist jedoch eine aromatische, mehligkochende und stärkereiche Spätkartoffel.

Grundrezept Kartoffelpüree

1 kg mehligkochende
Kartoffeln
Salz
knapp ¼ l heiße Milch
40–50 g Butter
frisch geriebene Muskatnuß

1. Die Kartoffeln schälen, in Salzwasser kochen, abdampfen lassen und noch heiß durch die Kartoffelpresse drücken.
2. Die heiße Milch unter kräftigem Rühren mit einem Kochlöffel dazugeben, dann die Butter in Flöckchen unterrühren. Mit Salz und Muskat würzen.

1. Kartoffelpüree mit Butterbröseln

1. Püree nach Grundrezept mit 30 g Butter zubereiten.
2. 50 g Butter und 30 g Paniermehl in einer Pfanne goldbraun rösten und darüber verteilen.

2. …mit Kresse oder Rucola

1. Püree nach Grundrezept mit 30 g Butter zubereiten.
2. Von 1 Bund Brunnenkresse oder Rucola die Blätter abzupfen, grob hacken und unter das Püree mischen.

5. …mit Äpfeln, Majoran und Pinienkernen

1. Püree nach dem Grundrezept zubereiten.
2. 1 großen, aromatischen Apfel schälen, halbieren, entkernen und in Würfel schneiden. In 30 g Butter mit 1 TL Zucker und etwas frisch gehacktem Majoran goldbraun braten. Unter das Püree mischen und mit 2 EL gerösteten Pinienkernen bestreuen.

6. …mit Birnen, Ingwer und Mandeln

1. Püree nach dem Grundrezept zubereiten.
2. 1 große, aromatische Birne schälen, halbieren, entkernen und in Würfel schneiden. In 30 g Butter, ½ TL Zucker und etwas geriebenem Ingwer goldbraun braten. Unter das Püree mischen und mit gerösteter Mandelblättchen bestreuen.

3. …mit Möhren

1. Püree nach Grundrezept mit 50 g Butter zubereiten.
2. 200 g kleingeschnittene Möhren in 20 g Butter und 2 EL Wasser weich dünsten. Im Mixer pürieren und unter das Püree mischen.

4. …mit Käse

1. Püree nach Grundrezept mit 50 g Butter zubereiten.
2. 2 bis 3 EL feingeriebenen alten Gouda oder Gruyère und 1 Msp gemahlenen Safran unter das fertige Püree mischen.

7. …mit Pfifferlingen

1. Püree nach Grundrezept mit 30 g Butter zubereiten.
2. 150 g Pfifferlinge putzen, vierteln und mit 1 EL Zwiebelwürfeln, etwas Thymian und etwas Knoblauch in 40 g Butter so lange braten, bis die Flüssigkeit verdampft ist. Mit 1 EL gehackter Petersilie unter das Püree mischen.

8. …mit Röstzwiebeln

1. Püree nach Grundrezept mit 30 g Butter zubereiten.
2. 4 kleine Zwiebeln schälen und in feine Scheiben schneiden. Mit wenig Mehl bestäuben und in reichlich erhitztem Öl goldbraun braten. Auf einem Sieb abtropfen lassen und über das Püree verteilen.

Klassiker par excellence

Kein Mensch weiß genau, wieviel verschiedene Versionen von Kartoffelgratinrezepten es gibt. Gut sind alle, die innen saftig sind und deren Oberfläche goldbraun und knusprig ist. Ob man die dünn gehobelten Scheiben wäscht, oder ob es gerade die anhaftende Stärke ist, die dem Gratin eine wohltuende Sämigkeit verleiht, kann jeder für sich entscheiden. Am besten probiert man beide Möglichkeiten einmal aus. Besonders saftig wird das Gratin, wenn die Kartoffelscheiben wenige Minuten lang in Sahne und Milch vorgekocht und dann im Backofen bei nicht zu hoher Temperatur weitergegart werden.

Von rustikal bis nobel

Die klassische Gratinversion besteht aus einer Mischung aus Kartoffeln, festkochend oder vorwiegend festkochend, Sahne, Salz, Pfeffer und Muskat. Das Ausreiben der Form mit einer halbierten Knoblauchzehe sorgt für raffinierten Touch.

Allein durch die beigefügte Käsesorte erhält das Gratin immer wieder einen anderen Geschmack. Probieren Sie Gruyère, Emmentaler, mittelalten Gouda oder auch einen würzigen Edelpilzkäse. Jede Sorte für sich ist eine perfekte Ergänzung.

Für weitere Abwechslung sorgt Gemüse. Gut eignen sich Zucchini, Kohlrabi, Möhren oder Lauch, jeweils in Scheiben oder Ringe geschnitten und abwechselnd mit den Kartoffelscheiben in eine gefettete Form geschichtet.

So angerichtet wird aus Kartoffeln, Gemüse und Käse, übergossen mit einer Mischung aus Eiern und Sahne oder Milch, ein leckerer Auflauf. Auch hier bieten sich viele schmackhafte Möglichkeiten. Und obwohl die Zubereitung immer die gleiche ist, schmeckt es doch stets ein wenig anders.

Noch leckerer, aber auch üppiger wird das Gratin, wenn nach dem Vorkochen 2 bis 3 Eigelb untergemischt werden.

Kartoffel-Spinat-Auflauf mit Edelpilzkäse

800 g festkochende Kartoffeln
Salz
600 g frische Spinatblätter oder 300 g Tiefkühlspinat
40 g Butter
frisch geriebene Muskatnuß
300 g Sahne
2 cl Marsala
4 Eier
200 g Edelpilzkäse (z. B. Gorgonzola)
frisch gemahlener Pfeffer
40 g Butter
2 EL frisch geriebenes Weißbrot

1. Kartoffeln schälen und in dünne Scheiben hobeln. In wenig Salzwasser 5 Minuten kochen, dann auf einem Sieb abtropfen lassen.
2. Frischen Spinat verlesen, kurz blanchieren und gut abgetropft in aufgeschäumter Butter schwenken. Mit Salz und Muskat würzen. Tiefkühlspinat auftauen lassen, in Butter schwenken. Backofen auf 180° C vorheizen.
3. Sahne, Marsala, Eier und Edelpilzkäse im Mixer fein pürieren. Mit Salz, Pfeffer und Muskat herzhaft würzen.
4. Eine Auflaufform mit Butter ausfetten und abwechselnd Kartoffelscheiben und Spinat hineinschichten. Mit der Sahnemischung begießen. Mit Brotbröseln bestreuen und und mit Flöckchen aus der restlichen Butter belegen.
5. Im heißen Backofen auf der mittleren Schiene in 30 bis 40 Minuten goldbraun backen.

Kartoffelgratin

1 kg festkochende Kartoffeln
300 ml Milch
300 g Sahne
Salz
gemahlener weißer Pfeffer
frisch geriebene Muskatnuß
1 Knoblauchzehe
120 g frisch geriebener Emmentaler oder Gruyère
50 g Butter

1. Kartoffeln schälen, waschen und in dünne Scheiben hobeln.
2. Milch und Sahne in einem großen Topf erhitzen und mit Salz, Pfeffer und Muskat würzen. Die Kartoffelscheiben entweder gewaschen und abgetrocknet oder ungewaschen hineingeben, umrühren und etwa 10 Minuten köcheln lassen. 80 g Käse dazugeben und kurz mitköcheln lassen.
3. Den Backofen auf 180° C vorheizen. Eine Gratinform erst mit der halbierten Knoblauchzehe ausreiben, dann mit 20 g Butter ausfetten.
4. Die Kartoffelmischung hineingeben und gleichmäßig in der Form verteilen. Die restliche Butter in Flöckchen und den restlichen Käse darübergeben und auf der mittleren Schiene des heißen Backofens in 40 bis 45 Minuten goldbraun backen.
5. Falls die Oberfläche zu stark bräunt, mit Alufolie abdecken. Das Gratin in der Form zu Tisch bringen.

Tip

Wer mehr Wert auf das Aussehen als auf den Geschmack legt, ordnet die Kartoffeln gleichmäßig und schuppenförmig in einer gefetteten Gratinform an und gießt dann eine Mischung aus Sahne, Milch und eventuell Käse darüber. Mit Käse und Butterflöckchen belegen und mindestens 1 Stunde garen.

Köstliche Kreationen aus einem Teig

Mehligkochende, aromatische Spätkartoffeln, Eier und Mehl, dazu eine Prise kulinarische Kreativität – das sind die wichtigsten Grundzutaten für zahlreiche schmackhafte Kartoffelspezialitäten.

Grundrezept Kartoffelteig

1 kg mehligkochende
Spätkartoffeln
2 Eier
160–200 g Mehl
1–2 EL Grieß
Salz
frisch geriebene Muskatnuß
gemahlener weißer Pfeffer
Fett zum Braten

1. Die Kartoffeln mit der Schale dämpfen. Noch heiß pellen und durch eine Kartoffelpresse drücken. Gut abkühlen lassen.
2. Eier und so viel Mehl und Grieß dazugeben, bis ein gut formbarer Teig entsteht. Mit Salz, Muskat und Pfeffer würzen und beliebig formen.
3. Im heißen Fett goldbraun braten.

Tip

Fester und dadurch leichter formbar wird der Kartoffelteig, wenn die Kartoffeln am Vortag gekocht und am nächsten Tag auf der feinen Seite einer Reibe gerieben werden.

Fingernudeln

1. Die Kartoffeln am Vortag kochen, am nächsten Tag schälen und den Teig nach dem Grundrezept zubereiten.
2. Mit bemehlten Händen Rollen mit spitz zulaufenden Enden in der Größe eines kleinen Fingers formen.
3. In reichlich erhitztem Butterschmalz portionsweise goldbraun braten. Mit Sauerkraut oder Salat servieren.

Kartoffelplätzchen mit knuspriger Hülle

1. Kartoffelteig nach dem Grundrezept zubereiten, dabei anstelle der Eier 2 Eigelb nehmen und die Mehlmenge auf 100 bis 120 g reduzieren.
2. Mit bemehlten Händen etwa 1 cm dicke Plätzchen aus dem Teig formen und auf ein bemehltes Brett legen.
3. Mit Eiweiß bepinseln und in gehackten Sonnenblumenkernen, Mohn- oder Sesamsamen, geriebenen Haselnüssen oder Mandelblättchen wenden.
4. In heißem Öl vermischt mit etwas Nußöl auf beiden Seiten bei mittlerer Hitze goldbraun braten.

Kartoffeltaler aus dem Backofen

1. Kartoffelteig nach dem Grundrezept zubereiten und mit Salz, Pfeffer, je 1 EL gehacktem Rosmarin und Thymian, 1 TL gehackten Fenchelsamen und 1 zerdrückten Knoblauchzehe würzen.
2. Mit bemehlten Händen runde Plätzchen formen und nebeneinander auf ein geöltes Backblech legen.
3. Erst mit Olivenöl, dann mit Eigelb bepinseln, mit grobem Meersalz bestreuen und im 200° C heißen Backofen 10 bis 12 Minuten backen.

Kartoffelpizzen

1. Kartoffelteig nach dem Grundrezept zubereiten, allerdings die Eier durch 5 EL Olivenöl ersetzen und zusätzlich 100 g frisch geriebenen Parmesan unterkneten.
2. Den Teig zu einer Rolle von 6 cm Durchmesser formen und etwa 1 ½ cm dicke Scheiben abschneiden.
3. Die Scheiben in der Mitte etwas eindrücken, so daß ein kleiner Rand wie bei einer Pizza entsteht.
4. Die Pizzen nebeneinander auf ein geöltes Backblech legen und beliebig belegen, z. B. mit Tomatenstückchen, Mozzarella- oder Butterkäsewürfeln, Olivenscheiben, Kapern, eingelegten Artischocken oder Paprika. Mit Oregano würzen und mit Olivenöl beträufeln.
5. Im 220° C heißen Backofen auf der unteren Schiene, möglichst mit Unterhitze, 20 bis 25 Minuten backen.

Gefüllte Kartoffeltaschen

1. Kartoffelteig nach dem Grundrezept zubereiten, allerdings nur mit 1 Ei.
2. Den Teig zu einer Rolle von 6 cm Durchmesser formen.
3. Für die Füllung 1 Bund Frühlingszwiebeln und 200 g Egerlinge oder andere Zuchtpilze fein hacken und in Butter braten. Mit Salz, Pfeffer, Thymian und Petersilie würzen und 2 EL geriebenen Käse unter die abgekühlte Farce mischen.
4. Die Teigrolle in 8 Scheiben schneiden und jede 3 mm dick ausrollen. Mit Sauerrahm bestreichen, etwas Füllung in die Mitte geben und um die Hälfte zusammenklappen. Leicht überlappend in einen gut gefetteten Bräter schichten, mit flüssiger Butter bestreichen und im 200° C heißem Backofen 35 bis 40 Minuten goldbraun backen.

Treffpunkt Backblech

Baked Potatoes sind zweifellos eine amerikanische Erfindung, in erster Linie als Beilage zu Steaks gedacht. Doch die großen, im Backofen gegarten Kartoffeln können auch wunderbar mit vielen Köstlichkeiten gefüllt werden. Lassen Sie sich einmal von den folgenden Beispielen inspirieren. Ihrer Phantasie für weitere Kreationen sind dabei keine Grenzen gesetzt.

Baked Potatoes mit Kräuterbutter

120 g weiche Butter mit 3 EL frisch gehackten Frühlingskräutern, wie Petersilie, Dill, Kerbel, Estragon und Schnittlauch, verrühren und mit Salz, Pfeffer, Cayennepfeffer und etwas abgeriebener Zitronenschale würzen. Reicht für 4 große Kartoffeln.

...mit Edelpilzkäsecreme

100 g milden Edelpilzkäse, beispielsweise Gorgonzola, mit einer Gabel zerdrücken, mit 100 g Mascarpone verrühren und mit einigen Tropfen Aceto Balsamico und, falls nötig, mit Salz und Pfeffer würzen. Reicht für 4 große Kartoffeln.

...mit Munsterkäse

Die gegarten Kartoffeln kreuzweise einschneiden, ein wenig auseinanderbrechen, und jeweils 50 g in Scheiben oder Würfel geschnittenen Munsterkäse darauf geben. In der Folie noch einmal im heißen Backofen etwa 10 Minuten überbacken, bis der Käse zu schmelzen beginnt.

...mit Tomaten, Mozzarella und Basilikum

Die gegarten Kartoffeln kreuzweise einschneiden, ein wenig auseinanderbrechen, und jeweils 1 EL Tomatenwürfel, 1 EL Mozzarellawürfel und etwas feingeschnittenes Basilikum darauf geben. In der Folie noch einmal im heißen Backofen etwa 8 bis 10 Minuten überbacken, bis der Käse zu schmelzen beginnt.

Tip

Die Zubereitung der Baked Potatoes finden Sie auf Seite 136/137.

Nicht nur für Kids – Pommes und Fritiertes

Die knusprigen Pommes frites wurden nicht für Kinder erfunden, auch wenn dies naheliegt, sondern sie sind eine französische Kreation, die im letzten Jahrhundert von einem Pariser Koch als sensationelle Beilage zu den damals in Mode kommenden Fleischgerichten ohne Sauce entwickelt wurde. Im Laufe der Zeit wurden die krossen Goldstäbchen zum Massenprodukt. Da bleibt nicht selten die Qualität auf der Strecke. Selbstgemachte „Pommes de terre frites", wie sie ursprünglich heißen, dagegen sind, wenn sie richtig zubereitet werden, noch immer ein Hochgenuß, dem auch Erwachsene kaum widerstehen können.

Strohkartoffeln

Wie Pommes frites auf Seite 136/137 zubereiten, lediglich die Kartoffeln in Streichholzgröße schneiden und nur kurz fritieren.

Waffelkartoffeln

Wie Pommes frites auf Seite 136/137 zubereiten, lediglich die Kartoffeln mit einem Messer mit Wellenschnitt jeweils schräg in die eine und dann in die andere Richtung schneiden.

Kartoffelchips

Wie Pommes frites auf Seite 136/137 zubereiten, lediglich die Kartoffeln in hauchdünne Scheiben schneiden und nur einmal fritieren.

Kartoffelkroketten

Aus 1 kg gekochten Kartoffeln, 80 g Butter, 4 Eigelb und 1 Ei einen Kartoffelteig zubereiten. Die gekochten Kartoffeln sollten möglichst trocken sein. Würzen und mit bemehlten Händen längliche Rollen oder auch kleine Bällchen formen. Erst in Mehl, dann in verquirltem Ei und in frisch geriebenem Weißbrot wenden. Im 180° C heißen Fritierfett portionsweise goldbraun ausbacken.

Tip

Die Franzosen bevorzugen für fritierte Kartoffeln festkochende Kartoffelsorten, hierzulande werden häufig vorwiegend festkochende Sorten verwendet.

Eine glatte, runde Sache

Ob man sie nun als Klöße oder Knödel bezeichnet, sie sind eine urdeutsche Spezialität. Die ebenfalls im siedenden Salzwasser gegarten Gnocchi hingegen sind ein Klassiker der norditalienischen Küche. Anders als die kreisrunden Kartoffelbällchen werden Gnocchi nicht als Beilage, sondern als Zwischengericht – wie Pasta – serviert.

Gefüllt mit einer Farce aus Kräutern, Käse, Pilzen oder Kürbis oder in einer Pilz- oder Tomatensauce serviert sind Klöße auch eine sättigende Mahlzeit.

Fränkische rohe Klöße

1 ½ kg rohe, möglichst große, mehlig-kochende Kartoffeln

500 g am Vortag gekochte Kartoffeln

Salz

1. Die geschälten rohen Kartoffeln auf einer speziellen Kartoffelreibe in kaltes Wasser reiben. In ein Mulltuch geben und gut ausdrücken. Die abtropfende Flüssigkeit auffangen und stehen lassen.
2. Die gekochten Kartoffeln fein reiben.
3. Die rohen mit den gekochten Kartoffelraspeln vermischen und salzen. Das aufgefangene Kartoffelwasser abgießen und die Stärke, die sich am Schüsselboden abgesetzt hat, zum Kartoffelteig geben.
4. Mit nassen Händen Klöße formen, beliebig füllen, z. B. mit knusprigen Brotwürfeln, und in leicht siedendem Salzwasser in etwa 20 Minuten offen gar ziehen lassen.

Thüringer rohe Klöße

2 kg rohe, möglichst große, mehlig-kochende Kartoffeln

½ l Milch

50 g Grieß, Salz

1. Die geschälten Kartoffeln auf einer speziellen Kartoffelreibe in kaltes Wasser reiben. In ein Mulltuch geben und gut ausdrücken. Die abtropfende Flüssigkeit auffangen und stehen lassen.
2. Milch und Grieß zu einem dünnflüssigen Brei kochen und unter die Kartoffelraspel rühren. Die Stärke, die sich abgesetzt hat, ebenfalls hinzufügen, salzen und zu einem glatten Teig verkneten.
3. Wie die fränkischen Klöße füllen, formen und garen.

Klöße aus gekochten Kartoffeln

1 kg mehligkochende Kartoffeln
(am Vortag gekocht)
Salz, frisch geriebene Muskatnuß
100 g Speisestärke
2 Eigelb

1. Die geschälten Kartoffeln fein reiben. Mit Salz und Muskat würzen und die Speisestärke und das Eigelb unterrühren. Rasch zu einem glatten Teig verkneten.
2. Beliebig füllen und zu Klößen formen.
3. In leicht siedendem Salzwasser etwa 20 Minuten offen gar ziehen lassen.

Möglichkeiten für Füllungen

Als Füllungen eignen sich kroß gebratene Brotwürfel oder die Pilzfarce von Seite 146. Köstlich schmeckt auch eine Kürbisfüllung: Dazu 200 g eingelegte Kürbisstückchen im Mixer fein pürieren und mit 150 g Magerquark, ca. 80 g Paniermehl und 2 EL feingehackten Kürbiskernen vermischen. 100 g in kleine Würfel geschnittene Kürbisstückchen untermischen und mit Salz, Pfeffer und Ingwer würzen. Zu kleinen Kugeln formen und mit dem Knödelteig umhüllen.

Kartoffelgnocchi

800 g mehligkochende Kartoffeln
120 g Mehl
30 g frisch geriebener Parmesan
2 Eier
Salz, frisch gemahlener Pfeffer
frisch geriebene Muskatnuß

1. Die gekochten Kartoffeln durch eine Kartoffelpresse drücken und abgekühlt mit den übrigen Zutaten zu einem formbaren Teig verkneten.
2. Fingerdicke Röllchen formen und 3 cm lange Stücke abschneiden. Mit dem Gabelrücken Rillen eindrücken und im leicht siedenden Salzwasser in wenigen Minuten gar ziehen lassen.
Entweder in Salbeibutter schwenken oder mit Tomatensauce servieren. Mit frisch geriebenem Parmesan bestreuen.

Tip

Probieren Sie mal gefüllte Gnocchi. Dazu den Teig mit einem Eßlöffel abstechen, in die Mitte eine Mulde drücken und mit würzigem Ziegenfrischkäse mit Kräutern oder Ricotta mit Kräutern vermischt füllen. Mit Teig verschließen, nachformen und in siedendem Salzwasser garen.

Rösti
(Schweiz)

1 kg vorwiegend fest-
kochende Kartoffeln (am
Vortag gekocht)
Salz, gemahlener Pfeffer
frisch geriebene Muskatnuß
40 g Butter
3 EL Öl

1. Die Kartoffeln schälen und
grob reiben. Mit Salz, Pfeffer
und Muskat würzen.
2. Butter und Öl in einer möglichst flachen Eisen- oder
Edelstahlpfanne erhitzen und
Kartoffelraspel hineingeben.
3. Leicht andrücken und die
Unterseite bei mittlerer Hitze
goldbraun braten.
4. Mit Hilfe eines flachen Tellers oder Deckels wenden
und auch die zweite Seite
goldbraun braten.

Variationen

Diese typische Schweizer
Spezialität wird in fast jedem
Kanton auf eine andere Art
zubereitet. Manchmal wer-
den Zwiebelwürfel mit gebraten oder grobgeriebener Emmentaler Käse unter die Kartoffelraspel gemischt.
Mancherorts belegt man den
fertig gebratenen Kartoffel-
fladen mit Käsescheiben, die
in geschlossener Pfanne geschmolzen werden.

Stamppot
(Niederlande)

1 kg mehligkochende
Kartoffeln
Salz
200 g Endiviensalat
4 kleine Zwiebeln
40 g Butterschmalz
ca. 1/8 l heiße Milch
gemahlener weißer Pfeffer
frisch geriebene Muskatnuß
80 g frisch geriebener,
mittelalter Gouda

1. Kartoffeln schälen und in
wenig Salzwasser garen.
2. Endiviensalat putzen, waschen und in nicht zu feine
Streifen schneiden.
3. Zwiebeln schälen und in
feine Scheiben schneiden. Im
erhitzten Butterschmalz goldbraun braten.
4. Das Kochwasser von den
Kartoffeln abschütten, aber
aufbewahren. Die Kartoffeln
mit dem Kartoffelstampfer
nicht zu fein zerstampfen.
5. Heiße Milch und etwas
Kochwasser dazugießen und
zu einem dicken Brei ver-
rühren. Mit Salz, Pfeffer und
Muskat würzen und die Endi-
vienstreifen und den Käse
unterrühren.
6. In eine Schüssel geben
und die Zwiebelringe mitsamt
Fett darübergießen.

Variationen

In den Niederlanden bereitet
man Stamppot auch häufig
mit kurz blanchiertem Rüb-
stiel oder Wirsing zu. Man
kann anstelle der Zwiebeln
auch goldbraun geröstete
Butterbrösel darüberstreuen.

Kartoffelpuffer
(Deutschland)

1,2 kg festkochende
Spätkartoffeln
3 Eier
50 g Mehl
Salz
frisch geriebene Muskatnuß
Öl zum Braten

1. Kartoffeln schälen un[d]
nicht zu fein reiben. Auf ei[n]
Sieb geben und abtropfe[n]
lassen. Die Flüssigkeit stehe[n]
lassen, bis sich die Stärke ab[-]
gesetzt hat. Das Wasser ab[-]
gießen und die Stärke mit de[n]
Kartoffelraspeln vermischen.
2. Eier und Mehl unterrühre[n]
und mit Salz und Muska[t]
würzen.
3. Reichlich Öl in einer Pfan[-]
ne erhitzen, und sobald e[s]
heiß ist, mit einem Eßlöff[el]
kleine Teighäufchen in da[s]
Fett geben und mit dem Lö[f-]
felrücken flach drücken. A[uf]
einer Seite goldbraun brate[n].
4. Wenden und auch d[ie]
zweite Seite knusprig brate[n].
5. Frisch aus der Pfann[e]
genießen. Preiselbeeren, R[ü-]
benkraut oder Apfelmus da[-]
zu reichen.

Variationen

Es gibt unzählige Kartoffe[l-]
pufferversionen, so kann ma[n]
sie völlig ohne Mehl zubere[i-]
ten. Die Kartoffelraspel mü[s-]
sen hierfür sehr gut ausge[-]
drückt werden, bevor man s[ie]
mit den Eiern vermischt.
Auch Gemüseraspel od[er]
-streifen, etwa von Möhre[,]
Zucchini oder Fenchel, kö[n-]
nen unter den Kartoffelte[ig]
gemischt werden.

Tortilla

(Spanien)

600 g festkochende
Kartoffeln
2 Zwiebeln
1 Knoblauchzehe
5 EL Olivenöl
8 Eier
Salz, gemahlener Pfeffer

1. Kartoffeln schälen, waschen und in dünne Scheiben schneiden.
2. Die Zwiebeln und den Knoblauch schälen und in Würfel schneiden.
3. 3 EL Olivenöl in einer großen Pfanne erhitzen und Zwiebeln, Knoblauch und Kartoffeln unter Rühren bei schwacher Hitze 10 bis 12 Minuten braten, ohne Farbe nehmen zu lassen.
4. Die Eier in einer Schüssel verquirlen und mit Salz und Pfeffer würzen. Die Kartoffelscheiben hineingeben und gründlich vermischen. 2 EL Öl in der Pfanne erhitzen. Die Kartoffel-Ei-Mischung hineingeben.
5. Bei mittlerer Hitze etwa 6 bis 8 Minuten braten lassen, dabei die Pfanne gelegentlich schwenken, damit nichts anklebt.
6. Sobald die Oberfläche gestockt ist, die Tortilla mit Hilfe eines flachen Tellers oder Deckels wenden und mit der gebräunten Seite nach oben in die Pfanne geben. Das restliche Öl hinzufügen und auch die zweite Seite goldgelb werden lassen.

Tip

Schmeckt heiß aus der Pfanne mit Salat, aber auch lauwarm, in Stücke geschnitten, als Tapa zu Sherry oder Wein.

Herzoginkartoffeln

(Frankreich)

1 kg mehligkochende
Kartoffeln
100 g Butter
3 Eigelb
1 Ei
Salz
frisch geriebene Muskatnuß
Außerdem:
Butter für das Blech
1 Eigelb
2 EL Sahne

1. Kartoffeln schälen und in wenig Salzwasser garen.
2. Gut abdampfen lassen, sie sollten trocken sein. Durch die Kartoffelpresse in einen Kochtopf drücken und bei schwacher Hitze erst die Butter in kleine Flocken, dann das Eigelb und das Ei darunterrühren. Mit Salz und Muskat würzen.
3. Den Backofen auf 220° C vorheizen.
4. Das Backblech einfetten. Die Kartoffelmasse in einen Spritzbeutel füllen und runde Tupfen oder längliche Spiralen auf das Blech spritzen.
5. Eigelb und Sahne verquirlen und die Herzoginkartoffeln (Pommes Duchesse) damit bestreichen.
6. Im heißen Backofen in etwa 5 bis 6 Minuten goldgelb backen.

Variationen

Den Kartoffelteig mit Safran oder mit feingeriebenem Käse verfeinern oder nach dem Bestreichen mit Eigelb-Sahne-Mischung mit Mandelblättchen bestreuen.

Kartoffelgulasch

(Ungarn)

800 g vorwiegend fest-
kochende Kartoffeln
3 Zwiebeln
je 1 rote, gelbe und grüne
Paprikaschote
3 EL Öl
30 g Butter
Salz, gemahlener Pfeffer
1 EL Paprika (edelsüß)
1 TL Rosenpaprika
1 TL Kümmel
1 TL gerebelter Majoran
1 feingehackte Knoblauch-
zehe
½ l Gemüsebrühe
2 Fleischtomaten
½ Bund Petersilie
saure Sahne nach
Geschmack

1. Kartoffeln schälen und waschen, Zwiebeln schälen. Die Paprikaschoten halbieren, die Stielansätze und die Trennwände entfernen. Alles in etwa 2 cm große Würfel schneiden.
2. Öl und Butter in einem Schmortopf erhitzen und die Kartoffel- und Gemüsewürfel darin anbraten. Mit Salz, Pfeffer, den beiden Paprikagewürzen, Kümmel, Majoran und Knoblauch würzen und kurz mit andünsten. Mit Gemüsebrühe aufgießen und zugedeckt bei schwacher Hitze etwa 30 Minuten köcheln lassen.
3. Tomaten blanchieren, häuten, halbieren und entkernen. Das Fruchtfleisch in Würfel schneiden und unter das Gulasch rühren. Bei starker Hitze offen etwas einkochen lassen. Zum Schluß die frisch gehackte Petersilie untermischen und nach Belieben mit saurer Sahne verfeinern.

Kerngesund mit Reis und Getreide

Reis ist nicht gleich Reis. Von den Hunderten von Reissorten weltweit sind immerhin fast zwei Dutzend bei uns im Handel. Asiens wichtigstes Volksnahrungsmittel hat Einzug in die feine Küche gehalten. Es gibt geschälten und ungeschälten, langkörnigen oder runden, weißen, roten, sogar schwarzen Reis. Jede Sorte besitzt ihre besonderen Kocheigenschaften und ihren eigenen Geschmack: Was für einen echten Risotto gebraucht wird, hat wiederum in der Paella nichts zu suchen. Von körnig-locker bis cremig-weich – die nächsten Seiten zeigen, welcher Reis zu welchem Rezept paßt.

Noch kerniger, aromatischer und vollwertiger ist das Kochen mit Getreide, also mit Grünkern, Dinkel, Hafer & Co. Die zahlreichen Rezepte folgen dem Motto: kerngesund mit Körnern.

Getreide aufs Korn genommen

Reissorten

Langkornreis (Parboiled)
Die länglichen Körner werden beim Kochen locker, körnig und schneeweiß.
Parboiled bezeichnet das Verfahren, bei dem die Vitamine und Mineralstoffe, die im äußeren Silberhäutchen stecken, in das Innere des Reiskorns gepreßt werden, so daß sie beim Polieren erhalten bleiben.

Langkorn-Naturreis
Sie sind enthülst, besitzen aber noch das wertvolle Silberhäutchen. Die Kochzeit ist länger als beim Parboiled-Reis, die Lagerzeit kürzer. Schmeckt leicht nussig.

Patna-Reis
Wird beim Garen schneeweiß, körnig und locker. Patna-Reis gibt es auch im Kochbeutel oder vorgegart und gefriergetrocknet als Schnellkochreis.

Basmati-Reis
Während des Kochens entwickelt sich ein zarter Duft, daher der Name Basmati, „der Duftende". Kommt aus Indien.

Duftreis
Sehr aromatisch ist auch der Duftreis aus Thailand, er entfaltet ein nussiges Aroma.

Rundkornreis (Milchreis)
Beim Kochen geben die Körner viel Stärke ab und sorgen so für ein breiiges Ergebnis. Rundkornreis gibt es geschält und ungeschält.

Klebreis
Beim Garen wird ein Teil der Stärke ins Kochwasser abgegeben. Deshalb kleben die Körner aneinander, und man kann sie gut mit Stäbchen fassen.

Risottoreissorten
In Italien wird Risottoreis nach Größe klassifiziert. Körner, die länger als 6,4 mm sind, werden als Fino, ganz besondere Qualitäten als Superfino gehandelt. Die meistverkaufte Sorte ist *Arborio*. Weitere Sorten sind *Volano*, *Carnaroli*, *Roma*. Reiskörner mit einer Kornlänge zwischen 5,2 bis 6,4 mm heißen Semifino. Am bekanntesten sind *Vialone nano*, *Lido*, *Cripto* oder *Padano*.
Es gibt auch einen Parboiled-Risottoreis, *Avorio* genannt, aber der echte Risottofan zieht die geschälten, weißen Reiskörner vor.

Wilder Reis
Die schwarzen Körner sind eigentlich keine Reissorte, sondern die Samen eines Wassergrases. Die Ernte ist mühsam, der Preis entsprechend hoch. Sie quellen um ein Vierfaches auf.

Getreidesorten

Amaranth
Eine der ältesten Kulturpflanzen der Inkas und Azteken. Die winzigen Körner werden beim Kochen leicht klebrig, deshalb kann man sie gut wie Polenta zubereiten.

Buchweizen
Es ist zwar botanisch betrachtet kein Getreide, wird aber in der Küche wie Getreide verwendet.

Bulgur
Kocht man Weizenkörner und schält und schrotet man sie anschließend, erhält man den grobkörnigen Bulgur.

Couscous
Der grobkörnige Grieß wird aus dem harten Durumweizen gewonnen. Gibt es auch in Instant-Form zu kaufen.

Gerste
Gerstenkörner, die nicht in Form von Malz zum Bierbrauen verwendet werden, kommen vorwiegend geschliffen, als Rollgerste in den Handel.

Grünkern
Die unreif geernteten und gedarrten Körner des Dinkels sind relativ weich und würzig.

Hafer
Als Flocken – von zart bis kernig – oder geschrotet als Grütze sind Haferkörner bei uns bekannt.

Hirse
Getreideart aus Afrika und Asien. Hirsekörner werden vorwiegend geschält oder als Flocken angeboten. Beim Kochen werden sie sehr weich, bleiben aber gut in Form.

Maiskörner
Man genießt die Körner entweder als Zutat für Salate und Gemüse oder als Popcorn. Zu Maismehl oder -grieß verarbeitet wird daraus Polenta. Gibt es auch als Instantprodukt.

Quinoa
Die angenehm schmeckenden Körner aus den Anden sind eiweißreich und vielseitig verwendbar, ähnlich wie Weizenkörner.

Roggen
Die gehaltvollen Körner werden vorwiegend zum Brotbacken und zur Whiskyherstellung verwendet. Sie schmecken auch gekeimt oder als Risotto.

Weizen
Fein- oder grobgemahlene Weizenkörner sind das wichtigste Brotgetreide.

Weich, aber mit Biß

Nichts ist so enttäuschend für die Köchin oder den Koch, als ein mit viel Liebe zubereitetes, aber zu weiches, breiiges Risotto, gleichgültig, ob man es aus Reis oder aus einer Getreidesorte zubereitet hat.

Noch so exakt angegebene Garzeiten sind kein Maßstab für ein exzellentes Risotto, die Garzeit hängt nämlich nicht nur von der Kornart ab, sondern auch vom Alter der Körner. Deshalb hilft nur eins: Immer wieder mal zwischendurch probieren.

Körner- und Reis-Einmaleins

Kaufen Sie nur Körner aus kontrolliertem Anbau, und achten Sie auf den Herkunftsnachweis. Nur dann ist garantiert, daß das Getreide sachgemäß gereinigt wurde. Ungereinigtes Getreide kann sogar kleine Steinchen enthalten, die das Ende Ihrer Getreidemühle bedeuten würden. Es ist auch nicht ausgeschlossen, daß sich giftiges Mutterkorn im Getreide befindet.

Ein sicherer Qualitätstest ist das Keimen: Einwandfreie und nicht hitzebehandelte Körner keimen zu 98 %.

Hirsekörner enthalten kein Gluten (Klebereiweiß). Das bedeutet, daß man mit Hirse alleine keine lockeren Backwaren herstellen kann. Die kleinen, nussig schmeckenden Körner eignen sich besser für Hirsotto, Aufläufe oder Füllungen.

Fast alle Getreidesorten sind „durstig", das heißt, sie müssen sich vor dem Garen oder Keimen mit Wasser vollsaugen. Wieviel Wasser nötig ist, hängt von der Getreideart ab: So braucht man für Buchweizen die 1,5fache, für Hafer die 1,8fache, für Dinkel und Grünkern die 2fache, für Weizen die 2,5fache und für Roggen die 3fache Wassermenge.

Einweichen macht die Körner nicht nur bekömmlicher, es verkürzt auch die Garzeit und schont somit die Vitamine.

Garzeiten von Reis:

Parboiled-Reis	15–20 Minuten
Rundkornreis in Milch gekocht	35–40 Minuten
Risotto	20–25 Minuten
Naturreis	35–40 Minuten
Wilder Reis	40–50 Minuten

Reiskörner quellen lassen

Wichtig für das Gelingen ist ein nicht allzu großer Topf. Wenn sich nämlich zuviel Dampf entwickelt, können die Körner ihn nicht gleichmäßig aufnehmen.

1. 2 Tassen Langkornreis und 4 Tassen Wasser: ideale Beilagenmenge für 4 Personen.

2. Reis in den Topf geben, mit der doppelten Wassermenge begießen.

Reiskörner kochen

Reis, aber auch Getreidekörner kann man wie Teigwaren in reichlich Salzwasser kochen. Damit die Reiskörner richtig locker werden, läßt man sie zum Schluß im heißen Backofen trocknen.

1. 200 g Parboiled-Reis, 1½ l Wasser und 1 EL Salz vorbereiten.

2. Wasser mit Salz zum Kochen bringen und die Reiskörner hineingeben.

Pilaw-Reis

Das Dünsten von Reis mit Aromastoffen im geschlossenen Topf liebt man vor allem im Orient. Am besten eignet sich Parboiled-Reis für diese Garmethode, da die Körner gut in Form bleiben.

1. Zwiebelwürfel in Öl oder Butter glasig dünsten.

2. Gemüsestreifen oder -würfel nach persönlichem Geschmack dazugeben.

Risotto

Um ein cremiges Risotto zuzubereiten, muß man nicht nur den richtigen Reis auswählen und ständig rühren, es erfordert auch ein wenig Fingerspitzengefühl. Probieren Sie zwischendurch die Bißfestigkeit und lassen Sie den fertigen Risotto keinesfalls zu lange stehen.

1. Zwiebelwürfel und Knoblauch in Butter glasig dünsten.

2. Risottoreis dazugeben und ebenfalls einige Minuten glasig dünsten.

Getreide garen

Getreidekörner sind nicht nur gesund, sie schmecken auch köstlich, wenn man sie richtig zubereitet. Um das wertvolle und schmackhafte Innenleben zu mobilisieren, muß man sie in reichlich Wasser einweichen.

1. Vor dem Einweichen die Körner in ein Sieb geben und gründlich abspülen.

2. Körner in der 3fachen Wassermenge, je nach Sorte, über Nacht einweichen.

3. Salzen, zum Kochen bringen und zugedeckt bei schwacher Hitze garen.

4. Basmati-Reis nach dem Aufkochen bei abgeschalteter Kochplatte quellen lassen.

5. Langkornreis wird bei schwacher Hitze in 20 Minuten gar. Abdampfen lassen.

6. Das Wasser muß völlig aufgesogen sein. Mit einer Gabel lockern.

3. Aufkochen lassen, die Hitze reduzieren und zugedeckt 20 Minuten quellen lassen.

4. Den Reis in ein Sieb abgießen und gründlich abtropfen lassen.

5. Auf ein Backblech geben und gleichmäßig darauf verteilen.

6. Mit Butterflöckchen belegen und im 100° C heißen Backofen trocknen lassen.

3. Den Reis hinzufügen und mit anrösten. Würzen und mit Gemüsebrühe aufgießen.

4. Aufkochen lassen und zugedeckt bei schwacher Hitze 20 Minuten quellen lassen.

5. Von der Kochplatte nehmen, Deckel abnehmen und abdampfen lassen.

6. Mit einer Gabel auflockern. Wer möchte, verfeinert den Reis mit Butterflöckchen.

3. Mit etwas Wein ablöschen und kochen lassen, bis die Flüssigkeit aufgesogen ist.

4. Mit einer Schöpfkelle heiße Gemüsebrühe dazugießen und einkochen lassen.

5. So fortfahren, bis die Körner weich sind, aber noch Biß haben.

6. Zum Schluß mit Butter und geriebenem Parmesan verfeinern.

3. Einweichwasser abgießen, mit der etwa 3fachen Menge Wasser zum Kochen bringen.

4. Je nach Getreidesorte 5 bis 15 Minuten sprudelnd kochen lassen.

5. Bei schwacher Hitze ausquellen lassen. Weizenkörner benötigen rund 40 Minuten.

6. Die Körner entweder in Butter schwenken oder weiterverarbeiten.

Reis auf italienisch

Ohne Zweifel ist es eine Kunst, Reis so zu kochen, daß die Körner einerseits fast zerschmelzen, andererseits bißfest sind. Manche Köche scheitern, vielleicht weil es ihnen an Geduld mangelt. Am besten schmeckt Risotto von einer italienischen Mama gekocht, die während der gesamten Garzeit von etwa 20 Minuten die Körner nicht aus den Augen läßt, immer wieder mal probiert und dann exakt zum richtigen Zeitpunkt serviert. Und wehe, es sitzen nicht alle am Tisch, wenn sie ruft: „Il risotto é pronto"!

Grundrezept Risotto

2 Schalotten

1 kleine Knoblauchzehe

60 g Butter

300 g Risottoreis

(z. B. Arborio oder Vialone)

ca. 100 ml Weißwein

ca. 800 ml heiße Gemüse-brühe, Salz

80 g frisch geriebener Parmesan

2 EL gehackte Petersilie

1. Alle Zutaten bereitstellen. Schalotten und Knoblauchzehe schälen, in kleine Würfel schneiden und in 40 g Butter glasig dünsten. Unter Rühren mit einem Kochlöffel die Reiskörner dazugeben und mit andünsten.
2. Mit Wein ablöschen und bei starker Hitze einkochen lassen. Anschließend die Körner erneut mit kochendheißer Brühe begießen und bei mittlerer Hitze köcheln lassen, bis die Flüssigkeit aufgesogen ist, erst dann wieder Brühe nachgießen. Dabei mit einem Kochlöffel umrühren.
3. Zum Schluß salzen, mit der restlichen Butter, Parmesan und Petersilie verfeinern und sofort servieren.

Risotto „Primavera"

250 g grüner Spargel

4 junge Möhren

100 g ausgepalte Erbsen

4 Frühlingszwiebeln

Salz

60 g Butter

300 g Risottoreis

100 ml trockener Weißwein

ca. 800 ml heiße Gemüse-brühe

2 EL frisch gehackte Frühlingskräuter (z. B. Petersilie, Basilikum, Schnittlauch und Kerbel)

50 g frisch geriebener Parmesan

1. Vom Spargel die Enden abschneiden und Möhren schälen. Die Erbsen kurz in Salzwasser blanchieren und eiskalt abschrecken. Frühlingszwiebeln putzen und in feine Ringe schneiden. Möhren und Spargel in kleine Stücke schneiden und in 20 g Butter andünsten.
2. Frühlingszwiebeln in 40 g Butter glasig dünsten und den Risotto wie im Grundrezept beschrieben zubereiten.
3. Nach etwa 10 Minuten das restliche Gemüse unter den Risotto mischen und gemeinsam fertiggaren.
4. Kurz vor Ende der Garzeit Kräuter und Käse untermischen und sofort servieren.

Zitronenrisotto

2 Schalotten

1 Knoblauchzehe

60 g Butter

300 g Risottoreis

gut 800 ml heiße Gemüse-brühe

Saft und Schale von 1 unbehandelten Zitrone

50 g frisch geriebener Parmesan

3–4 EL gehackte Petersilie

1. Risotto nach dem Grundrezept zubereiten.
2. Kurz vor Ende der Garzeit Zitronensaft, Zitronenschale, Parmesan und Petersilie untermischen.

Grünkernrisotto mit Tomaten

300 g Grünkern

600 ml Wasser

2 Schalotten

1 Knoblauchzehe

4 EL Olivenöl

100 ml Tomatensaft

ca. 800 ml heiße Gemüse-brühe

2 Fleischtomaten (gehäutet und in Würfel geschnitten)

2 EL grobgehackte, schwarze Oliven

80 g frisch geriebener Parmesan

20 g Butter

½ Bund Basilikum

1. Grünkern über Nacht ein-weichen. Schalotten und Knoblauch schälen, in Würfel schneiden und in Öl glasig dünsten.

2. Abgetropfte Grünkernkör-ner dazugeben und mit an-dünsten. Mit Tomatensaft ab-löschen, einkochen lassen und nach und nach die Brühe dazugießen. Zugedeckt bei schwacher Hitze etwa 20 bis 30 Minuten quellen lassen.

3. Kurz vor Ende der Garzeit die Tomaten und die Oliven unter den Risotto mischen.

4. Zum Schluß mit Käse, But-ter und feingeschnittenen Basilikumblättern verfeinern.

Buchweizenrisotto mit Pilzen

20 g getrocknete Steinpilze

200 ml Wasser

250 g gemischte Waldpilze

80 g Butter

Salz, gemahlener Pfeffer

2 Schalotten

1 Knoblauchzehe

300 g Buchweizenkörner

2 cl Portwein

1 TL frisch gehackte Thymianblätter

ca. 600 ml heiße Gemüse-brühe

60 g frisch geriebener Parmesan

2 EL gehackte Petersilie

1. Steinpilze in Wasser ein-weichen.

2. Waldpilze putzen, größere Pilze halbieren oder vierteln und in 30 g Butter anbraten. Würzen und beiseite stellen.

3. Buchweizenrisotto nach dem Grundrezept zubereiten. Dabei zuerst mit Portwein, dann mit dem durchgesieb-ten Pilzeinweichwasser auf-gießen. Eingeweichte Stein-pilze und Thymian hinzufügen und unter Rühren und Be-gießen mit Gemüsebrühe in etwa 20 Minuten fertig garen.

4. Kurz vor Ende der Garzeit die angebratenen Pilze, Par-mesan und Petersilie unter-mischen.

Spanien läßt grüßen

Paella ohne Fleisch und Fisch? Das ist auf jeden Fall einen Versuch wert. Mit erntefrischem, knackigem Gemüse zubereitet, vermißt garantiert kein Gourmet Fleisch- oder Fischbeigaben bei dieser Paella.

Gemüsepaella

3–4 Knoblauchzehen

2 Gemüsezwiebeln

je 1 rote, gelbe und grüne Paprikaschote

4 Fleischtomaten

4 kleine Artischocken

250 g grüne Bohnen

8 EL Olivenöl

300 g spanischer Rundkornreis oder Risottoreis

Salz, frisch gemahlener Pfeffer

½ TL gemahlener Safran

1 frisches Lorbeerblatt

2 Thymianzweige

knapp 1 l Gemüsebrühe

150 g Erbsen (tiefgekühlt)

1. Knoblauchzehen und Gemüsezwiebeln schälen, Paprikaschoten halbieren und Stielansätze sowie Trennwände entfernen. Fleischtomaten blanchieren, häuten, halbieren und entkernen. Alles in nicht zu kleine Würfel schneiden. Die Artischocken sorgfältig putzen und vierteln, von den Bohnen die Enden abknipsen und in Stücke schneiden. Den Backofen auf 180° C vorheizen.

2. Olivenöl in einer Paellapfanne oder einer anderen ofenfesten Pfanne erhitzen und die Zwiebel- und Knoblauchwürfel darin glasig dünsten. Den Reis dazugeben und mit andünsten. Dann das vorbereitete Gemüse untermischen und mit Salz, Pfeffer und Safran würzen. Die Kräuter dazugeben, mit etwa einem Drittel der Brühe aufgießen und etwa 10 Minuten köcheln lassen. Dann die restliche Brühe und die Erbsen hinzufügen und mit Alufolie bedeckt in etwa 15 Minuten im heißen Backofen fertiggaren.

Geheimnisse aus 1001 Nacht

Lassen Sie sich entführen in die Märchenwelt der Gewürze und Düfte des Orients. Das beste Beispiel für die Anpassungsfähigkeit und Vielseitigkeit der unscheinbaren weißen Reiskörner ist ein raffiniert gewürzter, süßlich-scharfer Pilaw.

Pilaw

3 Knoblauchzehen

2 Möhren

1 Bund Frühlingszwiebeln

1 mittelgroße Aubergine

3 kleine Zucchini

2 frische, rote Peperoni

6 getrocknete Aprikosen

4 EL Öl

30 g Butter

300 g Langkornreis (Parboiled)

Salz, frisch gemahlener Pfeffer

je 1 Msp gemahlener Kreuzkümmel, Zimt, Kardamom, Piment und Muskatblüte

Saft und Schale von 1 unbehandelten Orange

ca. 600 ml Gemüsebrühe

je 2 EL grobgehackte Pistazien und Mandeln, etwas Öl zum Anrösten

Außerdem:

ca. 200 g Vollmilchjoghurt

10–12 frische Minzeblätter

1. Knoblauch und Möhren schälen, die übrigen Gemüsesorten putzen und wie die Aprikosen in Würfel schneiden.

2. Öl und Butter in einem Bräter erhitzen und Gemüse und Aprikosen nacheinander darin anbraten. Den Reis dazugeben und mit andünsten. Gewürze, Orangensaft und Orangenschale dazugeben und mit Brühe aufgießen. Aufkochen lassen, dann bei schwacher Hitze zugedeckt in etwa 15 bis 20 Minuten ausquellen lassen.

3. Pistazien und Nüsse in wenig Öl rösten und den mit einer Gabel aufgelockerten Pilaw damit bestreuen.

4. Joghurt mit den gehackten Minzeblättern verrühren und dazu reichen.

Exotische Reispfanne

Zitronengras und Lauchjulienne in Öl braten und mit gekochtem Basmati-Reis und Sojasprossen vermischen. Gewürze wie Curry, Ingwer, Chili und Sojasauce unterstreichen die exotische Note. Mit gehacktem, frischem Koriandergrün und gerösteten Sesamsamen bestreut servieren.

Mexikanische Reispfanne

Zwiebeln, Knoblauch und rote Paprikaschoten in Würfel schneiden, in Öl braten und mit gekochtem Langkornreis und Maiskörnern aus der Dose vermischen. Mit Salz, Pfeffer, Kreuzkümmel, Paprika- und Chilipulver würzen.

Schnell und mit Pfiff

Einfachheit und Dauer der Zubereitung spielen für Kocheinsteiger und diejenigen, die zwar gerne gut essen, aber wenig Zeit zum Kochen haben, eine große Rolle.

Den Reis – am besten Langkornreis – vorher in Salzwasser kochen.
Noch schneller geht es, wenn Sie Schnellkochreis dafür verwenden.
Auch aus Reisresten kann man diese Pfannengerichte raffiniert zubereiten.
Die gewünschten Zutaten, wie Gemüse, Früchte oder Kräuter, klein schneiden und in einer Pfanne oder im Wok anbraten.
Nachdem alles gar ist, nur noch den gut abgetropften Reis untermischen. Nach Geschmack würzen, eventuell mit gerösteten Nüssen oder frisch gehackten Kräutern bestreuen. Gäste lassen sich mit dieser verführerischen Reispfanne selbstverständlich ebenso verwöhnen.
Experimentieren Sie ein wenig, denn Möglichkeiten zum Variieren gibt es genügend.

Mediterrane Reispfanne

Fenchelknollen und Möhren in hauchfeine Streifen schneiden, in Olivenöl dünsten und mit Orangensaft und -schale würzen. Mit körnig gekochtem Langkornreis und feinzerdrücktem Gorgonzola vermischen und mit gehacktem Fenchelkraut bestreuen.

Italienische Bestseller

Es vergeht für die genußfreudigen Norditaliener sicherlich keine Woche, in der nicht wenigstens einmal Polenta oder Gnocchi auf den Tisch kommen. Seit Christoph Kolumbus das Maismehl aus Amerika mit nach Europa brachte, zählt der berühmte Maisbrei in Venetien, Trentino, Friaul, Piemont und der Lombardei zu den Lieblingsspeisen. Geduldiges Rühren ist die Voraussetzung für gutes Gelingen. Es ist daher ein Zeichen ganz besonderer Wertschätzung, wenn die Hausfrau für ihre Gäste eine Polenta zubereitet.

Man ißt Polenta ähnlich wie Kartoffelbrei als Beilage oder abgekühlt in Scheiben geschnitten, gebraten, gegrillt oder gratiniert. Ähnlich zubereitet, wenn auch nicht ganz so zeit- und arbeitsintensiv, werden Gnocchi aus Weizengrieß.

Wichtig ist, daß man einen Hartweizengrieß nimmt, und den Brei vor dem Ausstechen und Überbacken gut abkühlen läßt. Grießgnocchi werden meistens gratiniert serviert.

So gelingt die Polenta garantiert

Wichtig ist ein hoher Topf, damit nichts vom kostbaren Brei über den Rand spritzt. Nehmen Sie einen Topf mit dickem Sandwichboden, der die Wärme gut leitet.

Zum Umrühren braucht die italienische Mama den „bastone", einen flachen Holzspatel mit langem Griff. Notfalls tut es auch ein langstieliger Holzkochlöffel.

Erst das Salzwasser zum Kochen bringen, dann unter Rühren langsam den Maisgrieß einlaufen lassen. Das Wasser sollte dabei leicht sprudelnd kochen, sonst bilden sich Klümpchen.

Dann rühren, rühren und nochmals rühren, bis sich am Topfboden ein heller Belag bildet und sich der Brei vom Topfrand löst.

Ist die Polenta zu fest, ein wenig kochendes Wasser dazugeben, ist sie zu weich, noch etwas Maisgrieß hinzufügen.

Gratinierte Polenta mit Radicchio

Für die Polenta:

1 l Wasser

Salz

250 g Maisgrieß

Außerdem:

2 Treviso-Radicchio

1 Knoblauchzehe

2 EL Olivenöl

4 EL Tomatenwürfel

6–8 Basilikumblätter

Salz, gemahlener Pfeffer

200 g Gorgonzola

1. In einem möglichst hohen Topf Wasser mit Salz zum Kochen bringen und unter Rühren mit einem Holzlöffel den Maisgrieß einlaufen lassen. Unter ständigem, kräftigem Rühren 35 bis 40 Minuten bei mittlerer Hitze köcheln lassen.

2. Den fertigen Brei etwa 2 cm dick auf ein nasses Holzbrett stürzen, glattstreichen und abkühlen lassen.

3. Radicchio putzen und in Streifen schneiden. Die ungeschälte Knoblauchzehe mit dem Olivenöl erhitzen und die Gemüsestreifen darin kurz anbraten. Tomatenwürfel und die in Streifen geschnittenen Basilikumblätter untermischen und mit Salz und Pfeffer würzen.

4. Den Grill vorheizen. Die Polenta in breite Streifen schneiden und die Gemüsemischung darauf verteilen.

5. Den Käse in Würfel schneiden und darübergeben. Unter dem heißen Grill wenige Minuten gratinieren.

Gratinierte Grießgnocchi

Für die Gnocchi:

¾ l Milch

Salz

frisch geriebene Muskatnuß

200 g Hartweizengrieß

2 Eigelb

150 g frisch geriebener Parmesan

Außerdem:

20 g Butter

Butter für die Form

1. Die Milch in einem möglichst hohen Topf mit Salz und Muskat zum Kochen bringen und den Grieß unter Rühren einrieseln lassen.

2. Unter ständigem Rühren in etwa 10 bis 15 Minuten ausquellen lassen.

3. Von der Kochplatte nehmen und sofort das Eigelb und 50 g Parmesan unterrühren. Kräftig durchrühren und auf einer tiefen, kalt abgespülten Platte verteilen. Die Oberfläche mit einer Palette glattstreichen. Abkühlen lassen.

4. Den Grill vorheizen.

5. Mit einem runden Ausstecher oder einem Glas Plätzchen ausstechen und diese dachziegelartig in eine ovale, gut gefettete Gratinform schichten. Mit dem restlichen Käse bestreuen und die Butter in kleinen Flocken darauf verteilen.

6. Unter dem heißen Grill in wenigen Minuten goldbraun gratinieren.

Tip

Gnocchi werden in Italien als Zwischengang, ähnlich wie Pasta, serviert. Mit Tomatensauce und Salat sind sie eine köstliche, sättigende Mahlzeit.

Klößchen und Nocken

Rund oder oval geformt, aus gequollenen Körnern oder Reis, aus Getreidegrütze oder -grieß, mit kleingeschnittenem Gemüse oder mit Käse – ein breites Spektrum für experimentierfreudige Hobbyköche.

Buchweizen-klößchen

½ l Gemüsebrühe

200 g Buchweizenmehl

50 g Buchweizengrütze

50 g Weizenmehl

1 EL Hartweizengrieß

2 Eier (Größe L)

1 Bund Petersilie

100 g geriebener Hartkäse
(z. B. Emmentaler)

Salz, gemahlener Pfeffer

abgeriebene Zitronenschale

1. Die Gemüsebrühe zum Kochen bringen und unter Rühren Buchweizenmehl und -grütze sowie Mehl und Grieß unterrühren. Unter kräftigem Rühren aufkochen lassen. Von der Kochstelle nehmen und zugedeckt etwa 30 Minuten ausquellen lassen.
2. Eier, gehackte Petersilie und Käse unter die abgekühlte Masse rühren. Mit den restlichen Zutaten würzen.
3. Zu kleinen Bällchen formen und in leicht siedendem Wasser 15 bis 20 Minuten garen.

Hirsenocken

50 g Butter

4 Eier (getrennt)

250 g Magerquark, Salz

1 Msp gemahlener Safran

200 g Hirseflocken

50 g gekochte Hirsekörner

Butter, Eigelb und Quark verrühren, würzen. Hirse unterrühren, quellen lassen. Eiweiß steif schlagen und darunterziehen. Aus der Masse Nocken formen. In 20 Minuten gar ziehen lassen.

Semmelklößchen

6 altbackene Brötchen
ca. ¼ l heiße Milch
1 Zwiebel, 20 g Butter
½ Bund Petersilie
2 Eier
Salz, gemahlener Pfeffer
frisch geriebene Muskatnuß

1. Brötchen in kleine Würfel oder dünne Scheiben schneiden und mit heißer Milch begießen. Etwa 15 Minuten stehen lassen.

2. Zwiebel schälen, in kleine Würfel schneiden und in Butter glasig dünsten. Petersilie fein hacken. Beides mit den Eiern unter die eingeweichten Brötchen rühren und erneut etwa 15 Minuten stehen lassen. Mit Salz, Pfeffer und Muskat würzen.

3. Zu kleinen Bällchen formen und in leicht siedendem Salzwasser in etwa 15 Minuten garen.

Grünkern-klößchen

½ l Gemüsebrühe
30 g Butter
150 g Grünkernmehl
50 g Grünkernschrot
1–2 EL Hartweizengrieß
3 Eier
Salz, gemahlener Pfeffer
frisch geriebene Muskatnuß
1 TL gehackter Thymian

1. Gemüsebrühe und Butter zum Kochen bringen, Mehl, Schrot und Grieß unterrühren und so lange bei mittlerer Hitze weiterrühren, bis sich die Masse als glatter Kloß vom Topfboden löst.

2. Von der Kochplatte nehmen und nach und nach die Eier darunterrühren. Würzen und etwa 30 Minuten quellen lassen.

3. Zu Klößchen oder Nocken formen und in leicht siedendem Salzwasser etwa 10 Minuten gar ziehen lassen.

Kerniges aus dem Ofen

Eine goldbraune Kruste, darunter eine saftige Mischung aus Gemüse, Körnern und Käse – das ist das Geschmacksgeheimnis eines Auflaufs. Früher verging keine Woche, in der nicht ein Auflauf – würzig oder süß – auf den Tisch kam. Im Zeitalter der schnellen Küche sind sie ein wenig in Vergessenheit geraten. Schade, denn die dampfenden Verlockungen aus dem Ofen schmecken köstlich und haben den Vorteil, daß man sie in aller Ruhe vorbereiten kann.
Überraschen Sie Ihre Gäste mal mit einem saftigen Auflauf. Lob und Anerkennung sind Ihnen gewiß.

Tip

Hirse ist das kleinste, dafür aber mineralstoffreichste aller Körner. In der Hauptsache sind es Magnesium, Kalzium, Eisen, Phosphor und Fluor, die das Minikorn so wertvoll machen. 50 g Hirse decken den Tagesbedarf an Eisen. Beachtlich ist auch der Gehalt an Kieselsäure: wichtig für gepflegte Haut und schöne Fingernägel.
Außerdem sind die kleinen Hirsekügelchen leichtbekömmlich, und sie schmecken sehr gut, auch wenn man kein leidenschaftlicher Körneresser ist.

Hirseauflauf mit Rosenkohl

2 EL Zwiebelwürfel
1 gehackte Knoblauchzehe
80 g Butter
200 g Hirsekörner
600 ml Gemüsebrühe
400 g möglichst kleine Rosenkohlröschen, Salz
frisch geriebene Muskatnuß
400 g Sahne
4 Eier
100 g geriebener Hartkäse (z. B. Emmentaler)
gemahlener weißer Pfeffer
Fett für die Form
2 EL Pinienkerne

1. Zwiebel und Knoblauch in 30 g Butter glasig dünsten. Die Hirsekörner in ein Sieb geben, heiß abwaschen und dazugeben. Kurz mit andünsten, mit Gemüsebrühe aufgießen und zum Kochen bringen. Zugedeckt bei schwacher Hitze in etwa 20 bis 25 Minuten ausquellen lassen. Dann etwas abkühlen lassen.
2. Von den Rosenkohlröschen die äußeren welken Blätter entfernen und den Strunk kreuzförmig einschneiden. In wenig kochendem Salzwasser bißfest kochen. In eiskaltem Wasser abschrecken und in 30 g zerlassener Butter schwenken. Mit Salz und Muskat würzen. Den Backofen auf 180° C vorheizen.
3. Sahne, Eier und Käse gründlich verquirlen, mit Salz, Pfeffer und Muskat würzen und unter die abgekühlten Hirsekörner mischen.
4. Die Masse in eine gefettete, nicht zu hohe Auflaufform füllen, die Oberfläche glattstreichen und die Rosenkohlröschen leicht in den weichen Hirsebrei drücken. Die Pinienkerne in den Zwischenräumen verteilen und mit der restlichen Butter in Flöckchen belegen. In etwa 20 Minuten goldbraun backen.

Reisauflauf mit Lauch und Pilzen

200 g Langkornreis (Parboiled)
Salz
2 mitteldicke Lauchstangen
400 g Egerlinge
2 EL Zwiebelwürfel
1 gehackte Knoblauchzehe
50 g Butter
1 EL frische Thymianblätter
250 g Sahnequark
4 Eigelb
frisch gemahlener Pfeffer
frisch geriebene Muskatnuß
abgeriebene Schale von 1 unbehandelten Zitrone
2 EL gehackte Petersilie
4 Eiweiß
Fett für die Form
3 EL Sonnenblumenkerne

1. Reis in Salzwasser kochen und gut abtropfen lassen.
2. Lauch putzen, waschen und in etwa 1 cm dicke Scheiben schneiden. In wenig kochendem Salzwasser blanchieren, dann eiskalt abschrecken und abtropfen lassen. Die Pilze putzen und vierteln. Zwiebelwürfel und Knoblauch in 30 g Butter glasig dünsten, Pilze und Thymian dazugeben und mit andünsten. Salzen und etwas abkühlen lassen. Backofen auf 180° C vorheizen.
3. Sahnequark und Eigelb verrühren, herzhaft würzen und Petersilie, Reis, Lauch sowie die Pilze untermischen. Eiweiß steif schlagen und locker und gleichmäßig unterziehen.
4. Die Masse in eine gut gefettete Auflaufform füllen, die Sonnenblumenkerne darüber verteilen und mit der restlichen Butter in Flöckchen belegen. Auf der mittleren Schiene des Backofens etwa 30 Minuten backen.

Hamburger aus vollem Korn

Gute Hamburger, Buletten, Frikadellen oder Pflanzerl müssen nicht mehr ausschließlich mit Fleisch gemacht sein. „Kornburger" sind in. Vermischt mit Gemüse oder Käse, verfeinert mit Kräutern und Gewürzen aus aller Welt sind die Zubereitungsmöglichkeiten unbegrenzt.

1. Grünkernbuletten

4 geputzte Frühlingszwiebeln, 1 geschälte Möhre und 1 geschälte Knoblauchzehe in kleine Würfel schneiden und in 30 g Butter glasig dünsten. 200 g mittelfein gemahlenes Grünkernmehl mit anschwitzen. Mit Salz und Pfeffer würzen und mit ½ l Gemüsebrühe aufgießen. Aufkochen lassen und bei schwacher Hitze in etwa 20 Minuten ausquellen lassen. Abgekühlt mit 2 Eigelb, 1 TL gehacktem Thymian und 50 g geriebenem Hartkäse vermischen. Zu Plätzchen formen, mit Eiweiß bestreichen und in Grünkerngrütze wenden. In heißer Butter goldbraun braten. Dazu paßt die grüne Sauce von Seite 95 sehr gut.

2. Grießlaibchen

¼ l Milch und 1 TL gekörnte Gemüsebrühe zum Kochen bringen und 75 g Hartweizengrieß unter Rühren einrieseln lassen. Unter weiterem Rühren bei schwacher Hitze in 10 Minuten ausquellen lassen. Von der Kochplatte nehmen und 1 Eigelb unterrühren. Einen kleinen Zucchino in sehr kleine Würfel schneiden und mit 1 gehackten Knoblauchzehe in 2 EL Olivenöl anbraten. Abgekühlt mit 1 EL frisch gehackten Oreganoblättern und 1 EL gehackten, schwarzen Oliven unter den Grießbrei rühren. Plätzchen daraus formen, mit Eiweiß bestreichen, in Sesam wenden und in Olivenöl goldbraun braten. Mit Tomatenstückchen anrichten.

3. Maisbratlinge

Eine Polenta nach dem Rezept auf Seite 166 zubereiten. 2 EL feingeschnittene Salbeiblätter und 3 EL gehackte, geschälte Mandeln in 20 g Butter anrösten, mit 2 Eigelb unter die lauwarme Polenta rühren. Abkühlen lassen, falls die Masse zu weich ist Weißbrotbrösel unterrühren. Zu Plätzchen formen und im heißen Olivenöl mit frischen Salbeiblättern braten.

4. Reisküchlein mit Curry

2 EL Zwiebelwürfel und 1 gehackte Knoblauchzehe in 20 g Butter andünsten. 250 g Risottoreis dazugeben und mit andünsten. Mit Curry, Ingwer, gehacktem Zitronengras, Chili, Salz und Pfeffer würzen und mit ½ l Gemüsebrühe aufgießen. Aufkochen lassen und zugedeckt bei schwacher Hitze etwa 20 Minuten ausquellen lassen. Nach dem Abkühlen 2 Eier und 30 bis 50 g Paniermehl unterrühren. Plätzchen daraus formen und in heißem Öl goldbraun braten.
Dazu: pfannengerührte Lauchstreifen mit Zitronensaft und Koriandergrün gewürzt.

5. Wildreisplätzchen mit Käse

2 mittelgroße Zucchini fein reiben. 80 g Roquefort zerdrücken und mit 1 gehackten Knoblauchzehe und 2 EL gehackter Petersilie unter 100 g Magerquark rühren. Die geraspelten Zucchini daruntermischen. Nach und nach abwechselnd 3 Eier und 200 g gekochte Wildreismischung unterrühren. Mit Salz und Pfeffer würzen. Öl in einer beschichteten Pfanne erhitzen und mit einem Eßlöffel etwas von der Reismasse abstechen. In das heiße Fett setzen, mit dem Löffelrücken flach drücken und auf jeder Seite 2 bis 3 Minuten braten. Mit Möhrengemüse servieren.

6. Roggenpüfferchen

100 g Mehl, etwas Salz, ⅛ l Milch, 10 g zerbröselte Hefe und 2 Eier zu einem glatten Teig verrühren. Zugedeckt etwa 30 Minuten gehen lassen.
2 EL gekeimte Roggenkörner, 2 EL Maiskörner aus der Dose und 1 EL gehackten Thymian und Rosmarin untermischen. Öl in einer Pfanne erhitzen. Mit einem Eßlöffel etwas vom Teig abstechen, in das heiße Fett setzen und auf jeder Seite 2 bis 3 Minuten braten. Man kann auch Metallringe in das heiße Fett stellen und den Teig einfüllen. Nachdem eine Seite goldbraun gebraten ist, den Ring entfernen und die zweite Seite braten. In Rauten geschnittene rote und gelbe Paprikaschoten in Olivenöl dünsten und die Plätzchen darauf anrichten.

Der Fladen, der die Welt eroberte

Ein dünner Brotfladen mit Tomatenstücken belegt, mit Olivenöl beträufelt und mit Oregano gewürzt – diese Urform der Pizza war lange Zeit das Hauptnahrungsmittel der Neapolitaner. 1889 wurde eine Pizza anläßlich des Besuches der Königin Margherita von Savoyen in Neapel zusätzlich mit frischem Büffelmozzarella und Basilikum belegt. Die Königin war begeistert, und die Pizza durfte sich mit ihrem Namen schmükken. Bis heute ist die Pizza Margherita bei aller Konkurrenz unübertroffen die Nummer 1.

Grundrezept Pizzateig

400 g Mehl
1 TL Salz
20 g Hefe
knapp 200 ml lauwarmes Wasser
2 EL Olivenöl
Maismehl für das Blech

1. Mehl mit Salz in eine Schüssel geben, in die Mitte eine Mulde drücken und die Hefe hineinbröckeln. Mit der Hälfte des Wassers verrühren, etwas Mehl darüberstäuben und 15 Minuten gehen lassen. Restliches Wasser und Öl dazugeben und am besten mit warmen Händen etwa 10 Minuten kneten, bis der Teig glatt ist und leicht glänzt. Zugedeckt an einem warmen Platz mindestens 30 Minuten gehen lassen.
2. Aus dem Teig vier Kugeln formen, zu runden Fladen (etwa 24 cm Durchmesser) ausrollen und dabei darauf achten, daß der Rand etwas dicker ist. Auf ein leicht mit Maismehl bestreutes Blech legen und beliebig belegen.
3. Auf der unteren Schiene des 220° C heißen Backofens 15 bis 20 Minuten backen.

Pizza Margherita

800 g vollreife Eiertomaten blanchieren, häuten und in kleine Würfel schneiden, oder eine Dose geschälte Tomaten auf einem Sieb abtropfen lassen und die Tomaten kleinschneiden. Mit Salz und Pfeffer würzen und auf den Pizzen verteilen. Mit 300 g in dünne Scheiben geschnittenem Mozzarella belegen und mit je einem Eßlöffel Olivenöl beträufeln. Im heißen Backofen etwa 10 Minuten backen. Von 1 Bund Basilikum die Blätter abzupfen und auf den Pizzen verteilen. Mit etwas Olivenöl beträufeln und in weiteren 10 Minuten fertigbacken.

Pizza mit Rucola, Tomaten und Gorgonzola

2 Bund Rucola waschen, trocknen und in breite Streifen schneiden. 1 große Dose Tomatenstücke auf einem Sieb etwas abtropfen lassen und die Pizzen damit belegen. Rucolastreifen darauf verteilen. 200 g Gorgonzola in kleine Stücke schneiden und auf die Pizza legen. Mit je 1 Eßlöffel Olivenöl beträufeln und im heißen Backofen backen.

Pizza mit Spinat und Ziegenkäse

500 g junge Spinatblätter in kochendem Salzwasser blanchieren, auf einem Sieb abtropfen lassen und auf den Pizzen verteilen. Mit Muskat und Knoblauch würzen. 200 g mittelalten gereiften Ziegenfrischkäse und 150 g Mozzarella in kleine Würfel schneiden und auf dem Spinat verteilen. 2 EL Walnußöl und 2 EL Olivenöl verrühren, darüberträufeln und im heißen Backofen backen.

Pizza mit Tomaten, Zucchini und Mozzarella

4 sehr kleine Zucchini in Scheiben schneiden. 1 große Dose Tomaten auf einem Sieb gut abtropfen lassen. Die Tomaten kleinschneiden, mit Salz und Pfeffer würzen und auf den Pizzen verteilen. Die Zucchinischeiben leicht überlappend darauf anrichten und mit 6 EL Olivenöl beträufeln. Mit Salz, Pfeffer und 1 EL frischen Thymianblättern bestreuen und mit 300 g Mozzarella, in dünne Scheiben geschnitten, belegen. Im heißen Backofen backen.

Herzhaft saftige Kuchen

Der Boden knusprig, der Belag saftig – so müssen Quiches oder Tartes sein. Der Untergrund kann Blätterteig, Mürbeteig, Hefeteig oder Quark-Öl-Teig sein. Zum Belegen eignet sich kleingeschnittenes Gemüse, am besten leicht gedünstet. Eine Mischung aus Eiern, Sahne und Käse sorgt dafür, daß die Kuchen auch saftig bleiben.
Entscheidet man sich für tiefgekühlte Blätterteigplatten, ist nach dem Auftauen alles nur noch Minutensache. Leidenschaftliche Hobbybäcker bereiten sich den Teig natürlich nach einem der nebenstehenden Rezepte selber zu.
Alle Meisterwerke aus dem Backofen kann man sowohl in einer runden Tarteform oder, wenn man die Menge verdoppelt, auf dem Backblech backen.
Zur Inspiration Ihrer kulinarischen Experimentierfreude finden Sie hier einige Teige und saftige Beläge.

Tip

Die Teige auf einer bemehlten Arbeitsfläche kreisförmig im Durchmesser von etwa 28 cm ausrollen und Boden und Rand einer gefetteten Tarteform mit 24 cm Durchmesser damit auskleiden.
Bäckt man die Tartes in Metallformen, wird der Boden viel knuspriger und weicht nicht so leicht durch wie in Porzellanformen.
Alle Tartes schmecken lauwarm am besten!

Teige für Quiche und Tarte

Die angegebenen Mengen reichen jeweils für eine Tarteform von 24 cm Durchmesser.

Mürbeteig

200 g Mehl
1 Prise Salz
100 g kalte Butter
2–4 EL Eiswasser

Mehl und Salz mit der in Stücke geschnittenen Butter zwischen den Fingern zerbröseln und dabei so viel Eiswasser hinzufügen, bis ein gut formbarer Teig entsteht. Mit Folie umhüllen und mindestens für 1 Stunde in den Kühlschrank legen.

Schmalzteig

200 g Mehl
1 Prise Salz
50 g zimmerwarmes Butterschmalz
3–5 EL lauwarmes Wasser

Mehl, Salz und Schmalz in eine Schüssel geben und mit den Knethaken eines Handrührgerätes rasch zu einem glatten geschmeidigen Teig verkneten, dabei so viel Wasser wie nötig hinzufügen. Mit den Händen kurz durchkneten und mit Folie umhüllt etwa 30 Minuten im Kühlschrank ruhen lassen.

Quark-Öl-Teig

125 g Magerquark
4 EL Öl
3 EL Milch
1 Ei (Größe S)
1 Prise Salz
250 g Mehl
2 TL Backpulver

Quark, Öl, Milch, Ei und Salz verrühren und nach und nach das Mehl und das Backpulver darunterrühren. Den Teig kurz durchkneten und sofort weiterverarbeiten.

Bunter Gemüsekuchen

Je 150 g von etwa 4 bis 5 verschiedenen Gemüsesorten je nach Jahreszeit. Jede Sorte putzen und in Butter andünsten. Abwechselnd kreisförmig in einer mit Teig ausgekleideten Tarteform anordnen. Mit einer Mischung aus ¼ l Sahne, 3 Eiern, 2 EL gehackten Kräutern, Salz und Pfeffer übergießen und im heißen Backofen bei 200° C in etwa 25 bis 30 Minuten backen.

Pilztarte

20 g getrocknete Steinpilze einweichen. 2 EL Zwiebelwürfel und 500 g Egerlinge in 60 g Butter andünsten, gut abgetropfte Steinpilze zugeben, kurz mit andünsten, salzen und pfeffern, mit Portwein ablöschen und einkochen lassen. Abgekühlt mit 3 bis 4 feingehackten Estragonblättern, 2 EL gehackter Petersilie, 200 g Sahne und 2 Eiern vermischen. Die Pilzmasse in eine mit Teig ausgekleidete Springform von 24 cm Durchmesser füllen und in etwa 30 Minuten bei 180° C goldbraun backen.

Lauchquiche

800 g Lauch putzen, waschen, in Scheiben schneiden und in 50 g Butter andünsten. Mit Salz, Pfeffer und Muskat würzen und mit 4 EL Weißwein ablöschen. 3 Eier und 200 g Sahne verquirlen, mit dem abgekühlten Gemüse vermischen und in die mit Teig ausgekleidete Form von 24 cm Durchmesser füllen. Im heißen Backofen etwa 30 Minuten backen.

Zwiebelkuchen

500 g Zwiebeln schälen und in feine Scheiben hobeln. In 40 g Butter glasig dünsten. Mit Salz, Pfeffer und Muskat würzen und abkühlen lassen. 200 g saure Sahne, 100 g Sahne, 3 Eier und 4 bis 5 EL Weißwein verquirlen und mit Salz, Pfeffer und zerstoßenem Kümmel würzen. Zwiebeln damit vermischen. Die Masse in eine mit Teig ausgekleidete Springform von 24 cm Durchmesser füllen und im 180° C heißen Backofen in 25 bis 30 Minuten goldbraun backen.

177

Zartknusprige Hülle – üppig gefüllt

Mehl und Wasser, ein wenig Öl, eventuell ein Ei – das sind die Zutaten für elastische Teige, die sich hauchdünn ausziehen lassen und dennoch so stabil sind, daß man sie herrlich füllen und aufrollen kann.

Im Unterschied zu anderen Teigen müssen Strudel-, Fillo- oder Wan-tan-Teige lange und intensiv geknetet werden. Dadurch wird das Klebereiweiß des Mehls mobilisiert, das für die gewünschte Elastizität sorgt. Vor dem Weiterverarbeiten brauchen alle drei Teige eine angemessene Ruhezeit zum Entspannen.

Wem das Kneten zu langwierig und das Ausziehen zu mühsam ist, der findet alle Teige als Fertigprodukt im Kühlregal, und Fillo- und Wan-tan-Teige auch tiefgekühlt.

Wirsingstrudel

Für den Strudelteig:
250 g doppelgriffiges Mehl (z. B. Wiener Grießler), Salz
1 EL Öl
1 Ei
6–8 EL lauwarmes Wasser
Für die Füllung:
800 g Wirsing (in Streifen geschnitten)
60 g Butter
1 EL Curry
1 TL Thymianblätter
Salz, gemahlener Pfeffer
Cayennepfeffer
200 ml Crème fraîche
2–3 EL Paniermehl
Außerdem:
1 Eigelb
2 EL Sahne

1. Mehl und Salz auf ein Backbrett geben, in die Mitte eine Mulde drücken und Öl und Ei hineingeben. Zuerst mit etwas Mehl verquirlen, dann das Wasser dazugießen und mit den Handballen so lange durchkneten, bis der Teig elastisch wird. Zu einer Kugel formen, eine angewärmte Schüssel darüberstülpen und 30 Minuten ruhen lassen.

2. Wirsing kurz blanchieren, eiskalt abschrecken und in 40 g heißer Butter andünsten. Würzen und abgekühlt mit Crème fraîche verrühren.

3. Den Teig hauchdünn zu einem Rechteck ausziehen, mit der restlichen, zerlassenen Butter bestreichen, mit Paniermehl bestreuen. Die Füllung darauf verteilen, aufrollen und mit Eigelb und Sahne bestrichen im 180° C heißen Backofen in 30 Minuten goldbraun backen.

Gemüsestrudel

Strudelteig (siehe Wirsingstrudel)
6 EL flüssige Butter
4–6 große Mangoldblätter (kurz blanchiert)
400 g Gemüse nach Wahl (in kleine Würfel geschnitten und blanchiert)
200 g Crème fraîche
3–4 EL gehackte Kräuter
100 g geriebener Hartkäse
Salz
frisch geriebene Muskatnuß

1. Strudelteig zubereiten und ausziehen.

2. Mit 2 EL Butter bestreichen. Mangoldblätter darauf verteilen. Gemüsewürfel mit Crème fraîche, Kräutern und Käse verrühren, würzen und auf dem Mangold verteilen. Aufrollen, mit restlicher Butter bestreichen und im Backofen bei 180° C 30 Minuten backen.

Frühlingsrollen

(Foto links)

Für den Wan-tan-Teig:
250 g doppelgriffiges Mehl
(z. B. Wiener Grießler), Salz
150 ml lauwarmes Wasser

Für die Füllung:
2 große Möhren
1 kleiner Chinakohl
4 Frühlingszwiebeln
200 g Shiitake-Pilze
3 EL Sesamöl
2 EL Reiswein
4 EL Sojasauce
200 g Sojabohnenkeimlinge
Salz, gemahlener Pfeffer
Chilipulver
1 EL geriebener Ingwer
1 EL gehacktes Koriander-
grün
2 EL geröstete Sesamsamen

Außerdem:
1 Eiweiß
Öl zum Fritieren

1. Mehl, Wasser und Salz zu einem elastischen Teig verkneten. In ein feuchtes Tuch gehüllt 2 Stunden kalt stellen. Dann hauchdünn ausrollen und in 8 Rechtecke teilen.
2. Möhren schälen und wie den Chinakohl in feine Streifen schneiden. Geputzte Frühlingszwiebeln und Pilze in feine Scheiben schneiden.
3. Sesamöl erhitzen und die Gemüse darin andünsten. Mit Reiswein und Sojasauce aufgießen, einkochen lassen und die Keimlinge untermischen. Würzen und Koriandergrün und Sesamsamen untermischen.
4. Die Füllung auf den Rechtecken verteilen, die beiden Längsseiten etwas einschlagen und von der Schmalseite her aufrollen. Die Ränder mit Eiweiß bestreichen und gut festdrücken.
5. Im heißen Öl portionsweise etwa 8 Minuten fritieren.

Tiropeta

(Foto rechts)

Für den Fillo-Teig:
280 g doppelgriffiges Mehl
(Wiener Grießler), Salz
2 Eier, 3 EL Öl
ca. 1/8 l lauwarmes Wasser

Für die Füllung:
300 g Blattspinat (tiefgekühlt)
3 EL Zwiebelwürfel
250 g Fetakäse (gerieben)
1 EL gehackter Dill
2 EL gehackte Petersilie
Salz, 4 EL flüssige Butter

1. Teig zubereiten, ruhen lassen und 4 dünne Teigblätter in Größe einer rechteckigen Backform ausschneiden.
2. 2 Teigblätter hineinlegen, mit 2 EL Butter bestreichen, die Füllung darauf geben und mit zwei Blättern bedecken. Mit Butter bestreichen und im 180° C heißen Backofen etwa 30 Minuten backen.

Tip

Mit Fertigteigen werden aus all diesen Rezepten echte Schnellgerichte, die man sowohl als Hauptgericht wie auch als kleinen Snack für Partys oder zum Aperitif servieren kann.

Nimmt man tiefgekühlte Teige, müssen diese vorher bei Raumtemperatur vollständig auftauen, sonst werden sie brüchig und lassen sich nicht formen.

Selbstgemachte Teige rollt man nach einer angemessenen Ruhezeit (1 bis 2 Stunden) am besten auf einem Küchentuch hauchdünn aus. Noch dünner werden die Teige, wenn man mit bemehlten Händen unter den Teig greift und über die Handrücken vorsichtig nach außen zieht.

Ob man die Teigblätter zu Strudel aufrollt, Taschen oder Dreiecke daraus formt oder eine griechische Tiropeta daraus zubereitet: Die Teigblätter immer mit etwas flüssiger Butter oder Öl bestreichen, bevor die Füllung darauf kommt.

Die gefüllten Teigblätter kann man entweder im heißen Backofen goldbraun backen, im heißen Öl fritieren oder über Dampf gar werden lassen.

Couscous mit Gemüseallerlei

(Arabien)

400 g Couscous
700 ml Wasser
20 g Butter
2 kleine Zucchini
1 kleine Aubergine
1 rote und gelbe Paprika-
schote, 4 EL Öl
350 g gekochte Kicher-
erbsen (aus der Dose)
1 EL Chilisauce
Salz, gemahlener Pfeffer
80 g Mandeln
2 Becher Sahnejoghurt

1. Couscous in eine Schüssel geben, einige Eßlöffel Wasser darübergießen und dabei mit einer Gabel auflockern. Die Körner sollen gleichmäßig feucht sein. Zudeckt 30 Minuten quellen lassen.
2. Erneut mit der Gabel auflockern. Das restliche Wasser in einen breiten Topf gießen, den Couscous hineingeben und pyramidenförmig aufschichten. Mit Butter in kleinen Flocken belegen. Den Deckel mit einem Küchentuch umhüllen und den Topf damit verschließen. Bei schwächster Hitze etwa 1 Stunde dämpfen.
3. Geputzte und gewaschene Zucchini, Aubergine und Paprikaschoten in kleine Würfel schneiden. In 3 EL Öl unter Rühren anbraten, die Kichererbsen dazugeben und mit Chilisauce, Salz und Pfeffer würzen und garen lassen.
4. Mandeln grob hacken und im restlichen Öl rösten.
5. Das Gemüse in die Mitte einer Platte häufen, Couscous rundherum verteilen, mit Mandeln bestreuen und den glattgerührten Joghurt getrennt dazu reichen.

Tortilla mit Guacamole

(Mexiko)

Für die Tortillas:
300 g Mehl
100 g Weizenvollkornmehl
(sehr fein gemahlen)
5–6 EL Öl, Salz
etwa ¼ l lauwarmes Wasser
Für das Guacamole:
4 reife Avocados
2 gehackte Knoblauchzehen
2 EL Zwiebelwürfel
2 EL Zitronensaft
Salz, gemahlener Pfeffer
Cayennepfeffer
3 EL Tomatenwürfel
½ Bund Schnittlauch
Außerdem:
200 g geriebener Fetakäse

1. Mehlsorten mit Öl, Salz und Wasser zu einem Teig verarbeiten. Mit den Händen so lange kneten, bis der Teig geschmeidig ist. 30 Minuten zugedeckt ruhen lassen.
2. Eine Gußeisenpfanne trocken erhitzen und kleine dünne Teigfladen darin bei mittlerer Hitze auf beiden Seiten so lange braten, bis sie braune Pünktchen bekommen. In einem Tuch warm halten, bis alle fertig gebacken sind.
3. Für das Guacamole die Avocados halbieren, entkernen und schälen. Das Fruchtfleisch mit einer Gabel fein zerdrücken und Knoblauch und Zwiebelwürfel unterrühren. Mit Zitronensaft, Salz, Pfeffer und Cayennepfeffer würzen. Zum Schluß die Tomatenwürfel und den feingeschnittenen Schnittlauch untermischen.
4. Die Tortillas mit Käse bestreuen, zusammenklappen und in der Pfanne erwärmen. Auseinanderklappen und mit Guacamole füllen.

Risi e Bisi Reis mit Erbsen

(Italien/Venetien)

1 Zwiebel
80 g Butter
400 g frisch gepalte, junge Erbsen
100 ml trockener Weißwein
ca. ¾ l Gemüsebrühe
250 g Risottoreis
(z. B. Vialone oder Arborio)
Salz, gemahlener Pfeffer
80 g frisch geriebener Parmesan
2 EL gehackte Petersilie

1. Zwiebel schälen, in kleine Würfel schneiden und in 30 Butter glasig dünsten. Die Erbsen dazugeben und kurz mit andünsten. Mit Wein ablöschen und etwa 5 Minute köcheln lassen.
2. Mit der heißen Gemüsebrühe aufgießen, aufkoche lassen und den Reis einstreuen. Salzen und pfeffern und unter gelegentlichem Rühre in etwa 20 Minuten ausquellen lassen.
3. Die restliche Butter, die Hälfte des Parmesans und die feingehackte Petersilie unterrühren.
4. Sofort in Suppenteller füllen und den restlichen Parmesan getrennt dazu reichen.

Bündner Gerstensuppe

(Schweiz)

100 g Gerstenkörner
1 Lauchstange
2 Möhren
½ kleine Sellerieknolle
4 Wirsingblätter
50 g Butter
1 ½ l Gemüsebrühe
Salz, gemahlener Pfeffer
⅛ l Sahne
frisch geriebene Muskatnuß
3 EL gehackte Frühlings-
kräuter (z. B. Petersilie,
Kerbel, Dill, Basilikum und
Schnittlauch)
3 EL Tomatenwürfel

1. Gerstenkörner über Nacht
in kaltem Wasser einweichen.
2. Die Gemüsesorten waschen und putzen. Lauch in
feine Scheiben, Möhren und
Sellerie in kleine Würfel und
die Wirsingblätter in feine
Streifen schneiden.
3. Die Butter in einem
Kochtopf aufschäumen las-
sen und das Gemüse darin
andünsten. Die abgetropften
Körner dazugeben und mit
andünsten. Mit Gemüsebrü-
he aufgießen und mit Salz
und Pfeffer würzen. Aufkochen lassen und bei schwacher Hitze in etwa 1 Stunde
garen.
4. Sahne steif schlagen, mit
Salz und Muskat würzen und
die Kräuter untermischen.
5. Sobald die Körner weich
sind, die Kräutersahne und
die Tomatenwürfel unter die
Suppe ziehen und sofort servieren.

Hirsotto mit Gemüse

(Deutschland)

250 g Pfifferlinge
2 Möhren
2 Petersilienwurzeln
2 Selleriestangen
80 g Butter
200 g Hirsekörner
Salz, gemahlener Pfeffer
abgeriebene, unbehandelte
Schale von ½ Zitrone
½ l Gemüsebrühe
6–8 Minzeblätter
½ Bund Petersilie

1. Pilze und Gemüse putzen
und waschen. Pfifferlinge vierteln, Möhren und Petersi-
lienwurzeln in Würfel und die
Selleriestangen in Scheiben
schneiden.
2. 50 g Butter aufschäumen
lassen und Pilze und Gemüse
darin andünsten. Die Hir-
sekörner darüberstreuen und
mit andünsten. Mit Salz, Pfeffer und Zitronenschale würzen und mit Gemüsebrühe
aufgießen. Aufkochen lassen
und bei schwacher Hitze in
etwa 25 Minuten ausquellen
lassen.
3. Die Minze in feine Streifen
schneiden, die Petersilie fein
hacken und beides auf das
Hirsotto geben. Restliche
Butter in kleinen Flocken darunterziehen.

Kastanienfladen mit Pinienkernen

(Italien/Toskana)

200 g Kastanienmehl
100 g Weizenmehl
20 g frische Hefe
ca. 200 ml lauwarmes
Wasser
1 Prise Zucker, Salz
6 EL Olivenöl
100 g Pinienkerne
2 EL frische Rosmarinnadeln
grobes Meersalz

1. Die Mehlsorten in einer
Schüssel vermischen. In die
Mitte eine Mulde drücken und
die Hefe hineinbröckeln. Mit
etwas lauwarmem Wasser
verrühren, mit Zucker be-
streuen und 15 Minuten auf-
gehen lassen.
2. Salz und 3 EL Olivenöl dazugeben und zu einem ge-
schmeidigen Teig verkneten.
Zugedeckt an einem warmen
Platz 30 bis 40 Minuten auf-
gehen lassen.
3. Den Backofen auf 220° C
vorheizen. Die Hälfte der Pinienkerne in einer Pfanne
ohne Fett goldbraun rösten.
Nach dem Abkühlen grob
hacken.
4. Den Teig noch einmal kurz
durchkneten, dabei die gerösteten, gehackten Pinienkerne und 1 EL gehackte Ros-
marinnadeln untermischen.
5. Den Teig auf ein geöltes
Backblech geben und mit
den Fingerkuppen in Form
drücken. Mit restlichem Olivenöl bepinseln und mit den
restlichen Pinienkernen und
Rosmarinnadeln sowie Salz
bestreuen.
6. Im heißen Backofen in etwa 15 bis 20 Minuten goldbraun backen.
Dazu passen Ziegenfrisch-
käse und Akazienhonig.

Nudeln – wer kann da schon widerstehen?

Mögen die Asiaten auch die Erfinder der Nudeln gewesen sein, einen verführerischen Gaumenschmaus haben die Italiener daraus gemacht. Faszinierend ist nicht nur die Vielfalt der italienischen Pastasorten, sondern vor allem das breite, abwechslungsreiche Spektrum an Zubereitungsarten. Dabei benötigt man nur ganz wenige Zutaten: Bestes Olivenöl, sonnenverwöhntes Gemüse, aromatische Kräuter und würziger Käse – immer unterschiedlich kombiniert und arrangiert, mit bißfest gekochter Pasta vermischt, das ist das Geheimnis der italienischen Pastaküche. Neben köstlichen italienischen Pastarezepten finden Sie auf den folgenden Seiten auch zahlreiche Anregungen aus der fernöstlichen Nudelküche und nicht zuletzt die herzhaften, schwäbischen Nudelspezialitäten: Maultaschen und Spätzle.

Grenzenlose Vielfalt

Wie viele Nudelsorten es tatsächlich gibt, weiß niemand genau. Eines steht jedoch fest: Das Nudelparadies ist unangefochten Italien. Es gibt dort nicht nur das größte Angebot an Pasta secca (Teigwaren aus Hartweizengrieß) und Pasta all' uovo (Eierteigwaren), die Italiener liefern auch die meisten Anregungen, wie man daraus traumhafte, kulinarische Highlights zaubert.

Italienische Pastasorten

Spaghetti
Die berühmteste Pasta gibt es in unterschiedlichen Längen und Durchmessern und in verschiedenen Farben.

Trennette
Sie sehen ähnlich aus wie Spaghetti, sind allerdings flachgedrückt.

Tagliatelle, Pappardelle und Fettuccine
Die Bandnudelsorten unterscheiden sich nur durch die unterschiedliche Breite.

Farfalle
Die wie Schmetterlinge aussehende Pasta gibt es in unterschiedlichen Größen.

Conchiglie
Die muschelähnlichen Nudeln nehmen viel Sauce auf und eignen sich außerdem gut zum Füllen.

Fusilli
Die wie Korkenzieher aussehenden Teigwaren sind ideal für cremige Saucen.

Ruote
Die attraktiven „Rädchennudeln" gibt es in verschiedenen Größen.

Maccheroni
Die röhrchenförmige Nudel war eine der ersten Pastasorten aus Italien, die vor allem Kinder begeisterte.

Penne
Die röhrchenförmige Pasta mit den schrägen Enden ist sehr beliebt. Es gibt sie in unterschiedlichen Längen.

Rigatoni
Sie haben einen größeren Durchmesser als Penne. Die Enden sind gerade abgeschnitten.

Orecchiette
Die Öhrchennudeln sind eine Spezialität aus Apulien.

Nudelherzen
Sie sind eine relativ neue Nudelform, die meist bunt gemischt in rot, grün und gelb angeboten wird.

Lasagneblätter
Fertige Lasagneblätter erleichtern die Herstellung des Nudelklassikers. Es gibt sie auch grün gefärbt.

Cannelloni
Das gleiche gilt für die vorgefertigten Nudelrollen.

Asiatische Nudeln

Chuka Soba
Diese dünnen japanischen Teigwaren werden spiralförmig aneinandergepreßt in kleinen Päckchen angeboten. Man muß sie nur einmal aufkochen und kurz ausquellen lassen.

Japanische Weizennudeln
In der Form ähneln sie Spaghetti, sie sind jedoch fast weiß. Diese Nudeln werden aus einer Mischung aus Buchweizen-, Weizen- und Yamswurzelmehl gemacht.

Vollkornnudeln

Teigwaren aus Maismehl sind schneeweiß und neutral im Geschmack. Da Maismehl kein Gluten (Klebereiweiß) enthält, sind diese Nudeln für alle geeignet, die sich glutenfrei ernähren müssen.
Außerdem gibt es Teigwaren aus Dinkel-, Grünkern-, Roggen- oder Buchweizenmehl in unterschiedlichsten Formen. Damit sie besser in Form bleiben, wird vielen Vollkornnudeln Hartweizengrieß untergemischt.

So gelingen Nudeln und Spätzle

Nur mit Mehl von bester Qualität lohnt sich die Mühe, Nudeln selbst herzustellen. Am besten nimmt man italienisches Mehl wie „Farina di semola fine" oder „Farina bianca 00" (bekommt man in italienischen Feinkostläden) oder ein anderes griffiges Mehl, wie Dunst, auch als Wiener Grießler bekannt. Wer gerne kernige Nudeln mag, mischt Hartweizengrieß mit Weizenmehl (Type 405). Grobkörniges Salz ergibt weiße Pünktchen im Teig, feinkörniges hinterläßt kaum Spuren.

Die Möglichkeiten, Nudelteig zu formen, sind vielfältig. Immer aber muß der Teig möglichst dünn ausgerollt werden. Das machte die italienische Mamma früher natürlich mit Hilfe des Nudelholzes und ihrer Muskelkraft. Heute überläßt selbst im Land der Pasta die Hausfrau das Ausrollen immer öfter der Nudelmaschine.

Damit die Pasta auch al dente (bißfest) auf den Tisch kommt, sind nicht nur eine exakte Garzeit, sondern auch reichlich Wasser nötig. Man rechnet etwa 1 l Wasser pro 100 g Teigwaren und 1 leicht gehäuften EL Salz pro Liter Wasser. Bei größeren Teigplatten verhindert etwas Öl im Kochwasser das Aneinanderkleben. Bei getrockneten Nudeln ist das nicht nötig.

Was für Italiener die hausgemachte Pasta fresca ist, sind für Schwaben die Spätzle. Die Zutaten sind zwar gleich, aber der Spätzleteig ist weicher und geschmeidiger. Er wird deshalb nicht geknetet, sondern vom Brett oder mit dem Spätzlehobel ins Kochwasser geschabt.

Nudelteig zubereiten

300 g Dunst oder
150 g Mehl (Type 405) und
150 g Hartweizengrieß
½ TL Salz
3 frische Eier (Größe XL)
1 EL Öl

Nudelteig in Form bringen

Entweder mit der Kraft der Oberarme oder einer Nudelmaschine.

Nudeln kochen

Nur bei selbstgemachten Nudelplatten für Lasagne oder Cannelloni ist das Hinzufügen von Öl in das Kochwasser nötig, um ein Aneinanderkleben zu verhindern.

Spätzle zubereiten

500 g Mehl
1 TL Salz
6 Eier
ca. 100 ml Wasser

Kräuternudeln zubereiten

Optisch und geschmacklich verfeinern kann man Nudelteig, indem man hübsche Blüten- oder Kräuterblätter, wie Basilikum-, Dill- oder Brennesselblätter, in den Teig einarbeitet.

1. Dunst oder 150 g Mehl und 150 g Hartweizengrieß und das Salz auf ein Brett häufen.

2. In die Mitte eine Mulde drücken und Eier und Öl hineingeben.

1. Die Teigkugel von der Mitte aus auf einem bemehlten Backbrett ausrollen.

2. Beim Ausrollen mit der Nudelmaschine die Walzenstärke von Mal zu Mal verringern.

1. In einem großen Topf pro 100 g Pasta 1 Liter Wasser zum Kochen bringen.

2. Pro Liter Wasser 1 leicht gehäuften EL Salz zufügen und die Pasta hineingeben.

1. Mehl und Salz in einer Schüssel vermischen, Eier und Wasser dazugeben.

2. Mit dem Kochlöffel so lange schlagen, bis ein zähflüssiger Teig entsteht.

1. Den fertigen Nudelteig portionsweise durch die Nudelmaschine laufen lassen.

2. Teig mit Kräutern belegen, zusammenklappen und durch die Maschine laufen lassen.

3. Eier mit etwas Mehl verquirlen und, falls nötig, etwas Wasser zugeben.

4. Mit den Handballen so lange durchkneten, bis ein glatter, formbarer Teig entsteht.

5. Der Teig ist optimal, wenn er sich vom Holzbrett löst und die Oberfläche glänzt.

6. Zu einer Kugel formen, mit einem Tuch bedecken und ca. 30 Minuten ruhen lassen.

3. Die Teigstreifen leicht bemehlt nebeneinanderlegen und kurz antrocknen lassen.

4. Mit dem entsprechenden Vorsatz den Teig in schmale oder breite Nudeln schneiden.

5. Für gefüllte Nudeln die Teigplatte zur Hälfte belegen, die zweite Hälfte darüberschlagen.

6. Teig um die Füllungen andrücken, viereckig ausschneiden oder rund ausstechen.

3. Mit einer Holzgabel umrühren, damit die Teigwaren nicht aneinander kleben.

4. Die angegebenen Garzeiten auf den Packungen beachten und Garproben machen.

5. Sobald die Nudeln al dente sind, in ein Sieb abgießen und abtropfen lassen.

6. Nudeln sofort mit der gewünschten Sauce mischen oder in Butter schwenken.

3. Weiterschlagen, bis der Teig Blasen wirft, leicht glänzt und sich vom Schüsselboden löst.

4. Wenig Teig auf ein Spätzlebrett geben. Mit dem Messer ins kochende Wasser schaben.

5. Einfacher geht es mit dem Spätzlehobel: Teig einfüllen und in das Kochwasser hobeln.

6. Sobald die Spätzle oben schwimmen, herausheben und kalt abschrecken.

3. Die Teigplatten entweder in Streifen oder in Rechtecke schneiden.

4. Die Nudelstreifen in reichlich kochendem Salzwasser in wenigen Minuten bißfest kochen.

5. Herausheben, abtropfen lassen und in aufgeschäumter Butter schwenken.

6. Die Nudeln so auf den Tellern anrichten, daß man die Kräuter gut sehen kann.

Buntes, aromatisches Nudel- vergnügen

Das Angebot an fertigen Teigwaren ist zwar riesig, selbstgemacht schmecken sie jedoch am besten.

Ob man nun klassische Eiernudeln, kernige Vollkornnudeln oder mit Kräutern, Gewürzen, Tomatenmark, Rote-Bete-Saft oder feingehackten Pilzen aromatisierte Nudeln bevorzugt, die Zubereitung bleibt gleich:

Mehl auf ein Backbrett häufen, in die Mitte eine Mulde drücken und Eier, Salz, die gewünschten Geschmackszutaten, wie zum Beispiel gemahlene, getrocknete Steinpilze, Safran, Tomatenmark, feingehackte Kräuter, Sepiatinte, Rote-Bete-Saft oder Trüffelöl und, falls nötig, etwas Wasser dazugeben. Mit einer Gabel die Eiermischung mit etwas Mehl verquirlen und alles mit möglichst warmen Handballen rasch zu einem glatten Teig verkneten. Den Teig zu einer Kugel formen und mit Frischhaltefolie umhüllt mindestens 30 Minuten ruhen lassen. Dadurch entspannt sich der Teig wieder und läßt sich einfacher weiterverarbeiten.

Das Ausrollen des Nudelteiges geschieht entweder von Hand mit einem stabilen Nudelholz, oder man verfügt über eine gut funktionierende Nudelmaschine. Wer wenig Zeit hat oder nicht allzu muskulös ist, sollte sich diese Maschine anschaffen, nicht zuletzt deshalb, weil man damit die Teigstreifen besonders gleichmäßig ausrollen kann.

Ideen, wie man selbstgemachten Nudelteig verfeinern kann, gibt es genügend: Im folgenden ein paar Anregungen.

Steinpilznudeln

15 g getrocknete, feingemahlene Steinpilze
200 g sehr fein gemahlener Grünkern
100 g Weizenmehl (Type 405)
½ TL Salz
4 Eier
1 EL Öl, am besten Steinpilzöl
2–4 EL Wasser

Grüne Nudeln

250 g pürierter Spinat (tiefgekühlt)
400 g Weizenmehl (Type 405)
50 g feiner Hartweizengrieß
½ TL Salz
2 Eier

Safrannudeln

1 kräftige Msp gemahlener Safran
1 EL warmes Wasser
4 Eigelb
2 Eier
350 g Weizenmehl (Type 405)
½ TL Salz

Tomatennudeln

2 EL passierte Tomaten

1 EL Tomatenmark

*½ Knoblauchzehe (fein-
gerieben)*

3 Eier

1 EL Olivenöl

300 g Weizenmehl (Type 405)

50 g feiner Hartweizengrieß

½ TL Salz

Schwarze Nudeln

2 EL Olivenöl

*1 EL Sepiatinte (bekommt
man im Fischfachgeschäft
und Feinkostladen)*

3 Eier

300 g Weizenmehl (Type 405)

50 g feiner Hartweizengrieß

½ TL Salz

Basilikumnudeln

*10 g feingehackte Basilikum-
blätter*

2 EL Basilico-Öl

3 Eier

300 g Weizenmehl (Type 405)

½ TL Salz

Tip

Alle verwendeten Zutaten
sollten Zimmertemperatur haben. In punkto „Salz im
Nudelteig" gehen die Meinungen der Nudelfans auseinander. Die einen finden gesalze-
nen Nudelteig geschmacklich
besser, die anderen stören
sich an den kleinen Salz-
kristallen im Teig. Probieren
Sie einfach selbst aus, wie Sie
den Teig lieber mögen.

Meisterwerke aus der Pastaküche

Tortellini, Tortelloni, Cappelletti, Agnolotti, Ravioli, Schlutzkrapfen oder Maultaschen – alle sind handgemacht ein unwiderstehlicher Gaumenschmaus.
Ein selbstgemachter Eiernudelteig (siehe Seite 188/189), eine Portion Phantasie und eine Prise Geduld sind die Hauptsache für gefüllte Teigtaschen. Und die Mühe wird sich lohnen.

1. Bunte Gemüsefüllung

Je 2 EL Gemüsewürfel von Zucchini, roter Paprika, Möhre und Stangensellerie sowie 2 EL ausgepalte Erbsen in 30 g Butter andünsten. Salzen und abkühlen lassen. 200 g Ziegenfrischkäse und 1 Eigelb verrühren. Mit 40 g frisch geriebenem Parmesan und 2 EL feingeschnittenen Basilikumblättern unter das abgekühlte Gemüse mischen.

2. Auberginenfüllung

1 große Aubergine und 1 rote Paprikaschote in kleine Würfel schneiden. 5 EL Olivenöl erhitzen und die Auberginenwürfel mit 1 feingehackten Knoblauchzehe darin anbraten. Paprika dazugeben und mit anbraten. Mit Salz, Pfeffer und Thymian würzen und abkühlen lassen. Zwei Drittel der Mischung mit 100 g Ricotta im Mixer pürieren, die restlichen Gemüsewürfel und 50 g geriebenen Pecorino untermischen. Auberginenfüllung 30 Minuten durchziehen lassen.

3. Spinatfüllung

500 g frische Spinatblätter kurz blanchieren, gut ausdrücken und fein hacken. 1 Zwiebel und 1 Knoblauchzehe fein hacken und in 30 g zerlassener Butter glasig braten. Mit 20 g Mehl bestäuben, aufschäumen lassen und mit 100 ml Milch angießen. Etwa 5 Minuten köcheln lassen, dann den Spinat, 100 g Magerquark und 50 g geriebenen Parmesan unterrühren. Mit Salz, Pfeffer und Muskat würzen und mindestens 30 Minuten kalt stellen.

4. Kürbisfüllung

500 g Kürbisfruchtfleisch in Stücke schneiden und im 200°C heißen Backofen in Alufolie etwa 15 Minuten abtrocknen lassen. Im Mixer fein pürieren. Mit Salz, Pfeffer und frisch geriebenem Ingwer würzen und 100 g Ricotta unterrühren. So viel frisch geriebenes Weißbrot untermischen, bis eine streichfähige Masse entsteht. Zum Schluß 100 g eingelegte, in kleine Würfel geschnittene Senffrüchte und 50 g geriebenen Parmesan unterrühren. Die Füllung mindestens 30 Minuten durchziehen lassen.

5. Steinpilzfüllung

1 Zwiebel und 1 Knoblauchzehe schälen und in kleine Würfel schneiden. 250 g Steinpilze putzen und grob hacken. 30 g Butter zerlassen und erst die Zwiebel- und Knoblauchwürfel darin glasig dünsten, dann die Pilze dazugeben und mit anbraten. Mit 2 EL Portwein ablöschen und einkochen lassen. Mit Salz, Pfeffer und Thymian würzen und 2 EL gehackte Petersilie untermischen. Abkühlen lassen, dann 100 g Ricotta und 40 g frisch geriebenen Parmesan unterrühren. Noch einmal herzhaft abschmecken.

6. Kartoffel-Kräuter-Füllung

2 große mehligkochende Kartoffeln schälen und gar kochen. Abdampfen lassen und noch heiß durch die Kartoffelpresse drükken. 1 EL Schalottenwürfel und 1 feingehackte Knoblauchzehe in 20 g Butter andünsten und mit 1 Eigelb und 1 EL Magerquark unter die Kartoffeln mischen. ½ Bund Frühlingskräuter, z. B. Schnittlauch, Petersilie, Kerbel, Basilikum und Dill hacken und unter die Kartoffelmasse mischen. Mit Salz, Pfeffer und Muskat würzen.

Tip

Die angegebenen Mengen reichen für einen Nudelteig aus 300 g Mehl (siehe Grundrezept Seite 186/187).
Bevor sie weiterverarbeitet werden, sollten die Füllungen immer gut abgekühlt sein und mindestens 30 Minuten durchziehen, damit sich das Aroma besser entfalten kann.

Pasta al forno – Verführung auf italienisch

Das Geheimnis einer guten Lasagne: eine zart-knusprige Oberfläche und darunter saftig-aromatischer Nudelgenuß. Den heiß-dampfenden Köstlichkeiten Lasagne und Cannelloni kann kaum ein Genießer widerstehen. Zugegeben, die Zubereitung ist etwas arbeits- und zeitintensiv, vor allem, wenn man den Nudelteig selbst herstellt – aber die Mühe lohnt sich.

Wenn es schnell gehen soll, greifen Sie auf fertige Nudelplatten oder Cannelloniröllchen zurück. Sie sparen dann nicht nur die Zubereitung des Teiges, sondern auch das Kochen der Pasta, denn die Fertignudeln werden ungekocht mit der gewünschten Füllung und Sauce in die Form geschichtet. Sie sollten jedoch etwas mehr Flüssigkeit nehmen und die Garzeit ein wenig verlängern.

Lasagne mit Tomaten und Mozzarella

Für 6–8 Personen

Für den Teig:

(siehe Zutaten für Basilikumnudeln auf Seite 189)

Für die Tomatenfüllung:

1 kg vollreife Fleischtomaten

400 g Mozzarellawürfel

1 Bund Basilikum (gehackt)

4 EL Olivenöl

Salz, gemahlener Pfeffer

Für die Ricottafüllung:

300 g Ricotta

100 g Panna (Kochsahne)

100 g geriebener Parmesan

1. Einen glatten Nudelteig (siehe Seite 186/187) zubereiten. **2.** Dünn ausrollen und in 6 Teigplatten schneiden, die der Größe der Form entsprechen. Etwa 2 Minuten in reichlich Salzwasser kochen, dann in kaltem Wasser abschrecken und nebeneinander auf einem feuchten Tuch ausbreiten. Backofen auf 200° C vorheizen. **3.** Tomaten überbrühen, häuten, halbieren und entkernen. Das Fruchtfleisch kleinschneiden, mit den Mozzarellawürfeln, Basilikum und Öl vermischen und würzen. **4.** Ricotta mit Panna und 60 g Käse glattrühren und mit Salz und Pfeffer würzen. **5.** Die gefettete Lasagneform mit einer Teigplatte auslegen, die Hälfte der Tomatenfüllung darauf verteilen, mit einer weiteren Lasagneplatte bedecken und die Hälfte der Ricottamasse darauf geben. Den Vorgang wiederholen. Zum Schluß mit den restlichen Tomaten und Parmesan bestreuen. Im Backofen etwa 20 Minuten überbacken.

Cannelloni mit Auberginen-Zucchini-Füllung

Für 6–8 Personen

Für den Teig:

250 g Weizenmehl (Type 405)

50 g feiner Hartweizengrieß

½ TL Salz

4 Eigelb

2 Eier

Für die Füllung:

1 mittelgroße Aubergine

2 kleine Zucchini

1 Knoblauchzehe

1 rote Pfefferschote

5 EL Olivenöl

je 1 EL gehackte Thymian- und Oreganoblätter

Salz, gemahlener Pfeffer

300 g Ziegenfrischkäse

Für die Tomatensauce:

½ Rezept (Seite 196/197)

40 g geriebener Pecorino

1. Einen Nudelteig herstellen und mit einer Nudelmaschine dünn ausrollen. Die Teigstreifen in 10 x 10 cm große Quadrate schneiden und etwa 2 Minuten in reichlich Salzwasser kochen. In kaltem Wasser abkühlen lassen. **2.** Auberginen und Zucchini waschen und in kleine Würfel schneiden. Geschälte Knoblauchzehe und halbierte, entkernte Pfefferschote fein hakken. Das Gemüse in heißem Öl goldbraun braten. Mit Salz, Pfeffer und Kräutern würzen und abkühlen lassen. Den zerkleinerten Ziegenkäse unterrühren. Den Backofen auf 220° C vorheizen. **3.** Die Tomatensauce wie auf Seite 196 beschrieben zubereiten. **4.** Die Teigquadrate auf einem Küchentuch ausbreiten und jeweils zur Hälfte mit Füllung bestreichen. Aufrollen und nebeneinander in eine gefettete, rechteckige Auflaufform schichten. Die Tomatensauce darübergießen. Cannelloni mit Pecorino bestreuen. Im heißen Backofen etwa 20 Minuten backen.

192

Reste-verwertung vom Feinsten

Nudelaufläufe sind eine urdeutsche Erfindung. Sie entstanden in einer Zeit, wo garantiert keine einzige übriggebliebene Nudel weggeworfen wurde. Man hatte damals zwar wenig Geld, dafür aber viel Phantasie, um aus jedem noch so kleinen Rest ein schmackhaftes Gericht zuzubereiten.

Das ist das Geheimnis der Nudelaufläufe, die auch heute noch jung und alt begeistern.

Rigatoni-Auflauf mit Erbsen und Möhren

300 g Rigatoni, Salz
2 EL Zwiebelwürfel
60 g Butter
300 g Erbsen (tiefgekühlt)
4 junge Möhren (in Würfel geschnitten), Salz
2 EL Weißwein
30 g Mehl
400 ml Milch
4 gehackte Estragonblätter gemahlener weißer Pfeffer
4 Eigelb
100 g Fontina- oder Butterkäse
3 Eiweiß
2 EL geriebener Parmesan
3 EL Sahne

1. Die Rigatoni in reichlich Salzwasser bißfest kochen. In ein Sieb abgießen, kalt abbrausen und gut abtropfen lassen.
2. Die Zwiebelwürfel in 30 g Butter glasig dünsten, Erbsen und Möhrenwürfel dazugeben und mit andünsten. Salzen, mit Weißwein beträufeln und zugedeckt in wenigen Minuten bißfest garen.
3. Die restliche Butter erhitzen, das Mehl einrühren und aufschäumen lassen. Die Milch angießen, die gehackten Estragonblätter dazugeben, mit Salz und Pfeffer würzen und etwa 10 Minuten bei schwacher Hitze köcheln lassen. Den Backofen auf 200° C vorheizen.
4. Von der Kochstelle nehmen und 3 Eigelb, die abgetropften Rigatoni und den geriebenen Käse unterrühren.
5. Das Eiweiß steif schlagen und locker und gleichmäßig unterziehen. Die Masse in eine gut gefettete Auflaufform füllen. Restliches Eigelb, Sahne und Parmesan verrühren und auf dem Auflauf verteilen. Mit der restlichen Butter in Flöckchen belegen und in etwa 30 Minuten goldbraun backen.

Penne-Auflauf mit Gorgonzola

300 g Penne, Salz
50 g Butter
30 g Mehl
400 ml Milch
150 g Gorgonzola
2 Eigelb
1 TL Aceto Balsamico
Salz, gemahlener Pfeffer
frisch geriebene Muskatnuß
2 Eiweiß
2 EL frisch geriebener Parmesan
1 EL Paniermehl

1. Die Penne in reichlich Salzwasser bißfest kochen. In ein Sieb abgießen, kalt abbrausen und abtropfen lassen.
2. In einem Topf 30 g Butter erhitzen, das Mehl unterrühren und aufschäumen lassen. Die Milch angießen und unter Rühren etwa 10 Minuten bei schwacher Hitze köcheln lassen. Den Backofen auf 200° C vorheizen.
3. Gorgonzola kleinschneiden, unter die Béchamelsauce rühren und schmelzen lassen. Von der Kochplatte nehmen und das Eigelb unterrühren. Mit Essig, Salz, Pfeffer und Muskatnuß würzen und mit den abgetropften Penne mischen. Eiweiß zu steifem Schnee schlagen und unterziehen.
4. Die Nudelmasse in eine Auflaufform füllen und mit Parmesan und Paniermehl bestreuen. Die restliche Butter in kleinen Flöckchen darauf verteilen. Auflauf im heißen Backofen etwa 25 bis 30 Minuten backen.

Saucen: Charmante Begleiter der Pasta

Sauce – die deutsche Übersetzung von „Sugo" und „Ragú" – trifft sicherlich nicht den Nagel auf den Kopf. Denn was man in Italien, dem Land der Pasta, unter die Nudeln mischt, hat meist wenig mit dem zu tun, was bei uns unter Saucen bekannt ist. Unter Sugo versteht man kurz geschmorte Saucen, meist auf Gemüsebasis, während das Ragù lange geschmorte Saucen, wie die Bologneser Fleischsauce, kennzeichnet.

Wichtigste Voraussetzung für eine echte Pastasauce: Der feine Geschmack der Pasta muß im Vordergrund stehen, die Sauce ist lediglich eine geschmackliche Abrundung. Deshalb sind frisches Gemüse, duftende Kräuter, würzige Käsesorten oder aromatische Nüsse die idealen Zutaten für verführerische Pastasaucen.

Perfekte Harmonie: Tomaten und Pasta

Bei allen Kombinationen von Nudeln und Saucen gilt: je einfacher, desto besser. Allerdings nur, wenn die Qualität stimmt. Frische Tomaten gibt es zwar das ganze Jahr hindurch, aber am aromatischsten sind sie im Hochsommer: sonnenverwöhnt und frisch geerntet.
Eine italienische Hausfrau bereitet deshalb nur in der heißen Jahreszeit Tomatensugo aus frischen Tomaten zu. Die übrige Zeit greift sie entweder auf selbsteingemachte Tomaten oder Tomatenpüree zurück, oder sie kauft gute geschälte Tomaten in der Dose. Diese werden geerntet, wenn sie das intensivste Aroma haben, und sofort konserviert.

Grundrezept Tomatensauce

800 g vollreife Eiertomaten
1 Zwiebel
1 Knoblauchzehe
1 kleine Möhre
1 Selleriestange
4 EL Olivenöl
1 Gewürzsträußchen aus je
1 Zweig Oregano, Thymian und Rosmarin
Salz, gemahlener Pfeffer
2 EL gehackte Petersilie

1. Tomaten überbrühen, häuten und in kleine Stücke schneiden. Zwiebel, Knoblauch und Möhre schälen, wie die Selleriestange in kleine Würfel schneiden.
2. Das Öl erhitzen und das Gemüse, bis auf die Tomaten, darin andünsten. Tomaten und Kräuter hinzufügen, würzen und zugedeckt etwa 20 Minuten köcheln lassen.
3. Kräutersträußchen herausnehmen und kurz vor dem Servieren die Petersilie unter die Sauce mischen.

Variationen

Tomatensauce aus Dosentomaten

Die Zubereitung entspricht dem Grundrezept, anstelle der frischen Tomaten jedoch 800 g gute Dosentomaten verwenden. Diese auf einem Sieb abtropfen lassen und das Fruchtfleisch in Stücke schneiden. Nach dem Andünsten den Tomatensaft dazugießen und offen sämig einkochen lassen.

Brokkolisugo

500 g Brokkoli
2 EL Olivenöl
1 Knoblauchzehe
200 g Sahne
100 g Edelpilzkäse
(z. B. Roquefort oder Stilton)
Salz, gemahlener Pfeffer

1. Brokkoli putzen, in Röschen teilen. Den Stiel schälen und in Stücke schneiden.
2. Das Öl erhitzen und die geschälte Knoblauchzehe darin goldbraun braten. Herausnehmen und das Gemüse im heißen Öl anbraten. Sahne angießen. Gemüse salzen, pfeffern und zugedeckt bißfest garen. Nach 4 bis 5 Minuten den zerbröckelten Käse zugeben und schmelzen lassen.
3. Ein Drittel der Brokkoliröschen herausnehmen. Restlichen Brokkoli mit der Käsesahne fein pürieren. Brokkoliröschen wieder in den Sugo geben und erhitzen.

Tip

Die aromatische Gemüsesauce paßt gut zu Penne, Conchiglie, Orecchiette oder Fusilli.

Gemüsesugo

1 mittelgroße Lauchstange
2 Selleriestangen
2 große Möhren
1 große Petersilienwurzel
1 Zwiebel
1 Knoblauchzehe
2 EL Öl
20 g Butter
Salz, gemahlener Pfeffer
1 Gewürzsträußchen aus je
1 Zweig Rosmarin, Thymian und 1 frischen Lorbeerblatt
200 ml Gemüsebrühe
125 g Sahne
1 Bund glatte Petersilie

Cremige Tomatensauce

Die ungeschälten Tomaten in Stücke schneiden. Sauce nach dem Grundrezept zubereiten. Nach Ende der Garzeit wird die Sauce durch die Flotte Lotte oder ein nicht zu feines Sieb gestrichen.

Sahnige Tomatensauce

Tomatensauce durch die Flotte Lotte oder ein Sieb streichen und 4 EL Sahne hinzufügen. Kurz köcheln lassen.

Tomatensauce mit Oliven

Die Tomatensauce wie im Grundrezept beschrieben zubereiten, allerdings Möhre und Selleriestange durch 12 entkernte und in Stücke geschnittene schwarze Oliven und ein kleines Stückchen zerriebene, getrocknete Chilischote ersetzen.

Frische Tomatensauce mit Basilikum

800 g vollreife Eiertomaten überbrühen, häuten und in möglichst gleichmäßige Würfel schneiden. 50 g Butter in einer Sauteuse zerlassen und die Tomatenstücke wenige Minuten erhitzen. Mit Salz und Pfeffer würzen. 15 frische Basilikumblätter in feine Streifen schneiden und untermischen.

Fettarme Tomatensauce

Die Gemüsezutaten wie im Grundrezept beschrieben vorbereiten. Mit den Kräutern und ½ zerbröselten Chilischote in einen Schmortopf geben. Salzen, pfeffern und ⅛ l Rotwein angießen. Die Sauce aufkochen und bei schwacher Hitze 20 Minuten köcheln lassen. Das Kräutersträußchen herausnehmen und 1 EL feingehackte Oreganoblätter untermischen.

1. Lauch und Selleriestange putzen und waschen. Möhren, Petersilienwurzel und Zwiebel schälen und alles in kleine Würfel schneiden.
2. Öl und Butter erhitzen und das Gemüse darin andünsten. Würzen, das Gewürzsträußchen dazugeben und die Brühe angießen. Zugedeckt 15 Minuten köcheln lassen. Sahne dazugießen und den Sugo weitere 10 Minuten offen sämig einkochen lassen.
3. Vor dem Servieren die gehackte Petersilie untermischen. Eventuell frisch geriebenen Käse dazu reichen.

Pesto

1 Bund Basilikum mit
schönen, großen Blättern
1 Handvoll Pinienkerne
3–4 Knoblauchzehen
1 EL grobes Meersalz
30 g Parmesan
30 g junger Pecorino
⅛ l bestes Olivenöl
frisch gemahlener Pfeffer

1. Basilikumblätter abzupfen und in feine Streifen schneiden. Pinienkerne in einer Pfanne ohne Fett rösten. Knoblauchzehen schälen und kleinschneiden.

2. Basilikum, Pinienkerne und Knoblauch in einem Mörser zerstoßen, dabei nach und nach das Salz und den kleingeschnittenen Parmesan und Pecorino dazugeben. In eine Schüssel umfüllen und das Öl löffelweise unterrühren. Pesto mit Pfeffer abschmecken.

Tip

Pesto, auch Genueser Basilikumsauce genannt, mischt man in Ligurien traditionell unter bißfest gekochte Trennette. Es verleiht auch der Minestrone eine würzige Note.

Walnußsauce (Salsa di Noci)

150 g Walnußkerne
50 g Pinienkerne
1 Handvoll Petersilienblätter
½ TL grobes Meersalz
50 g Ricotta
2 EL Sahne
5 EL bestes Olivenöl
frisch gemahlener Pfeffer

1. Walnüsse blanchieren und häuten, Pinienkerne rösten und mit Petersilie und Salz im Mörser fein zerreiben. Ricotta, Sahne und Öl unterrühren. Mit Pfeffer würzen.

Der Teig, aus dem die Spätzle sind

Spätzle, das Nudelglück aus deutschen Landen, sind eine schwäbische Erfindung. Im Unterschied zum Nudelteig muß der Teig für Spätzle weich und geschmeidig sein, damit man ihn leicht vom Brett schaben oder durch ein Sieb streichen kann. Ein Klassiker unter den Spätzlegerichten sind die Kässpatzn.

Kässpatzn

Für den Teig:
500 g Mehl
1 TL Salz
6 Eier
ca. 100 ml Wasser
Außerdem:
6 kleine Zwiebeln
etwas Mehl
Butterschmalz zum Braten
150 g frisch geriebener Emmentaler
150 g frisch geriebener Gruyère
frisch gemahlener Pfeffer
1 Bund Schnittlauch

1. Einen Spätzleteig wie auf Seite 186/187 beschrieben zubereiten. Reichlich Wasser in einem breiten Topf aufkochen lassen.

2. Zwiebeln schälen, in dünne Ringe hobeln, kurz in Mehl wenden und in heißem Butterschmalz goldbraun braten. Auf Küchenpapier abtropfen lassen.

3. Den Spätzleteig portionsweise entweder vom Brett schaben oder mit dem Spätzlehobel ins kochende Wasser geben. Sobald die Spätzle oben schwimmen, mit dem Schaumlöffel herausnehmen, abtropfen lassen und abwechselnd mit dem geriebenen Käse in einer Schüssel mischen. Salzen, pfeffern und mit Zwiebelringen und Schnittlauchröllchen bestreuen.

Spinatspätzle mit Gorgonzolacreme

500 g pürierten Spinat mit 5 Eiern und 2 Eigelb verquirlen. 400 g Mehl mit Salz und frisch geriebener Muskatnuß in eine Schüssel geben und nach und nach die Spinatmischung mit einem Kochlöffel oder den Knethaken des Handrührgerätes unterrühren. So lange schlagen, bis der Teig glatt ist und Blasen wirft. 30 Minuten ruhen lassen. Portionsweise entweder vom Brett schaben oder mit Hilfe eines Spätzlehobels ins kochende Wasser geben. Sobald die Spätzle oben schwimmen, mit einem Schaumlöffel herausheben, gut abtropfen lassen und in 20 g aufgeschäumter Butter schwenken. 100 g Gorgonzola in 100 g Sahne erhitzen, bis sich der Käse aufgelöst hat. Mit einigen Tropfen Himbeeressig würzen, mit dem Stabmixer schaumig aufschlagen und die Spätzle damit vermischen.

Pilzspätzle mit Kräutercreme

20 g getrocknete Steinpilze im Blitzhacker fein mahlen und mit 300 g Mehl und etwas Salz vermischen. 6 Eier und etwas Wasser dazugeben und mit einem Kochlöffel oder den Knethaken des Handrührgerätes zu einem glatten Teig verarbeiten. Portionsweise entweder vom Brett schaben oder mit Hilfe eines Spätzlehobels ins kochende Wasser geben. Sobald die Spätzle oben schwimmen, mit einem Schaumlöffel herausheben und gut abtropfen lassen. 2 EL Zwiebelwürfel und 1 gehackte Knoblauchzehe in 20 g aufgeschäumter Butter glasig dünsten. 1 Bund Frühlingskräuter fein hacken und kurz darin schwenken. 4 EL Crème fraîche und 2 EL geriebenen, mittelalten Gouda unterrühren und einmal aufkochen lassen. Salzen, pfeffern und die abgetropften Spätzle darin schwenken.

Basilikumspätzle mit Tomatensugo

Von 1 Bund Basilikum die Blätter abzupfen und im Mixer fein pürieren. Mit 300 g Mehl, etwas Salz und 6 Eiern in eine Schüssel geben und alles mit einem Kochlöffel oder den Knethaken des Handrührgerätes zu einem glatten Teig verarbeiten. Portionsweise entweder vom Brett schaben oder mit Hilfe eines Spätzlehobels ins kochende Wasser geben. Sobald die Spätzle oben schwimmen, mit einem Schaumlöffel herausheben und gut abtropfen lassen. In 2 EL Basilikumöl schwenken. Dazu paßt eine frische Tomatensauce (siehe Rezept Seite 197).

Chinesische Nudeln mit Lauch

(Asien)

250 g chinesische Eier-
nudeln, Salz
2 mittelgroße Lauchstangen
à ca. 200 g
50 g frische Ingwerwurzel
4 EL Erdnußöl
1 EL milder Curry
Salz, gemahlener Pfeffer
2 EL grobgehackte, ungesal-
zene Erdnüsse

1. Die Nudeln in reichlich kochendem Salzwasser nach
Anweisung auf der Packung
bißfest kochen.
2. Währenddessen von den
Lauchstangen die Wurzeln
und das grüne Ende entfernen. Die Stangen in feine
Streifen schneiden, gründlich
waschen und gut abtrop-
fen lassen. Die Ingwerwurzel
schälen und erst in dünne
Scheiben, dann in feine Streifen schneiden.
3. Das Öl im Wok erhitzen
und die Lauchstreifen darin
anbraten. Die Ingwerstreifen
und den Curry dazugeben,
mit Salz und Pfeffer würzen
und bei mittlerer Hitze unter
Rühren bißfest braten.
4. Die gegarten Nudeln in ein
Sieb abgießen und gut ab-
getropft in den Wok geben.
Alles locker vermischen und
mit gehackten Erdnüssen
bestreut servieren.

Glasnudeln mit Gemüse

(Asien)

200 g Glasnudeln
2 junge Möhren
1 gelbe Paprikaschote
1 mittelgroßer Zucchino
1 rote Pfefferschote
3 EL Öl
1 Knoblauchzehe
Salz, gemahlener Pfeffer
2 EL Sojasauce
1 EL Austernsauce
1 EL Sesamöl
100 g Sojasprossen
1 EL frisches, gehacktes
Koriandergrün
1 EL geröstete Sesamsamen

1. Glasnudeln etwa 10 Minuten in lauwarmem Wasser
einweichen.
2. Möhren schälen, die Paprikaschote halbieren, entkernen und beides wie den
Zucchino in feine Streifen
schneiden. Pfefferschote halbieren, entkernen und fein
hacken.
3. Öl im Wok erhitzen und
die geschälte Knoblauch-
zehe darin goldbraun braten.
Herausnehmen und das Ge-
müse nach und nach unter
Rühren anbraten, aber nicht
bräunen. Mit Salz und Pfeffer
würzen.
4. Die Glasnudeln abtropfen
lassen, mit einer Schere in
Stücke schneiden und unter
das Gemüse mischen. Soja-
und Austernsauce, Sesamöl
und Sojasprossen untermi-
schen und kurz durchrüh-
ren. Mit Koriandergrün und
Sesamsamen bestreuen.

Eiernudeln mit Weißkohl

(Asien)

250 g Chuka Soba (asiati-
sche Instant-Eiernudeln)
Salz
½ Kopf junger Weißkohl,
ca. 400 g
1 große Möhre
200 g Shiitake-Pilze
4 EL Erdnußöl
frisch gemahlener Pfeffer
1 TL Dayong (chinesische
Gewürzmischung)
3–5 EL Sojasauce

1. Die Eiernudeln in kochen
dem Salzwasser nach An
weisung auf der Packung
bißfest kochen.
2. Die Weißkohlhälfte längs
halbieren, den Strunk entfer
nen und die Viertel quer in
feine Streifen schneiden. Die
Möhre schälen und längs in
dünne Scheiben, dann in
feine Streifen schneiden. Die
Pilze putzen und in Scheiben
schneiden.
3. Das Öl im Wok erhitzen
und die Kohl- und Möhren
streifen darin unter Rühren
bei mittlerer Hitze braten. Sie
dürfen keinesfalls bräunen
Dann das Gemüse heraus
nehmen, das restliche Öl im
Wok erhitzen und die Pilze
bei starker Hitze goldbraun
braten.
4. Die Gemüsestreifen und
die gut abgetropften Nudeln
in den Wok geben. Gründlich
vermischen und mit Salz
Pfeffer, Dayong und Soja
sauce abschmecken.

Safrannudeln mit grünem Gemüse

(Italien)

1 Rezept Safrannudeln
(siehe Seite 188) oder
gekaufte Safrannudeln, Salz
150 g Brokkoli
1 kleiner Zucchino
100 g Zuckerschoten
100 g grüner Spargel
50 g Butter
6–8 EL Gemüsebrühe
gemahlener weißer Pfeffer
1 Bund Schnittlauch
50 g frisch geriebener
Parmesan

1. Die Nudeln in reichlich
Salzwasser bißfest kochen.
2. Gemüse waschen. Brokkoli putzen und in Röschen
teilen, den Stiel schälen.
Zucchino in kleine Würfel
schneiden. Von den Zuckerschoten die Enden abknip-
sen und die Spargelstangen
am unteren Ende schälen.
3. Salzwasser zum Kochen
bringen und das Gemüse –
bis auf die Zucchiniwürfel –
portionsweise darin 3 bis
4 Minuten blanchieren. Die
Zucchiniwürfel nach 2 Minuten hinzufügen. Gemüse herausheben, in Eiswasser abschrecken und gut abtropfen
lassen.
4. Die Butter im Wok oder
einer tiefen Pfanne aufschäumen lassen, das Gemüse hineingeben und durchrühren.
Brühe angießen, Gemüse salzen und pfeffern und in wenigen Minuten bißfest garen.
5. Die gut abgetropften Safrannudeln dazugeben und
alles gründlich mischen.
6. Schnittlauch fein schneiden und darüberstreuen. Parmesan dazu reichen.

Penne mit frischen Artischocken

(Italien)

300 g Penne, Salz
6 junge, kleine Artischocken
Saft von ½ Zitrone
3 EL Olivenöl
1 Knoblauchzehe
20 g Butter
5 EL trockener Weißwein
frisch gemahlener Pfeffer
½ Bund Petersilie
60 g frisch geriebener
Parmesan

1. Die Penne in reichlich Salzwasser nach Anweisung auf
der Packung bißfest kochen.
2. Von den Artischocken die
äußeren Blätter entfernen.
Den Stiel und die harten
Blattspitzen mit einem scharfen Messer abschneiden.
Das Heu im Inneren mit einem kleinen Löffel herauslösen und die Artischocken in
Scheiben schneiden. Sofort
in eine Schüssel mit Zitronenwasser legen, damit sie
sich nicht verfärben.
3. Das Öl in einer hohen Pfanne erhitzen und die geschälte
Knoblauchzehe darin gold-
braun braten. Herausneh-
men und die Artischocken
darin bei starker Hitze rasch,
unter Schütteln der Pfanne,
goldbraun braten. Die Butter
dazugeben, den Weißwein
angießen und die Artischokken zugedeckt bei schwa-
cher Hitze in wenigen Minuten garen.
4. Mit Salz und Pfeffer würzen
und die gut abgetropften
Penne sowie die frisch gehackte Petersilie dazugeben.
Gründlich vermischen und
sofort servieren. Den Parmesan dazu reichen.

Spaghetti mit ein-gelegten Tomaten

(Italien)

300 g Spaghetti, Salz
2–5 Knoblauchzehen
10 in Öl eingelegte,
getrocknete Tomaten
3 EL Olivenöl
2 EL Öl (von den ein-
gelegten Tomaten)
3 EL kleine Kapern
grobgeschroteter Pfeffer
½ Bund Basilikum
80 g frisch geriebener
Parmesan

1. Spaghetti in reichlich kochendem Salzwasser nach
Anweisung auf der Packung
bißfest kochen.
2. Die Knoblauchzehen schälen und mit einem großen
Messer fein zerdrücken. Die
Tomaten fein hacken.
3. Olivenöl und Einlegeöl in
einer tiefen Pfanne erhitzen.
Knoblauch und Tomaten darin anschwitzen. Die Kapern
und die feingeschnittenen
Basilikumblätter sowie die
abgetropften Nudeln dazu-
geben und alles gründlich
vermischen.
4. Wenige Minuten unter
Schwenken der Pfanne erhitzen. Frisch geriebenen Parmesan dazu reichen.

Zaubern mit Eiern, Milch und Tofu

Was haben Eier, Milch und Tofu gemeinsam? Antwort: ihren hohen Eiweißgehalt, ein unverzichtbarer Bestandteil fleisch- und fischloser Ernährung. Jeder kennt die ungezählten Verwendungsmöglichkeiten des Hühnereis in der Küche. Auch die tragende Rolle der Milch in vielen Koch- und Backrezepten ist seit Generationen unbestritten.

Über den Tofu hingegen können wir in Europa noch viel lernen. Denn dieses Sojaprodukt ist ein toller Verwandlungskünstler. Köstliche Gerichte lassen sich mit ihm zaubern. Eine kleine Rezeptauswahl, von rustikal bis extrafein, von traditionell bis exotisch, soll den täglichen Speiseplan bereichern.

Eiweißreich und vielseitig verwendbar

Eier, Milchprodukte und Tofu unterscheiden sich optisch, geschmacklich und in der Art der Verwendung. Wenn es jedoch um die Verwandlungsfähigkeit und die Gesundheit geht, sind sie gleichermaßen unschlagbar!

Eier

Frisch muß es sein, das Hühnerei, gleichgültig, ob man es als Frühstücksei ißt oder in die Pfanne schlägt. Prüfen Sie also genau das Verpackungsdatum.

Erst beim Aufschlagen stellt es sich heraus: Bei frischen Eiern ist der Dotter hochgewölbt und durch ein festes, gallertartiges Eiweiß mit einem erkennbaren Rand abgegrenzt. Ein weiterer bewährter Frischetest ist die Schwimmprobe. Sinkt das Ei in einem Wasserglas zu Boden, ist es frisch, steigt das Ei an die Wasseroberfläche, ist es mindestens 3 Wochen alt. Obwohl die Eier fast aller Vögel eßbar sind, hat das Hühnerei die wichtigste Bedeutung in unserer Küche. Die hübsch gesprenkelten kleinen Wachteleier sind vor allem der Optik wegen in der kalten Küche geschätzt.

Seit 1. Januar 1997 werden die Eier der Handelsklasse A nach folgenden Bezeichnungen angeboten:

XL – sehr groß
　　　(73 g und mehr)
L – 　groß (63 g bis 73 g)
M – 　mittel (53 g bis 63 g)
S – 　klein (leichter als 53 g)

Milch- und Milchprodukte

Milch, Buttermilch, Dickmilch, Quark, Frischkäse, Mascarpone, Ricotta, Sahne, saure Sahne, Crème fraîche, Panna, das große Angebot an Joghurtsorten, natürlich auch Butter und nicht zu vergessen die riesige Palette an Käsesorten – sie alle gehören zur großen Familie der Milchprodukte. Es gibt kaum ein Gericht, ob würzig oder süß, in dem nicht eines dieser weißen Produkte Verwendung findet.

Ihre gemeinsame Basis ist die Milch, das einzige Nahrungsmittel mit Eiweiß, Fett und Kohlenhydraten.

100 ml Milch enthält:
3,8 g bis 4 g Fett
ca. 3,3 g Eiweiß
ca. 4,8 g Kohlenhydrate
12,3 mg Cholesterin
48 mg Natrium
157 mg Kalium
120 mg Kalzium
92 mg Phosphor
0,05 mg Eisen
0,03 mg Vitamin A
0,18 mg Vitamin B_2
ca. 70 Kalorien

Tofu

Der leichtbekömmliche Tofu ist ein pflanzliches Produkt, das aus Sojabohnen hergestellt wird. Die günstige Nährwertzusammensetzung macht Tofu zu einem äußerst gesunden Nahrungsmittel.

100 g Tofu enthält:
ca. 4,9 g Fett
ca. 5,9 g Eiweiß
ca. 0,5 g Kohlenhydrate
0 mg Cholesterin
ca. 17,5 mg Kalzium
ca. 57,0 mg Phosphor
ca 0,83 mg Eisen
ca. 71 Kalorien

Tofu ist außerdem vielseitig verwendbar. Er schmeckt sowohl pikant als auch süß zubereitet. In Japan bildet Tofu – ähnlich wie bei uns die Milch – einen festen Bestandteil der täglichen Ernährung. Ganz allmählich faßt der gesunde, weiße Sojabohnenquark bei uns Fuß. Tofu kann man kochen, grillen, braten und fritieren. Er ist eine schmackhafte Einlage in Suppe oder Eintopf und bereichert viele Salate. Neuerdings werden in Amerika auch Süßspeisen aus ihm zubereitet.

Eier: Alles, was Sie wissen müssen

Je mehr man ein bestimmtes Nahrungsmittel kennt, desto besser und erfolgreicher kann man mit ihm umgehen. Das trifft ganz besonders bei Eiern zu, die nicht nur solo zubereitet werden, sondern vor allem eine Grundzutat unzähliger Gerichte sind.

Empfindlich wie ein rohes Ei

Dieser Sinnspruch deutet darauf hin, daß Eier eine spezielle Behandlung benötigen. So sollte man unbedingt wissen, woran man die Frische erkennt, aber auch, daß „nestfrische" Eier sich etwas schwer von der hauchdünnen Haut, mit der die Eierschale ausgestattet ist, lösen, und daß sie ein wenig fad schmecken. Am geschmacksintensivsten sind die Eier nach 2 bis 3 Tagen.
Eier müssen kühl und möglichst in der Verpackung aufbewahrt werden, da die poröse Schale leicht Fremdgerüche aufnimmt.
Nach 3 Wochen Lagerzeit verlieren die Eier an Geschmack, und die Spannkraft des Eiweißes läßt nach. Es läßt sich nicht mehr zu steifem Schnee schlagen.
Aufgeschlagene Eier kann man zugedeckt im Kühlschrank höchstens 2 Tage aufbewahren, Eiweiß hält sich bis zu 14 Tagen.
Eier sind überaus temperaturempfindlich. In vielen Fällen ist es daher ratsam, sie nicht direkt aus dem Kühlschrank zu verwenden. So wird z. B. Eischnee viel kompakter, wenn man das Eiweiß vorher leicht anwärmt. Ähnlich ist es mit der Mayonnaise, auch sie gerinnt, wenn die Dotter zu kalt sind.
Gibt man Eigelb direkt in heiße Mischungen, flockt es aus – deshalb zuerst ein wenig von der heißen Flüssigkeit mit dem Ei verrühren, bevor man alles vermischt.
Bei vielen Eierspeisen, etwa bei Rührei, ist es besser, die Eier, erst kurz bevor sie in die Pfanne kommen zu salzen. Auch beim Pochieren sollte man das Salz erst nach dem Stocken des Eiweißes dazugeben. Rühreier werden sonst wässerig, und pochierte Eier bleiben nicht in Form.
Allerdings unterstützt eine Prise Salz das Festwerden des Eischnees, da es das Protein aufspaltet und sich dadurch besser mit Sauerstoff verbindet.

Eier garen

1. <u>Pochieren:</u> Aufgeschlagenes Ei in das siedende Essigwasser gleiten lassen.

2. Mit Hilfe eines Löffels in Form halten. Nach 4 Minuten ist das Eiweiß außen fest.

3. Das Ei mit einem Schaumlöffel herausheben und die Eiweißreste abschneiden.

1. <u>Rührei:</u> Eier in einer Schüssel mit 1 EL Wasser pro Ei kurz durchschlagen, salzen.

2. Butter in einer Antihaftpfanne zerlassen und die Eimasse hineingeben.

3. Sobald die Eier gestockt sind, mit einem Holzlöffel verrühren. Mit Pfeffer würzen.

1. <u>Omelett:</u> Eier mit Salz verschlagen und 10 g Butter in Stückchen dazugeben.

2. Butter in der Antihaftpfanne zerlassen, Eimasse hineingeben und stocken lassen.

3. Die Pfanne etwas anheben und das Omelett zum Rand zusammengleiten lassen.

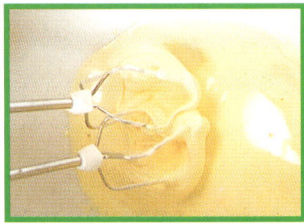

1. <u>Schaumomelett:</u> Eigelb mit Zucker cremig verrühren. Eischnee vorsichtig unterheben.

2. Die Schaummasse in die aufgeschäumte Butter geben und die Hitze reduzieren.

3. Zugedeckt bei schwacher Hitze in 12 bis 15 Minuten stocken lassen.

1. <u>Schnee schlagen:</u> Eiweiß mit 1 Prise Salz in eine fettfreie Rührschüssel geben.

2. Mit dem Schneebesen langsam am Schüsselboden zu schlagen beginnen.

3. Mit kräftigen kreisenden Bewegungen von unten nach oben weiterschlagen.

Quark abtropfen lassen

Wird Quark zum Backen verwendet, ist es ratsam, ihn auf einem Sieb abtropfen zu lassen, denn: je trockener der Quark, desto besser das Backergebnis.

1. Ein feines Haarsieb mit einem Mulltuch auslegen und den Quark hineingeben.

2. Über eine Schüssel legen und mindestens 3 bis 4 Stunden abtropfen lassen.

Sahne steif schlagen

Nicht nur die Sahne, sondern auch die Rührschüssel und der Schneebesen müssen gut gekühlt sein. Benutzt man ein Handrührgerät, beginnt man auf kleinster Stufe zu schlagen.

1. Die kalte Sahne mit dem Schneebesen in einer Rührschüssel langsam aufschlagen.

2. Wird die Sahne langsam fest, kräftig weiterschlagen, bis Spitzen stehenbleiben.

Tofu abtropfen lassen

Ähnlich wie bei Quark ist ein fester Tofu für manche Gerichte besser geeignet. Zudem intensiviert sich dadurch das Aroma. Man läßt ihn entweder abtropfen oder man preßt ihn aus, falls die Konsistenz krümelig sein soll.

1. Sieb mit Mulltuch auskleiden. Tofu hineingeben und abtropfen lassen.

2. Tofu in ein Tuch geben und durch Zusammendrehen das Wasser auspressen.

Tofu pürieren

Für Saucen oder auch andere Zubereitungen muß der feste Tofu püriert werden. Cremiger wird das Ergebnis, wenn man ein wenig Flüssigkeit hinzufügt.

1. Tofu zerbröckeln und mit etwas Brühe oder Sahne in eine Schüssel geben.

2. Mit dem Stabmixer pürieren, bis der Tofu die gewünschte Konsistenz hat.

Tofu pressen

Gegrillter Tofu ist eine Köstlichkeit, die jedoch nur gelingt und schmeckt, wenn der Tofu völlig trocken ist. Wechselt man zwischendurch die nassen Tücher beim Auspressen gegen trockene aus, wird er noch fester.

1. Ein großes Tofustück in Salzwasser etwa 4 Minuten kochen. Abtropfen lassen.

2. In ein Tuch einschlagen und mit einem Gewicht beschwert abtropfen lassen.

Tofu: geschmacksneutral und vielseitig

Die Chinesen haben ihn zwar erfunden, doch seinen Namen hat der weiße Sojaquark den Japanern zu verdanken. Er setzt sich zusammen aus „To" für Bohne und „Fu" für gerinnen. In Japan wird Tofu gekocht, gebraten, gegrillt, fritiert und geräuchert. Bei uns steht man der geschmacksneutralen weißen Masse noch ein wenig hilflos gegenüber. Aber pikant, scharf oder süßsauer gewürzt schmeckt Tofu äußerst delikat. Eine besondere Köstlichkeit stellt geräucherter Tofu dar.

Marinierter Tofu im Sesammantel

250 g Tofu
2–3 EL Sojasauce
ca. 100 ml Wasser
2 EL Mehl
2 Eier
2 EL geschlagene Sahne
1 EL gehacktes Koriandergrün, Salz
100 g Sesam
Öl zum Braten

1. Tofu für 3 bis 4 Stunden in eine Marinade aus Sojasauce und Wasser legen.
2. Herausnehmen, abtropfen lassen und in große Würfel schneiden.
3. Eier verquirlen, Sahne und Koriandergrün untermischen und salzen. Tofustücke zuerst in Mehl, dann in der Eimasse sorgfältig wenden. Danach rundherum in den Sesamsamen wälzen.
4. Öl in einer Pfanne erhitzen und die Tofuwürfel von allen Seiten goldbraun braten.

Schaumig zarte Leckerbissen

Omeletts gehören zu den Meisterwerken der Kochkunst. Das gilt nicht nur für das superempfindliche Schaumomelett, sondern auch für das sogenannte flache Omelett. Omeletts genießt man sowohl pur als auch zusammen mit Gemüse, Kräutern oder Kartoffeln gegart. Serviert werden die zarten Gerichte entweder ganz, zusammengeklappt oder aufgerollt.

Da Eier mit so vielen Aromen harmonieren, ermöglichen sie mannigfaltige Abwechslung in der Zubereitung.

Tips

• Wichtig für die Zubereitungsart von Omeletts ist die richtige, gut gepflegte Pfanne. Ideal sind Antihaftpfannen mit einem möglichst flachen Rand. Eine Pfanne mit einem Durchmesser von 18 Zentimetern reicht für ein Omelett aus 3 Eiern.

• Die Pfannen am besten nicht mit Spülmittel reinigen, sondern nur mit Küchenpapier ausreiben.

• Flache Omeletts brauchen etwas mehr Hitze als die lockeren Schaumomeletts.

• Omeletts sind richtig, wenn die Oberfläche noch feucht ist.

• Ein wenig Fingerspitzengefühl ist natürlich auch vonnöten.

Spanisches Paprikaomelett

Je 1 rote, gelbe und grüne Paprikaschote
2 kleine Zwiebeln
2 Knoblauchzehen
2 EL entkernte, schwarze Oliven
2 Fleischtomaten
4 EL Olivenöl
Salz, gemahlener Pfeffer
½ TL frisch gehackte Thymianblätter
5 Eier (Größe L)
2 EL gehackte Petersilie

1. Paprika waschen, halbieren und die Stielansätze sowie die Trennwände entfernen. Die Hälften in feine Streifen schneiden. Zwiebeln und Knoblauch schälen. Die Zwiebeln in feine Ringe schneiden, die Knoblauchzehen hacken. Oliven in Scheiben schneiden. Fleischtomaten blanchieren, häuten, halbieren, entkernen und in kleine Würfel schneiden.

2. Olivenöl in einer Antihaftpfanne erhitzen und Paprika, Zwiebeln und Knoblauch darin bei mittlerer Hitze unter Rühren andünsten. Tomatenstücke, Salz, Pfeffer und Thymian dazugeben und weich dünsten, das Gemüse darf auf keinen Fall bräunen.

3. Die Eier leicht schaumig schlagen und gleichmäßig über dem Gemüse verteilen. Behutsam mit einem Löffel rühren, bis sie zu stocken beginnen. Dann die Pfanne mit einem Deckel verschließen und die Eier bei schwacher Hitze garen.

4. Das Omelett mit Hilfe eines Tellers wenden, das restliche Öl in die Pfanne geben und auch die zweite Seite goldgelb braten. Mit Petersilie bestreuen.

Tip

Man kann das Omelett auch nur auf einer Seite braten, dann bleibt die Oberfläche schön feucht.

Variationen

• Anstelle der Paprikaschoten kleine, in Scheiben geschnittene Zucchini in Öl anbraten, würzen und mit schaumig geschlagenen Eiern übergießen und stocken lassen.

• Grünen, weißen oder wilden Spargel in Butter dünsten, mit Kerbel oder Petersilie bestreuen. Mit schaumig geschlagenen Eiern übergießen und stocken lassen.

• Spinatblätter in Butter andünsten, mit Muskat würzen und mit schaumig geschlagenen Eiern und geriebenem Käse übergießen und stocken lassen.

• Dicke Bohnen mit Zwiebelwürfeln und Bohnenkraut in Öl dünsten und mit schaumig geschlagenen Eiern übergießen und stocken lassen.

• Wald- oder Zuchtpilze in Scheiben oder Viertel schneiden und mit Zwiebelwürfeln andünsten. Petersilie untermischen und mit schaumig geschlagenen Eiern übergießen und stocken lassen.

• Lauch in Streifen schneiden, in Butter weich dünsten. Mit einer Mischung aus Eiern und Edelpilzkäse begießen und stocken lassen.

• Kartoffeln und Frühlingszwiebeln in Scheiben schneiden und mit Knoblauchwürfeln in Olivenöl garen. Mit schaumig geschlagenen Eiern begießen und stocken lassen. Schon ist eine Tortilla fertig, die man entweder warm mit Salat oder abgekühlt und in kleine Stücke geschnitten zum Aperitif genießt.

Handfest oder raffiniert

…so unterscheiden sich Pfannkuchen und Crêpes. Die Zutaten sind gleich – es kommt lediglich auf die Mischung an und darauf, wie dick man sie brät.
Pfannkuchen enthalten mehr Mehl, weniger Eier und dürfen ruhig ein wenig dicker sein. Die zarten Crêpes hingegen bestehen nur aus einem Hauch Mehl, dafür reichlich Eiern und flüssiger Butter. Wer die feinen Eierfladen besonders knusprig mag, ersetzt einen Teil der Milch durch Mineralwasser mit Kohlensäure.

Grundrezept Pfannkuchenteig

6 Eier, 1 Prise Salz

½ l Milch

250 g Mehl

Alle Zutaten in einen hohen Becher geben und mit dem Stabmixer rasch zu einem glatten Teig verrühren.

Grundrezept Crêpeteig

80 g Mehl

2 Eier, 2 Eigelb

je 100 ml Milch und Mineralwasser mit Kohlensäure

2 EL flüssige Butter

1. Alle Zutaten in einen hohen Becher geben und mit dem Stabmixer rasch zu einem glatten Teig verrühren.
2. Vor dem Weiterverarbeiten 30 Minuten ruhen lassen.

Pfannkuchen mit Gemüse gefüllt

Grundrezept Pfannkuchen

Öl zum Braten

Für die Füllung:

je 100 g Möhren, Lauch, Chinakohl und Shiitake-Pilze

3 EL Sesamöl

1 gehackte Knoblauchzehe

1 EL geriebene Ingwerwurzel

Salz, gemahlener Pfeffer

etwas Tabasco

2 EL Sojasauce

2 EL Reiswein

1 EL Sherryessig

100 g Sojasprossen

2 EL gehackte Petersilie

1. Pfannkuchenteig nach dem Grundrezept zubereiten.
2. Das Gemüse waschen, putzen und in feine Streifen schneiden.
3. Sesamöl im Wok erhitzen und das Gemüse darin unter Rühren bißfest braten. Mit Knoblauch, Ingwer, Salz, Pfeffer und Tabasco würzen und mit Sojasauce, Reiswein und Sherryessig aufgießen. Einige Minuten unter Rühren köcheln lassen und zum Schluß die Sprossen und die Petersilie untermischen.
4. Nacheinander vier große Pfannkuchen backen, mit der Gemüse-Sprossen-Mischung füllen und um die Hälfte zusammenklappen.

Crêpes mit Spinat gefüllt

Grundrezept Crêpeteig

300 g Blattspinat (tiefgekühlt)

2 EL Zwiebelwürfel

1 gehackte Knoblauchzehe

20 g Butter

100 g Crème fraîche

100 g geriebener Hartkäse

Salz, Pfeffer und Muskat

1. Crêpeteig zubereiten.
2. Aufgetauten Spinat mit Zwiebeln und Knoblauch in Butter dünsten. Crème fraîche und Käse unterrühren, würzen und die hauchdünn gebackenen Crêpes damit füllen. Eventuell mit Käse überbacken.

Kräutercrêpes mit Pilzfüllung

Grundrezept Crêpeteig

4 EL frische, gehackte Frühlingskräuter

Für die Füllung:

500 g Champignons

2 EL Zwiebelwürfel

30 g Butter

Salz, gemahlener Pfeffer

2 EL Portwein

2 EL gehackte Petersilie

200 g Büffelmozzarella (in Würfel geschnitten)

Außerdem:

8 EL Tomatenwürfel

80 g geriebener Parmesan

2 EL Olivenöl

1. Crêpeteig zubereiten und die Kräuter untermischen.

2. Pilze putzen und in dünne Scheiben schneiden. Zwiebelwürfel in Butter glasig dünsten, die Pilze dazugeben und so lange braten, bis alle Flüssigkeit verdampft ist. Mit Salz und Pfeffer würzen und mit Portwein ablöschen. Einkochen lassen und Petersilie und Mozzarellawürfel dazugeben.

3. Aus dem Teig 8 dünne Crêpes backen, mit der Pilzmischung füllen und in eine Gratinform schichten. Mit Tomaten belegen, mit Käse bestreuen und mit Öl beträufeln. Im Backofen bei 210° C wenige Minuten überbacken.

Buchweizen-Pfannkuchen

150 g Buchweizenmehl

50 g Weizenmehl

Salz

10 g Hefe

¼ l Milch

3 Eier

Butter und Öl zum Braten

Für den Belag:

1 Bund Frühlingszwiebeln

20 g Butter

Salz, geriebene Muskatnuß

250 g Sahnequark

2 EL gehackte Kräuter

1. Buchweizen- und Weizenmehl mit den übrigen Zutaten in einen hohen Becher geben und mit dem Stabmixer zu einem glatten Teig verrühren. 1 Stunde gehen lassen.

2. Frühlingszwiebeln putzen und in schräge, dünne Scheiben schneiden. Kurz in der aufgeschäumten Butter andünsten. Mit Salz und Muskat würzen und abgekühlt mit den Kräutern unter den Quark mischen.

3. Etwas Butter und Öl in einer kleinen Pfanne erhitzen, etwas Teig hineingeben und auf beiden Seiten bei mittlerer Hitze goldbraun braten. Auf Teller gleiten lassen und den Quark in die Mitte geben.

Soufflé – die luftigste Eierspeise

Wer es schafft, ein Soufflé locker und luftig auf den Tisch zu bringen, dem sind Lob und Bewunderung sicher. Das zarte Gebilde besteht nämlich in der Hauptsache aus Eischnee, und der ist bekanntlich empfindlich wie eine Mimose. Schon beim geringsten Luftzug kann der schaumige Gaumenschmaus zusammenfallen, und alle Mühe war umsonst. Deshalb Türen und Fenster vorher schließen. Es empfiehlt sich außerdem, die nachstehenden Ratschläge zu beachten:

• Als erstes den Backofen auf 175°C vorheizen. Auf keinen Fall höher, sonst wird das Soufflé außen zu rasch braun, während es innen noch nicht gar ist.

• Das wichtigste sind die Eier! Nehmen Sie immer etwas mehr Eiweiß als Eigelb.

• Basis vieler Soufflés ist eine kompakte Béchamelsauce bei pikanten Versionen und eine Konditorcreme bei süßen Varianten. Mehl oder Speisestärke verleihen dem Schaumgericht die nötige Stabilität.

• Wichtig: Sehr kräftig würzen!

• Der Eischnee muß sehr steif geschlagen sein. Etwa ein Viertel davon wird gleichmäßig unter die vorbereitete Masse gerührt, der Rest locker und vorsichtig untergehoben. Langes Rühren macht den Teig zäh.

• Fettet man die Förmchen nur an der unteren Hälfte ein, geht das Soufflé besonders gut auf, da es am Rand besser haften kann.

• Während der Garzeit, die je nach Größe der Form zwischen 30 und 50 Minuten beträgt, die Backofentür keinesfalls öffnen.

• Und nun die Fenster schließen und das Soufflé servieren.

• Die Rezepte sind für Souffléformen von etwa ¼ Liter Inhalt berechnet. Es werden pro Rezept 4 bis 6 Förmchen benötigt.

Käsesoufflé

60 g Butter
50 g Mehl
½ l Milch
Salz
gemahlener weißer Pfeffer
frisch geriebene Muskatnuß
100 g Magerquark
100 g geriebener alter Gouda
80 g geriebener Butterkäse
4 Eigelb, 6 Eiweiß
Butter und Paniermehl für die Form

1. Den Backofen auf 175°C vorheizen. Butter zerlassen, das Mehl unterrühren und aufschäumen lassen. Unter Rühren die Milch dazugießen und einige Minuten köcheln lassen. Mit Salz, Pfeffer und Muskat würzen und von der Kochplatte nehmen.

2. Den Quark und die beiden Käsesorten sowie das Eigelb verrühren und unter die Béchamelsauce ziehen. Die Souffléförmchen im unteren Teil einfetten, mit Paniermehl ausstreuen.

3. Eiweiß zu sehr steifem Schnee schlagen und ein Viertel davon unterrühren. Den Rest vorsichtig unterheben und sofort in die Formen verteilen. Sie dürfen nur zu zwei Dritteln gefüllt sein.

4. Mit einem Messer zwischen Teig und Form entlangschneiden; so gehen die Soufflés besser auf.

5. Im heißen Backofen auf der mittleren Schiene in etwa 30 bis 40 Minuten goldbraun backen. Sofort in den Förmchen servieren.

Blumenkohl-Brokkoli-Soufflé

60 g Butter
50 g Mehl
½ l Milch
Salz
gemahlener weißer Pfeffer
frisch geriebene Muskatnuß
100 g geriebener Butterkäse
5 Eigelb
1 kleiner Blumenkohl
1 kleiner Brokkoli
8 Eiweiß
Butter und Paniermehl für die Förmchen

1. Den Backofen auf 175°C vorheizen. Butter zerlassen, das Mehl unterrühren und aufschäumen lassen. Unter Rühren die Milch dazugießen und einige Minuten köcheln lassen. Mit Salz, Pfeffer und Muskat würzen und von der Kochplatte nehmen.

2. Käse und Eigelb unter die Béchamelsauce rühren. Vier Souffléförmchen im unteren Teil einfetten und mit Paniermehl ausstreuen.

3. Blumenkohl und Brokkoli putzen und in kleine Röschen teilen. Erst die Blumenkohl-, dann die Brokkoliröschen in Salzwasser bißfest kochen.

4. Die Brokkoliröschen in eiskaltem Wasser abschrecken. Die gut abgetropften Blumenkohlröschen im Mixer fein pürieren und unter die Béchamelsauce rühren.

5. Eiweiß sehr steif schlagen, ein Viertel davon unter die Sauce rühren, den Rest vorsichtig unterheben.

6. Eßlöffelweise etwas von der Blumenkohlmasse in die Förmchen geben, die Brokkoliröschen darauf verteilen und mit der restlichen Soufflémasse bedecken.

7. Im heißen Backofen auf der mittleren Schiene in etwa 30 bis 40 Minuten goldbraun backen. Sofort in den Förmchen servieren.

Wohlgeformtes aus Quark und Frischkäse

Während Quark oder Ricotta das leichtbekömmliche Eiweiß liefern, sorgen Grieß, Mehl oder Kartoffeln für eine gute Form. Frische Butter rundet ihren feinen Geschmack ab: Gnocchi und Nocken sind ein köstlicher, eiweißreicher und leichtbekömmlicher Genuß, bei dem Gourmets jedes Steak gerne liegenlassen.

Gnocchi mit Spinat

(Foto unten)

200 g Spinat (tiefgekühlt)
300 g Ricotta
2 Eigelb
1 Ei
150 g frisch geriebener Parmesan
150 g Mehl
Salz, gemahlener Pfeffer
frisch geriebene Muskatnuß
Außerdem:
80 g Butter
einige frische Salbeiblätter

1. Den Spinat auf einem Sieb auftauen lassen. Dann gut ausdrücken und fein hacken.
2. Reichlich Salzwasser in einem großen, breiten Topf zum Kochen bringen.
3. Ricotta mit Eigelb und Ei verrühren und 100 g Parmesan sowie Spinat und Mehl unterrühren. Es muß eine formbare Masse entstehen. Falls die Masse zu weich ist, noch etwas Mehl hinzufügen. Mit Salz, Pfeffer und Muskat herzhaft würzen.
4. Mit zwei nassen Eßlöffeln Nocken von der Masse abstechen und in das leicht siedende Salzwasser legen. In etwa 4 bis 5 Minuten gar werden lassen.
5. Butter und Salbeiblätter in einer Pfanne aufschäumen lassen. Die Gnocchi mit einem Schaumlöffel herausheben, gut abtropfen lassen und in der heißen Salbeibutter schwenken. Mit Parmesan bestreut servieren.
Wer möchte, kann die mit Käse bestreuten Gnocci noch kurz unter dem heißen Grill gratinieren.

Kräuternocken

500 g Topfen oder gut abgetropfter Magerquark
4 Eier
1 Bund Frühlingskräuter
2 EL Zwiebelwürfel
20 g Butter
200 g frisch geriebene Weißbrotbrösel
Salz, gemahlener Pfeffer
Tomatensauce (siehe Seite 196/197)

1. Topfen oder Quark mit Eiern und gehackten Kräutern verrühren. Zwiebeln in Butter glasig dünsten und mit den Bröseln unter die Quarkmasse rühren. Würzen.
2. Mit zwei nassen Eßlöffeln Nocken abstechen. Im leicht siedenden Salzwasser 5 bis 7 Minuten gar ziehen lassen.
3. Abgetropft auf Tomatensauce anrichten. Eventuell mit Käse bestreuen.

Ricotta-Kartoffel-Nocken auf Sauerkraut

(Foto unten)

600 g mehligkochende
Kartoffeln
250 g Ricotta
100 g frisch geriebener
Grana padano (Parmesan)
3 Eigelb, 80–100 g Mehl
Salz, gemahlener Pfeffer
frisch geriebene Muskatnuß
Für das Sauerkraut:
40 g Butter
3 EL Zwiebelwürfel
750 g Sauerkraut
1 TL Kümmel
je 5 zerdrückte Wacholder-
beeren und Pfefferkörner
1 Lorbeerblatt
¼ l Weißwein (z. B. Riesling)
1 mehligkochende Kartoffel
Außerdem:
50 g Butter

1. Kartoffeln garen, schälen und heiß durch die Kartoffel-presse drücken. Abkühlen lassen.
2. Ricotta mit Käse und Ei-gelb verrühren, die Kartoffeln und so viel Mehl unterrühren, bis ein formbarer Teig ent-steht. Würzen.
3. Die Butter zerlassen und die Zwiebelwürfel darin glasig dünsten. Das Sauerkraut da-zugeben und kurz mit andün-sten. Salzen, die Gewürze hinzufügen und mit Wein und etwas Wasser aufgießen. Zu-gedeckt 20 Minuten köcheln lassen, dann die geschälte Kartoffel fein reiben, unter-mischen und weitere 15 Minu-ten kochen lassen.
4. Aus der Ricottamasse Nocken formen, in Salzwas-ser gar ziehen lassen und auf dem Sauerkraut anrichten. Mit leicht gebräunter Butter begießen.

Quark-Grieß-Nockerl

750 g Magerquark
3 EL Zwiebelwürfel
1 gehackte Knoblauchzehe
30 g Butter
4 Eier
ca. 180–200 g Hartweizen-grieß, Salz, 1 Msp Safran
frisch gemahlener Pfeffer
Sahnesauce mit Kräutern
(siehe Seite 93)

1. Magerquark einige Stunden auf einem Sieb abtropfen las-sen. Zwiebeln und Knoblauch in Butter glasig dünsten und mit den Eiern unter den trockenen Quark rühren. Grieß darunterrühren, würzen und 30 Minuten quellen lassen.
2. Nocken abstechen, in leicht siedendem Salzwasser 7 bis 10 Minuten gar ziehen lassen und auf der Kräuter-sauce anrichten.

Tip

• Ricotta ist ein italienischer Frischkäse, der aus Molke hergestellt wird. Früher war es ausschließlich Molke von Schafsmilch, heu-te wird häufig auch Kuhmilchmolke dafür verwendet. Der Name kommt von „ricottu-ra", das bedeutet aufkochen. Ricotta gibt es ungesalzen, gesalzen und auch gebacken im Handel. Für die Nocken nimmt man un-gesalzenen Ricotta.
• Speisequark enthält relativ viel Flüssigkeit und deshalb ist es empfehlenswert, ihn vor-her gut abtropfen zu lassen. Je trockener der Quark, desto besser wird das Gericht. Topfen, die bayerische und österreichische Quarkversion, ist an sich schon trockener als Quark und daher ideal zum Kochen und vor allem zum Backen.
• Die Mengenangaben für die Bindemittel, wie Mehl, Grieß, Paniermehl oder auch Kar-toffeln, sind immer nur ungefähre Angaben. Die exakte Menge richtet sich nach der Feuchtigkeit des Frischkäses und der Größe der Eier.
Wichtig: Die Masse vor dem Formen kurze Zeit aufquellen lassen.
• Die Nocken sind gar, wenn sie an der Oberfläche schwimmen.

Asiens Antwort auf Fleisch

Das Geheimnis seines Erfolgs: Tofu ist völlig geschmacksneutral und somit offen für alle kulinarischen Abenteuer.

In asiatischen Ländern vergeht kein Tag ohne Tofu, in welcher Form auch immer: raffiniert mariniert, gebraten mit Gemüse oder als Einlage in einer Suppe, fein zerdrückt als Dressing für einen Salat, gegrillt oder fritiert als Häppchen zwischendurch oder als der absolute Hit – geräuchert.

Für die Tofuherstellung werden getrocknete Sojabohnen eingeweicht, gemahlen und mit Wasser zu Sojamilch gekocht. Durch Hinzufügen von Meersalz wird daraus eine quarkähnliche Masse, die dann in Form gepreßt wird. Heraus kommt ein nahrhafter weißer Block, in dem viel Gesundes steckt.

Der Eiweißgehalt von Tofu kann sich durchaus mit Fleisch und Fisch messen.

Mit 7 g pro 100 g steckt sogar doppelt soviel Eiweiß in Tofu wie in Quark aus Kuhmilch. Obwohl es sich um Pflanzeneiweiß handelt, ist die biologische Wertigkeit mit der von Fisch und Fleisch vergleichbar.

Der Fettgehalt ist mit 5 g pro 100 g gering und setzt sich vorwiegend aus ungesättigten Fettsäuren zusammen. Tofu enthält kein Cholesterin.

Und nicht zuletzt ist der Asien-Quark mit 76 Kalorien pro 100 g ausgesprochen kalorienarm. Was liegt also näher, sich auch als Europäer mit Tofu zu beschäftigen. Millionen von Asiaten haben uns da einiges voraus.

Tofu – süßsauer

250 g Tofuwürfel in einer Mischung aus asiatischer süßsaurer Sauce und Sojasauce marinieren. 8 Frühlingszwiebeln, 3 Möhren, 2 rote Paprikaschoten putzen und in Streifen schneiden. In heißem Öl bißfest braten, 250 g Ananasstückchen, 150 g Sojasprossen und die Tofuwürfel untermischen. 200 ml Wasser, 4 EL Sherryessig, 4 EL Sojasauce, 4 EL Ketchup und 2 EL Speisestärke verquirlen. Unter das Gemüse mischen und kurz durchkochen lassen.

Tofubratlinge

250 g Tofu fein pürieren. 250 g Gemüse nach Wahl putzen, waschen und in kleine Würfel schneiden. Mit 1 EL Zwiebelwürfeln und 1 gehackten Knoblauchzehe unter den Tofu mischen. 1 Ei, 2 EL gehackte Kräuter und 1 EL Sojasauce hinzufügen und so viel Paniermehl dazugeben, daß ein formbarer Teig entsteht. Würzen und kleine Bratlinge daraus formen. In heißem Öl braten und auf beliebigem Gemüse anrichten.

Tofuragout

2 Zwiebeln und 2 Knoblauchzehen schälen, 1 Bund Suppengrün putzen und alles in kleine Würfel schneiden. Alles in 4 EL Olivenöl andünsten. 800 g geschälte Tomatenstücke dazugeben. Mit Salz, Pfeffer und Oregano würzen und mit ¼ l Rotwein aufgießen. Zugedeckt 30 Minuten köcheln lassen. 400 g Tofu grob hacken und mit 2 EL feingeschnittenen Basilikumblättern unter die Sauce mischen. Durchkochen lassen und mit geriebenem Parmesan zu einer Pasta reichen.

Tofu – gegrillt

2 rote Paprikaschoten putzen, waschen und in große Würfel schneiden. 500 g Tofu in 3 cm große Würfel schneiden. 12 Frühlingszwiebeln und 250 g kleine Champignons putzen und ebenfalls in Würfel schneiden. Alles abwechselnd auf Spieße stecken und mit einer Mischung aus 4 EL Olivenöl, 1 gehackten Knoblauchzehe, etwas Paprikapulver, 1 TL gerebeltem Thymian und gemahlenem Pfeffer bestreichen und auf dem vorgeheizten Grill oder heißen Holzkohlengrill 5 bis 8 Minuten grillen.

Gebratener Tofu auf Gemüse

(Asien)

2 Kohlrabi
1 Bund junge Möhren
1 dicke Lauchstange
1 kleiner Brokkoli
100 g Zuckerschoten
2 Fleischtomaten
Salz
6 EL Öl
frisch gemahlener Pfeffer
ca. 100 ml Gemüsebrühe
400 g Tofu
2 Knoblauchzehen
1 Bund Petersilie

1. Kohlrabi und Möhren schälen, Lauch und Brokkoli putzen und von den Zuckerschoten die Enden abknipsen. Die Tomaten blanchieren, häuten, halbieren und entkernen.
2. Möhren und Lauch in Scheiben, Kohlrabi in Stifte schneiden, Brokkoli in Röschen teilen und die Tomaten in Würfel schneiden.
3. Brokkoli und Zuckerschoten jeweils wenige Minuten in kochendem Salzwasser blanchieren, dann in eiskaltem Wasser abschrecken.
4. 4 EL Öl im Wok erhitzen und das Gemüse darin bis auf die Tomaten und Zuckerschoten unter Rühren bißfest braten. Salzen und pfeffern und mit etwas Gemüsebrühe begießen.
5. Tofu in kleine Würfel schneiden. Restliches Öl mit den geschälten Knoblauchzehen erhitzen und die Tofuwürfel darin goldbraun braten.
6. Petersilie fein hacken und mit den Tomatenwürfeln und den Zuckerschoten unter das Gemüse mischen. Mit den Tofuwürfeln bestreuen.

Crespelle mit Ricottafüllung

(Italien)

Für die Crêpes:
100 g Mehl, Salz
¼ l Milch
4 Eier
2 EL flüssige Butter
Öl zum Braten
Für die Füllung:
250 g Ricotta
2 EL Panna (ital. Kochsahne)
150 g Mozzarella
100 g frisch geriebener Pecorino
1 Bund Basilikum
Salz
gemahlener weißer Pfeffer
Zum Überbacken:
½ Rezept Tomatensauce (siehe Seite 196/197)
40 g geriebener Pecorino

1. Die Zutaten für den Crêpeteig in einen hohen Becher geben und mit dem Stabmixer zu einem glatten Teig verrühren. 30 Minuten ruhen lassen.
2. Ricotta mit Panna und Käse glattrühren. Mozzarella in Würfel, Basilikumblätter in feine Streifen schneiden und unter die Ricottamasse rühren. Mit Salz und Pfeffer würzig abschmecken.
3. Öl in einer Pfanne erhitzen und nach und nach 8 hauchdünne Crêpes backen. Nebeneinanderliegend etwas abkühlen lassen. Den Backofen auf 200° C vorheizen.
4. Die Crêpes mit der Ricottamasse bestreichen und aufrollen. Nebeneinander in eine längliche feuerfeste Form legen und die Tomatensauce darauf verteilen. Mit Pecorino bestreuen.
5. 10 bis 15 Minuten im Backofen überbacken.

Pochierte Eier Clamart

(Frankreich)

1 l Wasser
3 EL Weißweinessig
4 frische Eier
40 g Butter
4 gekochte Artischockenböden (aus der Dose)
200 g Erbsen (tiefgekühlt)
1 Rezept Sauce Hollandaise (siehe Seite 80/81)
6 frische Minzeblätter

1. Wasser und Essig in einem breiten, flachen Topf zum Kochen bringen.
2. Nacheinander zuerst jedes Ei in eine Schöpfkelle schlagen, prüfen, ob es frisch ist (der Dotter muß nach oben gewölbt und das Eiweiß fest sein), dann vorsichtig in das leicht siedende Essigwasser gleiten lassen.
3. Die Eier mit Hilfe eines Löffels in Form halten und 4 Minuten pochieren. Das Wasser darf dabei auf keinen Fall kochen.
4. Jeweils 20 g Butter in zwei Pfannen aufschäumen lassen. In der einen Pfanne die Artischockenböden, in der anderen die Erbsen unter Schwenken erhitzen.
5. Die Artischockenböden auf vier vorgewärmte Teller verteilen, mit Erbsen füllen und den Rest ringsherum verteilen. Die pochierten Eier aus dem Wasser heben, abtropfen lassen und auf der Artischockenböden anrichten. Mit Sauce Hollandaise überziehen und mit den fein geschnittenen Minzeblättern bestreuen.

Berner Käseschmarrn

(Schweiz)

¼ l Milch
150 g Mehl, Salz
Eigelb
Bund Frühlingskräuter
frisch gemahlener Pfeffer
frisch geriebene Muskatnuß
Eiweiß
0 g Butterschmalz
00 g frisch geriebener
Schweizer Emmentaler
00 g frisch geriebener
Gruyère
0 g Butter

. Milch, Mehl, Salz und Ei-
elb in einen hohen Becher
eben und mit dem Stabmi-
er zu einem glatten Teig ver-
hren. Die Kräuter fein hak-
en und untermischen. Mit
alz, Pfeffer, Muskat würzen.
. Eiweiß steif schlagen und
ocker und gleichmäßig unter
en Teig ziehen. Backofen
uf 220° C vorheizen.
. Butterschmalz in einer
roßen Gußeisenpfanne er-
itzen und die Masse hinein-
eben. Bei mittlerer Hitze in
enigen Minuten goldbraun
nbraten.
. Die Pfanne in den heißen
ackofen geben und den
eig etwa 10 Minuten auf-
ehen und goldbraun wer-
en lassen.
. Herausnehmen und wieder
urück auf die Kochplatte
tellen. Das große Omelett
it zwei Gabeln in kleine
tücke zerreißen, dabei die
utter hinzufügen und mit
äse bestreuen. Die Pfanne
in und her schütteln, damit
er Käse schmilzt.

Zucchini-Paprika-Tortilla

(Spanien)

4 kleine Zucchini
1 große Paprika
2 Zwiebeln
2 Knoblauchzehen
6 EL Olivenöl
1 EL gehackte, frische
Oreganoblätter
1 EL gehackte Petersilie
8 Eier
Salz
frisch gemahlener Pfeffer

1. Zucchini und Paprika waschen. Die Zucchini in feine
Scheiben schneiden. Paprikaschote halbieren, Stielansätze und Trennwände entfernen, Paprikahälften waschen.
Wie die geschälten Zwiebeln
und die Knoblauchzehe in
kleine Würfel schneiden.
2. 3 EL Öl in einer Pfanne mit
28 cm Durchmesser erhitzen
und das vorbereitete Gemüse
darin bei mittlerer Hitze etwa
5 bis 6 Minuten andünsten.
Mit den Kräutern bestreuen.
3. Die Eier in einer großen
Schüssel verquirlen. Salzen,
pfeffern und die Gemüsemischung darunterrühren.
4. 2 EL Öl in der Pfanne erhitzen und die Zucchini-Ei-
Mischung vorsichtig hineingeben. Zugedeckt etwa 5 Minuten bei schwacher Hitze
stocken lassen.
5. Das Omelett mit Hilfe eines
Deckels oder eines Tellers
wenden. Das restliche Öl in
die Pfanne gießen, erhitzen
und auch die zweite Seite
goldgelb braten.
Entweder warm oder kalt in
kleine, mundgerechte Stücke
geschnitten genießen.

Pikanter Topfenstrudel

(Österreich)

Für den Strudelteig:
200 g Mehl
1 Prise Salz, 1 Ei
4–5 EL lauwarmes Wasser
Für die Füllung:
6 Frühlingszwiebeln
1 gehackte Knoblauchzehe
40 g Butter
1 TL Kümmel
1 TL gerebelter Majoran
Salz, gemahlener Pfeffer
2 große gekochte Kartoffeln
80 g frisch geriebener
Bergkäse
500 g Topfen
200 g Crème fraîche
3–4 EL flüssige Butter

1. Aus den Zutaten einen Strudelteig zubereiten (siehe Seite
178/179) und hauchdünn auf
einem Küchentuch ausziehen.
Den Backofen auf 180° C vorheizen.
2. Die Frühlingszwiebeln putzen, waschen und in schräge
Scheiben schneiden.
3. Knoblauch in 20 g aufgeschäumter Butter glasig dünsten und die Zwiebelringe
darin andünsten. Mit Küm-
mel, Majoran, Salz und Pfeffer würzen.
4. Kartoffeln schälen, in kleine Würfel schneiden und in
der restlichen Butter goldbraun braten.
5. Topfen mit Crème fraîche
verrühren und mit Salz und
Pfeffer würzen. Die ausgezo-
gene Teigplatte damit be-
streichen und die abgekühlten Zwiebeln und Kartoffeln
darauf verteilen. Aufrollen,
auf ein gefettetes Backblech
gleiten lassen, mit flüssiger
Butter bestreichen und in 30
Minuten goldbraun backen.

Genuß pur – verlockende Desserts

Wer sagt denn, daß Nachspeisen in der gesunden Küche keinen Platz haben? Auch figurbewußte Schleckermäuler finden, ein Menü ohne Dessert sei wie ein Konzert ohne Schlußakkord. Das süße Finale stellt für viele Köchinnen und Köche stets eine besondere Herausforderung dar. Denn es soll die Sinne der Gäste neu entzücken, die nach dem Hauptgericht oft schon angenehm ermattet sind. Das Dessert darf weder zu üppig noch zu süß geraten, vielmehr eine raffinierte Überraschung sein, an die man sich gern erinnert. Die folgenden Seiten sollen Sie ins Schlaraffenland der süßen Sünden entführen. Genuß ohne Reue garantiert.

Die unent-
behrlichen
Helfer

Zucker, Gewürze und Aromaten tragen entscheidend zum feinen Geschmack eines raffinierten Desserts bei, und verschiedene Bindemittel sorgen für die richtige Konsistenz.

Zucker

Das Wichtigste an einem Dessert ist natürlich die Süße, und diese verleiht in erster Linie Zucker. Es gibt verschiedene Sorten: Der übliche Haushaltszucker, auch Kristallzucker oder Raffinade genannt, ist stark raffiniert und gut streufähig. Puderzucker ist feingemahlener Kristallzucker. Brauner Zucker wird ausschließlich aus Rohrzucker gewonnen. Früher war dies ein wenig raffinierter, also möglichst naturbelassener Zucker. Heute dagegen wird der gereinigte Zucker nachträglich mit Melasse vermischt.

Honig

Das älteste und natürlichste Süßmittel ist Honig, von dem es viele verschiedene Arten gibt, beispielsweise Akazienhonig, Waldhonig, Orangenblütenhonig usw.

Sirup

Zucker in flüssiger Form ist Sirup mit seinen unterschiedlichen Geschmacksrichtungen. Der teuerste ist der Ahornsirup, der aus dem Saft des Zuckerahorns gewonnen wird.

Karamel

Kocht man Zucker, bis die Flüssigkeit verdampft ist, erhält man Karamel. Heißer Karamel ist flüssig und wird beim Abkühlen hart und brüchig.

Krokant

Wird Zucker mit Mandeln oder Nüssen karamelisiert, ohne Zusatz von Wasser, erhält man Krokant.

Nougat

Nougat ist eine zu gleichen Teilen bestehende Mischung aus karamelisiertem Zucker und abgezogenen, gehackten Mandeln.

Marzipan

Puderzucker, geriebene Mandeln und Rosenöl – sie sind das ganze Geheimnis dieser vielgeliebten Nascherei.

Kakao

Für einen milden Kakaogeschmack muß man schwach entölten Kakao verwenden. Wünscht man einen herben, kräftigen Geschmack, ist stark entölter Kakao, der nur etwa 8 % Fett enthält, vorzuziehen.

Schokolade

Ob Vollmilch-, Zartbitter oder weiße Schokolade – ausschlaggebend für den Wohlgeschmack ist einzig und allein die Qualität.

Vanille

Geht es um Süßspeisen, ist Vanille das wichtigste Gewürz. Vanille ist das Mark einer fermentierten und getrockneten Orchideenfrucht. Frisch aus den Schoten gekratzt ist das Aroma am feinsten. Vanillearoma gibt es flüssig oder mit Zucker vermischt. Nicht verwechseln darf man Vanille mit Vanillinzucker, der aus synthetischen Aromen hergestellt wird.

Minze und Zitronenmelisse

Die frischen Aromen dieser Kräuter harmonieren vortrefflich mit vielen Desserts. Zudem sehen sie auch sehr hübsch aus und sind somit ein beliebtes, natürliches Dekorationsmittel.

Gelatine

Das durchsichtige Geliermittel wird u. a. aus Tierknochen gewonnen. Es wird als Pulver oder in Blattform angeboten und muß vor dem Verwenden eingeweicht werden. Für ½ l Flüssigkeit benötigt man ungefähr 6 Blatt oder 10 g Gelatine.

Agar-Agar

Im Unterschied zu Gelatine wird Agar-Agar aus Pflanzen, genauer gesagt aus der asiatischen Rotalge gewonnen. Anders als Gelatine muß Agar-Agar nach dem Quellen einige Minuten mit gekocht werden, um seine Bindefähigkeit zu entwickeln.

Speisestärke

Sie wird aus Mais oder Kartoffeln gewonnen und ist das Bindemittel für Konditorcreme oder Flammeri.

So ein Früchtchen

Ein bunt zusammengestellter Fruchtteller ist an sich schon ein perfektes Dessert. Indem es appetitlich aussieht, den Hunger auf Süßes stillt und zugleich köstlich erfrischend ist, erfüllt dieses Dessert alles, was man von einem süßen Abschluß erwartet.

So manche Frucht gewährt aber einen noch größeren Genuß, wenn sie in der Küche weiter verfeinert wird, wie die nächsten Seiten zeigen.

Beerenobst

Im Mai beginnt die heimische Beerenzeit. Dann werden selbst diejenigen verführt, die bis dahin gut auf Süßspeisen verzichten konnten.

Die beliebteste Beere ist die knallrote Erdbeere. Das intensivste Aroma haben Walderdbeeren, die allerdings eine Rarität geworden sind. Ähnlich ist es mit wilden Waldhimbeeren – auch sie findet man immer seltener. Beerenfrüchte werden heute fast ausschließlich in Plantagen gezüchtet, um die Nachfrage der Gourmets zu stillen. Einzige Ausnahme waren bis vor einigen Jahren Heidelbeeren, die es bis dahin nur als echte Waldfrüchte gab. Selbst diese Zeiten sind vorbei. Heidelbeeren, auch Blaubeeren genannt, enthalten wertvolle Fruchtsäuren, reichlich Vitamine und Gerbstoffe. Brombeeren müssen richtig vollreif sein, sonst ist die Mühe zum Verarbeiten umsonst. Johannisbeeren gibt es in rot, weiß und schwarz. Die schwarzen Beeren haben das kräftigste Aroma.

Stachelbeeren stechen durch ihren hohen Säuregehalt hervor. Den herben, etwas eigenwilligen Geschmack der **Holunderbeeren** mag man entweder sehr oder überhaupt nicht. Ein Genuß sind die Blütendolden in Teig getaucht und fritiert oder ein Sirup aus den Blüten. Die wildwachsenden herben **Preiselbeeren** werden zwar häufig zu pikanten Speisen gereicht. Sie schmecken aber auch als Creme oder Eis. **Weintrauben** ißt man pur oder mit einem Weingelee überzogen.

Kern- und Steinobst

Unzählige **Apfel-** und **Birnensorten** machen das Auswählen schwer. Nicht die Optik, sondern das Aroma sollte dabei maßgebend sein. **Quitten** sind die Exoten unter den heimischen Früchten. Nicht nur die **Kirschen** aus Nachbars Garten schmecken so unvergleichlich gut, auch die anderen Steinfrüchte wie **Mirabellen**, **Renekloden**, **Pflaumen**, **Zwetschgen**, **Aprikosen**, **Pfirsiche** und **Nektarinen**.

Exoten

Längst gibt sich der Genießer von heute nicht mehr nur mit einheimischem Obst zufrieden. Früchte aus aller Welt bereichern unseren kulinarischen Horizont. Angefangen hat alles mit **Bananen**. Bald gesellten sich **Zitrusfrüchte** und später die pelzigen **Kiwis** mit ihrem grasgrünen Fruchtfleisch dazu. Köstliche Desserts lassen sich auch aus dem cremigen Fruchtfleisch der **Cherimoyas** oder aus dem reifen Fleisch der **Melonen** und **Papayas** zubereiten.

Gut gekühlte frische **Feigen** und **Datteln** schmecken pur oder verleihen Obstsalaten eine natürliche Süße. Das aromatische Fruchtfleisch der **Ananas** hat seit langem einen festen Platz in der Patisserie, ebenso wie das unvergleichlich schmeckende exotische Aroma der **Passionsfrüchte**. Exotenfans begeistern sich für das saftige Fleisch vollreifer **Mangos**, aus dem man raffinierte Desserts herstellen kann. Und die fleischigen Körner der **Granatäpfel** sind ein wahrer Hochgenuß.

Step by step zum finessenreichen Finale

Wer diese fünf Grundzubereitungen beherrscht, kann fast alles herstellen, was die internationale Patisserie zu bieten hat. Vom glasklaren Gelee für den figurbewußten Genießer bis hin zu den sahnigen Cremes, die das Kalorienbudget schon etwas mehr belasten. Auch ein luftiges Soufflé ist mit Hilfe der exakten Anleitung kein unlösbares Problem. Mit ein bißchen Phantasie und Freude am Experimentieren sind den süßen Verführungen keine Grenzen gesetzt.

Kleine Barkunde für die Dessertküche

Ein Hauch Parfüm verleiht jeder Frau das gewisse, reizvolle Etwas – das gleiche gilt für Desserts. Nur greift man hier nicht zur Parfüm-, sondern zur Likörflasche. Aber Vorsicht: Weniger ist oft mehr.

Ein Schuß Likör sorgt für den raffinierten Touch:
Amaretto – der bernsteinfarbene Mandellikör aus Süditalien verstärkt das Aroma aller Desserts mit Nüssen und Mandeln.
Cassis – intensiviert alle Cremes oder Grützen mit Johannisbeergeschmack.
Crème de Coco, de Menthe, de Banane, de Maracuja – unterstreicht die exotische Note des jeweiligen Desserts.
Grand Marnier – der goldgelbe französische Nobellikör ist für alle Speisen mit Orangen- oder Vanillearoma ideal.
Mit Tia Maria oder Kahlúa verstärkt man den Geschmack jeder Kaffeecreme.
Daneben dürfen in der Dessertbar Klassiker, wie z. B. Cognac, Rum, Armagnac oder Weinbrand nicht fehlen.

Bayerische Creme

1 Vanilleschote
½ l Milch
8 Blatt Gelatine
5 Eigelb
120 g Zucker
400 g Sahne

Fruchtgelee

9 Blatt Gelatine
1 rosa Grapefruit
1 Orange, 2 Kiwis
½ Mango, 1 Papaya
100 g Himbeeren
40 g Zucker
¾ l edelsüßer Wein
Minzezweige zum Verzieren

Konditorcreme

40 g Speisestärke
3 Eigelb
80 g Zucker
½ l Milch
Mark von 1 Vanilleschote

Eisgugelhupf

2 mittelgroße Mangos
4 Eigelb, 120 g Zucker
200 ml Orangensaft (frisch gepreßt)
Saft von 1 Limette
½ l Sahne (geschlagen)
3 Baiserschalen (gehackt)
25 g gehackte Pistazien

Orangensoufflé

30 g Orangeat
2 cl Grand Marnier
40 g Zucker
20 g Butter
20 g Mehl
⅛ l Milch
3 Eiweiß, 2 Eigelb
Butter und Zucker für die Förmchen

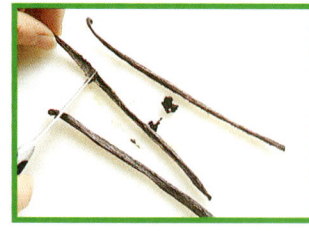

1. Vanilleschote der Länge nach durchschneiden und das Mark herausschaben.

2. Die Gelatine in kaltem Wasser einweichen. Milch mit Vanilleschote erhitzen.

1. Gelatine in reichlich kaltem Wasser einweichen.

2. Früchte falls nötig schälen und filetieren. In Scheiben oder Spalten schneiden.

1. Speisestärke, Eigelb und 40 g Zucker verrühren und ¼ l Milch dazugießen.

2. Restliche Milch, Vanille und Zucker zum Kochen bringen und die Mischung einrühren.

1. Die Mangos dünn schälen. Das Fruchtfleisch vom Kern schneiden und fein pürieren.

2. Eigelb und Zucker über dem Wasserbad cremig aufschlagen.

1. Orangeat mit Grand Marnier begießen. Förmchen einfetten, mit Zucker ausstreuen.

2. Aus Butter, Mehl und Milch Mehlschwitze zubereiten. Sofort 1 Eiweiß unterrühren.

3. Eigelb und Zucker so lange rühren, bis die Masse weiß und cremig ist.

4. Die heiße Vanillemilch dazugießen und über einem Wasserbad aufschlagen.

5. Ausgedrückte Gelatine unterrühren. Nach dem Gelieren die Sahne unterziehen.

6. Einige Stunden kalt stellen. Stürzen und mit Kompott anrichten.

3. Zucker zu Sirup kochen, etwas Wein dazugeben und die Gelatine darin auflösen.

4. Restlichen Wein dazugießen, und die Geleeflüssigkeit völlig erkalten lassen.

5. Sobald die Flüssigkeit zu gelieren beginnt, über die Früchte gießen.

6. Das Fruchtgelee in 2 bis 3 Stunden erstarren lassen und eiskalt mit Sahne servieren.

3. Die Creme einige Male unter kräftigem Rühren aufkochen lassen.

4. Die Creme sofort in kalt ausgespülte Formen füllen. Mit etwas Zucker bestäuben.

5. Für Creme Chantilly: geschlagene Sahne unter die lauwarme Creme ziehen.

6. Mit Konditorcreme gefüllte Windbeutel sind ebenfalls ein Genuß.

3. Abgekühltes Fruchtmark, Zitrussäfte, Sahne, Baiser und Pistazien unterziehen.

4. In eine Gugelhupfform füllen, mit Folie bedeckt 3 bis 4 Stunden gefrieren lassen.

5. Form kurz in heißes Wasser tauchen. Auf eine Platte stürzen.

6. Nach Belieben mit geschlagener Sahne, Hippengebäck und Mango verzieren.

3. Abkühlen lassen und Eigelb unterrühren. Mariniertes Orangeat dazugeben.

4. Eiweiß zu steifem Schnee schlagen. Wasserbad im vorgeheizten Ofen erhitzen.

5. Ein Drittel des Eischnees unterrühren, den Rest unterziehen. In Formen füllen.

6. Im leicht siedenden Wasserbad 15 bis 20 Minuten garen und sofort servieren.

Fruchtige Desserts: Vergnügen ohne Reue

Frische Früchte kleingeschnitten und mariniert – das ist Obstgenuß pur und genau das richtige nach einem üppigen Menü!
Das gleiche trifft auf Kompott oder Grütze zu – besonders, wenn sie schonend und liebevoll gegart wurden.

Her mit den Früchtchen

…und rein in den Topf. Aber Vorsicht, das empfindliche Obst verträgt keine große Hitze und erst recht keine lange Garzeit! Am besten kocht man aus Zucker und Wein oder Fruchtsaft einen feinwürzigen Sirup, in dem dann die zarten Früchte ein kurzes Bad nehmen.

Tips

• Helle Früchte wie, Äpfel und Birnen, sofort nach dem Schälen und Zerteilen mit Zitronensaft beträufeln.
• Trockenfrüchte weicht man 2 Stunden vor dem Kochen in warmem Wasser ein.
• Die Früchte in den kochenden Sirup geben und darin nur kurz ziehen lassen. Nicht weiter kochen lassen, die Früchte sollen ihre Farbe und Form behalten.
• Parfümiert mit alkoholischen Getränken erhalten die Früchte einen noch raffinierteren Geschmack: z. B. Apfelkompott mit Calvados, Zwetschgenkompott mit Armagnac oder Birnen mit Williams Christ.

Apfelkompott

(Foto oben)

800 g aromatische Äpfel z.B. Boskop oder Cox Orange
40 g Butter
ca. 100 g Zucker
Mark von ½ Vanilleschote
etwas Zitronenschale
4 cl Calvados oder Apfelsaft
Saft von ½ Zitrone

1. Äpfel schälen, halbieren, entkernen und in längliche Spalten schneiden.
2. Butter und Zucker in einer großen Pfanne karamelisieren lassen, Vanillemark und Zitronenschale dazugeben und bei mittlerer Hitze unter Schwenken der Pfanne einige Minuten anrösten.
3. Mit Calvados oder Apfelsaft ablöschen und mit Zitronensaft beträufeln. Die Apfelspalten hinzufügen und zugedeckt in wenigen Minuten weich schmoren. Falls nötig, noch etwas Flüssigkeit zugießen. Lauwarm mit Vanilleeis genießen.

Zwetschgen-kompott

(Foto unten)

½ l gehaltvoller Rotwein
150 g Zucker
1 Zimtstange
2 Gewürznelken
etwas Orangenschale
1 kg Spätzwetschgen
4 cl Armagnac

1. Rotwein mit Zucker und Gewürzen etwa 10 Minuten köcheln lassen.
2. Die Zwetschgen halbieren, entsteinen und in den kochenden Sud geben.
3. Die Zwetschgen mit einem Schaumlöffel herausheben und in eine Schüssel geben. Die Gewürze entfernen und den Sud sirupartig einkochen lassen. Über die Früchte gießen und erkalten lassen.

Kirschkompott

500 g Sauerkirschen
4 cl Kirschwasser
¼ l fruchtiger Rotwein
60–80 g Zucker
1 Zimtstange
25 g gehackte Pistazien

1. Die entkernten Sauerkirschen mit Kirschwasser marinieren.
2. Rotwein, Zucker und Zimtstange sirupartig einkochen lassen. Marinierte Früchte darin in wenigen Minuten garen. Abgekühlt mit Pistazien bestreuen.

Rote Grütze

300 g rote Johannisbeeren
100 g schwarze Johannis-
beeren
250 g Himbeeren
250 g Sauerkirschen
100–120 g Zucker
½ l roter Johannisbeersaft
50 g Speisestärke

1. Die Johannisbeeren von den Rispen streifen, Himbeeren entkelchen und die Sauerkirschen entsteinen.
2. 200 g rote Johannisbeeren, die schwarzen Johannisbeeren sowie die Hälfte der Himbeeren in einen Topf geben und mit Zucker bestreuen. Mit Saft begießen und zum Kochen bringen. Einige Minuten köcheln lassen, dann durch die Flotte Lotte oder ein Sieb passieren.
3. Die Speisestärke mit etwas kaltem Wasser anrühren und unter das Fruchtpüree rühren. Einige Male aufkochen lassen, damit die Grütze klar wird.
4. Die restlichen Früchte vorsichtig unterrühren, erneut kurz erhitzen und abkühlen lassen.

Tips

• So zubereitet, wie oben beschrieben, ist die Grütze nur leicht gebunden, sie ist ideal zum Löffeln. Wer sie etwas fester und sturzfähiger möchte, sollte 70 g Speisestärke verwenden.
• Rote Grütze serviert man mit kalter Milch, flüssiger oder halbsteif geschlagener Sahne oder Vanilleeis.
• Das Mischungsverhältnis der Beeren richtet sich ganz nach dem persönlichen Geschmack.

Vom Armeleuteessen zum Nobeldessert

Selbst den letzten Rest, der beim Entsaften der Johannisbeeren übrigblieb, dickte die sparsame dänische Hausfrau mit Hafer-, Weizen- oder Buchweizengrütze an und servierte es als Hauptgericht.
Was sich heute von Norden bis Süden ständig wachsender Begeisterung erfreut, hat nicht mehr viel mit dieser ursprünglichen Grütze zu tun.
Grützen sind ein Trenddessert geworden, und längst werden sie nicht mehr nur aus roten Beeren und Sauerkirschen, sondern aus allen möglichen Fruchtkombinationen gekocht.
Ein fruchtig-säuerlicher Gaumenschmaus ist eine Rhabarber-Erdbeer-Grütze oder eine Aprikosengrütze. Wer auf herbsäuerlichen Geschmack steht, wird eine Stachelbeergrütze bevorzugen, mit grasgrünen, frischen Kiwischeiben angerichtet.

So wird die Grütze sämig

Speisestärke, entweder aus Maismehl oder Kartoffeln gewonnen, ist heute das meistverwendete Bindemittel für Grützen. Es wird mit wenig kalter Flüssigkeit angerührt, bevor man es in die kochende Flüssigkeit gießt.
Eine weitere Möglichkeit ist das Andikken mit Pfeilwurzelmehl. Es ist am geschmacksneutralsten, darf aber nicht zu lange gekocht werden, sonst verliert dieses Mehl seine Bindefähigkeit.
Die kleinen Sagokugeln stammen aus dem stärkehaltigen Mark der Sagopalme. Man streut sie in die kochende Flüssigkeit ein und kocht sie so lange, bis sie durchsichtig werden. Im Volksmund heißen sie deshalb auch Froscheier.
Den Sagoperlen sehr ähnlich ist das ebenfalls sehr quell- und bindefähige Tapioka.

Aprikosengrütze

500 g Aprikosen
400 ml fruchtiger Weißwein
100 g Zucker
etwas Zitronenschale
40 g Speisestärke
2 cl Aprikosengeist

1. Aprikosen vierteln und entkernen. Wein, Zucker und Zitronenschale erhitzen und die Früchte darin weich kochen.
2. Die Hälfte davon pürieren. Speisestärke und Alkohol verrühren und die Flüssigkeit damit binden. Aprikosenviertel untermischen.

Luftige Cremes: Highlights der Patisserie

Die Zutaten: Eier, Milch, Sahne und verschiedene Aromen.
Das Werkzeug: ein Schneebesen und eine Rührschüssel.
Außerdem: ein bißchen Zeit zum geduldigen Schlagen.
Das Ergebnis: unwiderstehlicher Genuß.

Weitere Ideen für sündige Verführungen

Weiße Mousse au chocolat

Auf die gleiche Weise wie im nebenstehenden Rezept kann eine weiße Mousse zubereitet werden. Lediglich die Zartbitterschokolade durch weiße Schokolade ersetzen und das Kakaopulver weglassen. Mit Orangenlikör und -schale würzen.

Espressocreme

Dazu 4 Eigelb mit 80 g Zucker cremig rühren. 30 g Mokkaschokolade in ¼ l heißer Milch schmelzen lassen. ⅛ l frisch gemachten Espresso und 2 cl Kaffeelikör unter die Eigelbmasse rühren und über dem Wasserbad cremig aufschlagen. 5 Blatt eingeweichte, gut ausgedrückte Gelatine darin auflösen und kalt stellen. Kurz vor dem Erstarren ¼ l steif geschlagene Sahne unterziehen. Die Creme in Tassen füllen und erstarren lassen. Mit halbsteif geschlagener Sahne bedecken und mit etwas Kakao bestäuben.

Mangocreme

Eine Creme aus 4 Eigelb und 100 g Zucker sowie ⅛ l heißer Milch herstellen. Das Fruchtpüree einer großen Mango unterrühren und mit 5 Blatt eingeweichter, aufgelöster Gelatine binden. Mit weißem Rum oder Maracujalikör parfümieren und ¼ l steif geschlagene Sahne unterziehen.
Auf die gleiche Weise kann man jedes beliebige Fruchtmus untermischen, wie Erdbeer- oder Himbeermark, Aprikosen- oder Pfirsichmark oder pürierte Preiselbeeren.

Mousse au chocolat

150 g sehr gute Zartbitterschokolade
2 Eigelb
60 g Zucker
1 EL Kakao (stark entölt)
2 cl Cognac
2 Eiweiß
200 g Sahne
Außerdem:
Schokoladenspäne
frische Minzezweige

1. Die Schokolade in kleine Stückchen brechen und in einer Metallschüssel über einem heißen Wasserbad schmelzen lassen.
2. Eigelb mit 40 g Zucker so lange schaumig schlagen, bis sich der Zucker völlig aufgelöst hat. Unter weiterem Schlagen den Kakao und den Cognac dazugeben.
3. Eiweiß steif schlagen und dabei den restlichen Zucker einrieseln lassen. In einer zweiten Schüssel die Sahne steif schlagen.
4. Die geschmolzene Schokolade nach und nach unter die Eimasse rühren.
5. Sahne und Eischnee locker und gleichmäßig mit einem Teigschaber unter die Creme ziehen.
6. Die Mousse in eine tiefe Platte füllen, mit Sichtfolie abdecken und im Kühlschrank einige Stunden fest werden lassen.
7. Mit zwei nassen Eßlöffeln Nocken abstechen und jeweils zwei Nocken auf einem Teller anrichten.
8. Mit geriebenen Schokoladenspänen und frischer Minze verzieren.

Komposition aus lockerem Teig und sahniger Creme

Diese grandiose Kombination ist das Geheimnis vieler weltweit berühmter und geliebter Dessertklassiker: Charlotte russe, Zuppa inglese, Trifle (siehe Seite 240/241) und natürlich der italienische Desserthit „Tiramisu". Lockeren Biskuit, der die Tränkflüssigkeit gut aufnimmt, abwechselnd mit einer feinen Konditor- oder Mascarponecreme in eine Form schichten und gut durchziehen lassen. Das ist alles. Für kreative Hobby-Patissiers ergeben sich daraus unzählige Möglichkeiten.

Grundrezept Biskuit

4 Eigelb

100 g Zucker

4 Eiweiß

60 g Speisestärke

60 g Mehl

1. Eigelb und Zucker schaumig schlagen. In einer zweiten Schüssel die Eiweiß mit 10 g Speisestärke sehr steif schlagen.
2. Den Eischnee auf die Eigelbmasse geben und Mehl und restliche Stärke darübersieben. Locker und gleichmäßig vermengen.
3. Ein Backblech mit Backpapier auslegen. Den Teig darauf streichen und bei 200° C im heißen Backofen 10 bis 15 Minuten backen.
4. Auf ein gezuckertes Tuch stürzen, das Papier abziehen und abkühlen lassen. Dann in Streifen schneiden, der jeweiligen Form entsprechend.

Tip

Wenn es schnell gehen soll, gute, fertig gekaufte Löffelbiskuits nehmen.

Tiramisu

(Foto oben)

Für 6 Personen

1 Biskuitplatte oder

ca. 150 g Löffelbiskuits

200 ml starker Espresso

4 cl Cognac

4 Eigelb

80 g Zucker

⅛ l Marsala

500 g Mascarpone

3 Eiweiß

Kakaopulver (schwach entölt)

1. Biskuitplatte in drei Streifen schneiden, der Größe der Form entsprechend.
2. Espresso zubereiten und mit Cognac vermischen.
3. Eigelb mit 60 g Zucker und Marsala in eine Rührschüssel geben und über dem Wasserbad schaumig schlagen.
4. Löffelweise den Mascarpone unterrühren. Eiweiß mit dem restlichen Zucker steif schlagen und locker unter die Creme ziehen.
5. Eine rechteckige Form mit einem Biskuitstreifen auslegen und mit einem Teil der Espressomischung tränken. Ein Drittel der Creme darauf verteilen und so fortfahren, bis alles aufgebraucht ist.
6. Die obere Cremeschicht glattstreichen und dick mit Kakao bestäuben. In den Kühlschrank stellen und über Nacht durchziehen lassen.

Schoko-Tiramisu

1 Biskuitplatte (mit

2 EL Kakao zubereitet)

200 ml starker Espresso

6 cl Grand Marnier

4 Eigelb, 80 g Zucker

2 EL Kakao (schwach entölt)

500 g Mascarpone

3 Eiweiß

Für die Deko:

Schokoladenspäne und

kandierte Orangenscheiben

Grundrezept Biskuit mit Kakao. Weitere Zubereitung wie Tiramisu-Rezept, jedoch Espresso mit Grand Marnier vermischen und den Marsala durch Kakao ersetzen.

Zuppa romana

Für 6 Personen

1 Biskuitplatte

Für die Creme:

½ l Milch

Mark von 1 Vanilleschote

60 g Zucker, 3 Eigelb

½ l Sahne

3 Eiweiß

200 g kandierte Früchte

300 g gemischte Kompott-
früchte

6 cl Birnengeist

4 cl Amaretto

100 ml Alchermes
(italienischer Kräuterlikör)

einige kandierte Früchte

1. Biskuitböden in 3 gleich
große, der Form entsprechende Teile schneiden.
2. Eine Konditorcreme nach
dem Grundrezept auf Seite
226/227 zubereiten. ¼ l Sahne und das Eiweiß steif schlagen und beides unter die abgekühlte Creme ziehen.
3. Die kandierten Früchte und
die Kompottfrüchte in kleine
Würfel schneiden, in eine
Schüssel geben und mit Birnengeist marinieren.
4. Einen Biskuitstreifen in eine
tiefe Form legen. Amaretto
und Alchermes vermischen
und mit einem Drittel davon
den Biskuit tränken. Mit einem
Drittel der Creme bestreichen

und mit der Hälfte der Frucht-
würfel belegen. Den Vorgang
wiederholen, mit Biskuit bedecken, tränken und zuletzt
mit der restlichen Creme bestreichen.
5. Mit Sichtfolie bedeckt über
Nacht kalt stellen.
6. Kurz vor dem Servieren die
restliche Sahne steif schlagen
und die Oberfläche damit bestreichen. Mit den kandierten
Früchten beliebig garnieren.

Tip

Häufig wird die Zuppa roma-
na mit einer dicken Baiser-
schicht anstelle der Sahne
bedeckt und unter dem Grill
goldgelb überbacken.

Variationen

• Biskuitstreifen mit Birnen-
saft und Birnengeist tränken.
Konditorcreme mit Sahne
und Eischnee vermischen
und abwechselnd mit den
Biskuitstreifen und den ge-
würfelten, gekochten Birnen
in eine Form füllen. Dick mit
Sahne bestreichen und mit
gerösteten Pinienkernen bestreuen.
• Biskuitstreifen mit einer Mischung aus Aprikosensaft
und -geist tränken und Konditorcreme sowie gekochte,
gewürfelte Aprikosen darauf
geben. Mit Baisermasse bedecken und unter dem Grill
überbacken.

Frostiges für heiße Tage

Die Lust auf eisgekühltes Süßes ist wohl keinem fremd. Die einen schlecken ganz ungeniert, die anderen naschen lieber heimlich. Milchspeiseeis und Sorbets sind nicht nur als Desserts allgemein beliebt, sondern auch als feine Verführung zwischendurch. Kein Wunder, denn bei der Vielfalt an Sorten ist für jeden Geschmack etwas dabei.

Johannisbeer-sorbet

100 g Zucker
2 EL Wasser
500 g Johannisbeeren
1 EL Johannisbeergelee
4 cl Cassis
1 Eiweiß

Zucker mit Wasser zu Sirup kochen. Johannisbeeren pürieren und mit dem Gelee durch ein Sieb streichen. Mit Cassis verrühren und das halbsteif geschlagene Eiweiß unterziehen. In der Eismaschine gefrieren lassen.

Aprikosensorbet

80 g Zucker
⅛ l Aprikosensaft
Saft von ½ Zitrone
500 g Aprikosen
4 cl Aprikosengeist
1 Eiweiß

Zucker mit Aprikosen- und Zitronensaft sirupartig einkochen lassen, dann die entkernten Aprikosen darin weich kochen. Mit dem Stabmixer pürieren, durch ein Sieb passieren und mit Aprikosengeist abschmecken. Das halbsteif geschlagene Eiweiß unterziehen und in der Eismaschine gefrieren lassen.

Limettensorbet

150 g Zucker
¼ l frisch gepreßter Limettensaft
abgeriebene Schale von
1 Limette
6 feingeschnittene Zitronenmelisseblätter
1 Eiweiß

Zucker mit 4 EL Wasser zu Sirup kochen. Limettensaft und -schale sowie die Zitronenmelisse untermischen und das halbsteif geschlagene Eiweiß unterziehen. In der Eismaschine gefrieren lassen.

Vanilleeis

¼ l Milch
¼ l Sahne
1 Vanilleschote
6 Eigelb
100 g Zucker

Milch, Sahne und die aufgeschlitzte Vanilleschote erhitzen und ziehen lassen. Dann
das Mark in die Milch schaben. Eigelb und Zucker
über einem Wasserbad dickschaumig schlagen, die heiße Vanillemilch dazugeben
und über Eiswasser kalt-
schlagen. In der Eismaschine
gefrieren lassen.

Himbeer-Joghurt-Eis

250 g Himbeeren
300 g Sahnejoghurt
2 Eigelb
100 g Zucker
⅛ l Sahne

Himbeeren pürieren, durch
ein Sieb streichen und mit
Joghurt verrühren. Die Eigelb
mit Zucker über einem Wasserbad cremig aufschlagen,
dann unter Rühren erkalten
lassen und das Himbeer-Jog-
hurt-Gemisch untermischen.
Zum Schluß die geschlagene
Sahne unterziehen und in der
Eismaschine gefrieren lassen.

Walnußeis

Zutaten wie Vanilleeis
Außerdem:
100 g Walnüsse
30 g Zucker
1 Msp gemahlener Zimt

Walnüsse mit Zucker und
Zimt in einer Pfanne goldbraun karamelisieren lassen.
Abgekühlt grob hacken und
unter die Vanillemischung rühren. In der Eismaschine gefrieren lassen.

Mangoeis

500 g frisches Mangopüree
4 cl Orangenlikör
4 Eigelb
120 g Zucker
200 ml Orangensaft
½ l Sahne
25 g gehackte Pistazien

Mangopüree mit Likör ver-
mischen. Eigelb und Zucker
schaumig schlagen, Oran-
gensaft und Fruchtpüree unterrühren und die steif geschlagene Sahne und die
Pistazien unterziehen. In der
Eismaschine gefrieren lassen.

Fruchtige Überraschungen aus dem Backofen

Die perfekte Dessert-Überraschung: aromatische Früchte unter einer schaumigen Kruste versteckt, heiß aus dem Backofen serviert. Da staunt der Süßes liebende Genießer.

Fast alle Obstsorten lassen sich auf diese Weise verstecken. Mariniert mit einem passenden, aromatischen Likör schmecken die Früchte noch raffinierter, und Nüsse oder Mandeln unter die Schaummasse gemischt machen die Hülle noch knuspriger.

Der mit Stärkemehl stabilisierte Clafoutis ist eher ein sättigender Nachtisch. Ideal, wenn es zuvor lediglich eine kräftige Suppe gab. Die mit einer Baisermasse gratinierten Früchte hingegen kann man auch nach einem mehrgängigen Menü noch genießen.

Gratinierte Früchte

2 Orangen
½ Ananas
250 g Erdbeeren
Saft von 1 Limette
2 cl Kokoslikör
Für die Baisermasse:
3 Eiweiß
1 EL Speisestärke
50 g Zucker
abgeriebene Schale von
½ Limette
2 Eigelb
3 EL Kokosraspel

1. Orangen so dick schälen, daß die weiße Haut völlig entfernt ist. Die Früchte filetieren. Das Fruchtfleisch der halbierten Ananas in dünne Scheiben schneiden. Die Erdbeeren entkelchen und längs in Scheiben schneiden.

2. Limettensaft und Kokoslikör vermischen, die Früchte darin marinieren. Den Backofen auf 220° C vorheizen.

3. Eiweiß mit der Speisestärke steif schlagen, dann nach und nach den Zucker einrieseln lassen und so lange weiterschlagen, bis die Masse schnittfest und glänzend ist. Abgeriebene Limettenschale, Eigelb und 2 EL Kokosraspel unterziehen.

4. Die Früchte auf vier feuerfeste Schalen verteilen, mit der Baisermasse bedecken und mit den restlichen Kokosflocken bestreuen.

5. Auf der mittleren Schiene des heißen Backofens in etwa 15 Minuten goldbraun überbacken.

Clafoutis

500 g Sauerkirschen (am besten Schattenmorellen)
2 cl Kirschwasser
Für den Teig:
3 Eigelb
¼ l Milch
1 EL Vanillezucker
50 g Zucker
30 g Mehl
20 g Speisestärke
3 Eiweiß
2 EL Mandelblättchen
Außerdem:
Butter und Zucker für die Form
Puderzucker zum Bestäuben

1. Kirschen entsteinen, mit Kirschwasser beträufeln und 15 Minuten marinieren.

2. Eigelb, Milch, Vanillezucker und 30 g Zucker, Mehl und Speisestärke in einen hohen Becher geben und mit dem Stabmixer zu einem glatten Teig verrühren. 15 Minuten quellen lassen.

3. Den Backofen auf 180° C vorheizen.

4. Eiweiß mit dem restlichen Zucker steif schlagen und unter den Teig ziehen.

5. Eine halbhohe Auflaufform mit Butter ausstreichen, mit Zucker ausstreuen und die Kirschen hineingeben. Mit dem Teig bedecken, mit Mandelblättchen bestreuen und im heißen Backofen etwa 35 bis 40 Minuten backen. Heiß mit Puderzucker bestäubt servieren.

Tip

In Limousin, der Heimat dieses erfrischenden, leichten Auflaufs, werden die Kirschen nicht entkernt, da die Kerne dem Dessert eine leichte Bittermandelnote verleihen. Mit Kernen ist der Genuß dieses Nachtischs allerdings leicht getrübt.

Knuspriger Teig saftig belegt

Feine Früchte auf dünnem, knusprigem Teig, bei starker Hitze rasch gebacken und mit einer Kugel Vanilleeis warm serviert – welcher Feinschmecker könnte einer solchen Verlockung widerstehen?

Die zarten Böden können auch ohne Früchte auf Vorrat gebacken, bei Bedarf mit einer leichten Creme gefüllt und mit frischen Beerenfrüchten, Kiwis oder Zitrusfilets belegt werden.

Je nach Jahreszeit, Lust und Laune entstehen auf diese Weise immer wieder anders schmeckende, hinreißende Desserts.

Grundrezept Mürbeteig

200 g Mehl
1 Prise Salz
30 g Zucker
2–3 EL eiskaltes Wasser
100 g kalte Butter
Außerdem:
Fett für die Förmchen

1. Mehl, Salz und Zucker auf ein Backbrett häufen, in die Mitte eine Mulde drücken und das Eiswasser hineingeben.
2. Die Butter in Flöckchen auf den Mehlrand setzen. Mit einem großen Messer oder einer Palette alles rasch hacken.
3. Mit möglichst kalten Händen rasch von außen nach innen zu einem glatten Teig verkneten.

Apfeltarte

Den Mürbeteig dünn ausrollen und eine gefettete Tarteform von 24 cm Durchmesser damit auskleiden. Mit etwa 500 g geschälten und in schmale Spalten geschnittenen Äpfeln belegen und mit Puderzucker dick bestäuben. Bei 220° C etwa 15 bis 20 Minuten goldbraun und knusprig backen.

Aprikosentorteletts

Den Mürbeteig dünn ausrollen und 4 gefettete Tortelettförmchen damit auskleiden. Etwa 500 g Aprikosen halbieren, entkernen und in schmale Spalten schneiden. Auf dem Teig verteilen und im 220° C heißen Backofen in 15 bis 20 Minuten goldbraun backen. Mit heißer Aprikosenkonfitüre glasieren und mit gerösteten Mandelblättchen bestreuen.

Birnentarte

Wie die Apfeltarte zubereiten und bei 220° C etwa 15 bis 20 Minuten goldbraun und knusprig backen. Mit heißem Quittengelee glasieren und mit gerösteten Pinienkernen verzieren.

Zitronentorteletts

Den Mürbeteig dünn ausrollen, 4 Tortelettförmchen damit auskleiden. Mit Hülsenfrüchten bedeckt 15 Minuten bei 200°C blindbacken. 150 g Mascarpone mit 1 Ei, 100 g Zucker und dem Saft und der Schale von 1 Zitrone verrühren. 2 EL flüssige Butter unterrühren. Auf den vorgebackenen Teig verteilen und in 20 bis 30 Minuten bei 150°C goldgelb backen.

Erdbeertorteletts

Den Mürbeteig dünn ausrollen und 4 gefettete Tortelettförmchen damit auskleiden. Mit Hülsenfrüchten bedecken und etwa 15 Minuten bei 200°C blindbacken. Hülsenfrüchte entfernen. Torteletts abkühlen lassen und mit Konditorcreme, Seite 226/227, füllen. Mit kleinen halbierten Erdbeeren belegen. Mit heißer Orangenmarmelade glasieren, mit Minze verzieren.

Rhabarbertorteletts

Den Mürbeteig dünn ausrollen und 4 gefettete Tortelettförmchen damit auskleiden. 50 g Marzipan, 10 g Butter und 1 Eiweiß glattrühren und die Torteletts bestreichen. Mit kleingeschnittenem und mit Zucker mariniertem Rhabarber belegen und etwa 20 Minuten bei 200°C backen. Mit erhitzter Erdbeerkonfitüre glasieren und mit gehackten Pistazien bestreuen.

Tip

• Werden die Torteletts mitsamt den Früchten gebacken, schmecken sie lauwarm am besten. Die Torteletts lassen sich auch gut einfrieren und sind bei Bedarf rasch aufgebacken.

• Gebackene Torteletts ohne Früchte halten sich in gut verschließbaren Blechdosen mehrere Wochen. Bei Bedarf mit Früchten belegen und gekühlt servieren.

239

Bratapfel
(Deutschland)

30 g Orangeat (in Würfel geschnitten)
2 EL Orangenlikör oder Orangensaft
4 große aromatische Äpfel (z. B. Boskop oder Cox Orange)
30 g Marzipan
30 g gehackte Mandeln
40 g Butter
⅛ l Orangensaft
1 Eiweiß
50 g Zucker

1. Orangeat mit Orangenlikör oder Orangensaft begießen und etwa 15 Minuten marinieren.
2. Die Äpfel waschen, jeweils einen Deckel abschneiden und mit einem Apfelausstecher die Kerngehäuse entfernen. Die Äpfel nebeneinander in eine mit 20 g Butter gefettete feuerfeste Form setzen und den Orangensaft dazugießen. Den Backofen auf 200° C vorheizen.
3. Marzipan zerdrücken und mit den Mandeln und den eingeweichten Orangeatwürfeln samt der Einweichflüssigkeit verrühren.
4. Die Mischung in die Äpfel füllen und im heißen Backofen etwa 20 bis 30 Minuten braten
5. Eiweiß mit Zucker zu sehr steifem Schnee schlagen, in einen Spritzbeutel füllen und große Tupfen auf die Äpfel spritzen. Etwa 5 Minuten weiterbacken, bis die Baiserhaube goldbraun ist.

Trifle
(England)

Rezept Konditorcreme (siehe Seite 226/227)
½ l Sahne
1 Biskuitplatte (siehe Seite 232)
200 ml Amontillado-Sherry (medium)
6 EL Orangenlikör
4 EL Orangenmarmelade
500 g gemischte Beerenfrüchte
30 g Zucker

1. Die Konditorcreme nach Anleitung zubereiten. Nach dem Abkühlen ¼ l geschlagene Sahne unterziehen.
2. Die Biskuitplatte in zwei gleich große Teile schneiden und eine Hälfte in eine tiefe Form legen. 100 ml Sherry vermischt mit 3 EL Orangenlikör vermischen und beträufeln. Orangenmarmelade mit dem restlichen Orangenlikör verrühren und mit der Hälfte davon die Biskuitplatte bestreichen. Die Hälfte der Konditorcreme auf die Biskuitplatte streichen und mit der Hälfte der gezuckerten Beerenfrüchte belegen.
3. Die zweite Teigplatte darauf legen und die übrigen Zutaten in der gleichen Reihenfolge darüber verteilen. Dabei einige schöne Beeren für die Garnitur beiseite legen.
4. Einige Stunden mit Sichtfolie bedeckt kühl stellen.
5. Die restliche Sahne steif schlagen, in einen Spritzbeutel füllen und die Oberfläche damit üppig garnieren. Mit restlichen Beeren und Minzeblättern verzieren.

Salzburger Nocker
(Österreich)

5 Eiweiß
50 g Puderzucker
4 Eigelb
Mark von 1 Vanilleschote
abgeriebene Schale von ½ unbehandelten Orange
20 g Mehl
10 g Speisestärke
30 g Butter
2 EL Vanillezucker
2 EL feingeriebene, geschälte Mandeln

1. Backofen auf 200° C vorheizen.
2. Das Eiweiß in einer großen Rührschüssel steif schlagen und dabei nach und nach 30 g Puderzucker dazugeben. So lange schlagen, bis die Masse schnittfest und glänzend ist.
3. Das Eigelb in einer zweiten Schüssel mit dem restlichen Zucker, dem Vanillemark und der Orangenschale verrühren und 3 Eßlöffel von der Eiweißmasse darunterrühren.
4. Die restliche Baisermasse darauf geben, Mehl und Speisestärke darübersieben und alles mit einem Teigschaber vorsichtig unterheben.
5. Eine ovale Auflaufform mit Butter ausstreichen und mit Zucker und Mandeln ausstreuen.
6. Mit Hilfe eines Teigschabers 4 große Nocken abstechen und in die Form setzen. Auf der mittleren Schiene des heißen Backofens in 10 bis 15 Minuten goldbraun backen.
7. Mit Puderzucker bestäuben und sofort servieren.

Crème caramel

(Frankreich)

100 g brauner Zucker
1/2 l Milch
1 Vanilleschote
3 Eier
2 Eigelb

1. 50 g Zucker in einer Pfanne bei mittlerer Hitze unter Rühren goldbraun karamelisieren lassen. Sofort auf vier Förmchen verteilen.
2. Die Milch mit der aufgeschlitzten Vanilleschote zum Kochen bringen. Dann das Mark in die Milch schaben.
3. Eier und Eigelb sowie den restlichen Zucker mit einem Schneebesen verrühren und dabei die heiße Milch dazugeben.
4. Die Milchmischung auf den Karamelspiegeln verteilen.
5. Die Förmchen in einen flachen Topf stellen und so viel Wasser einfüllen, daß die Formen bis zur Hälfte im Wasser stehen. Zugedeckt bei schwacher Hitze in etwa 35 bis 40 Minuten stocken lassen. Das Wasser darf dabei auf keinen Fall kochen, sonst wird die Creme löcherig.
6. Die Förmchen herausnehmen und mehrere Stunden kalt stellen.
7. Den Rand mit einem Messer lösen und auf Teller stürzen. Sahne, Kompottfrüchte oder Kekse dazu servieren.

Zabaione

(Italien)

4 Eigelb
100 g Zucker
100 ml Marsala (italienischer Likörwein)
12 Amaretti

1. Eigelb und Zucker in einer Rührschüssel aus Metall geben und mit dem Schneebesen cremig rühren.
2. In ein Wasserbad stellen und mit dem Schneebesen so lange schlagen, bis die Masse dickschaumig ist und sich das Volumen verdoppelt hat.
3. Über eine Schüssel mit Eiswasser stellen und unter gelegentlichem Rühren erkalten lassen.
4. Die Amaretti in 4 Sektschalen verteilen und die Zabaione darübergeben.

Palatschinken

(Ungarn)

Für die Palatschinken:
100 g Mehl
1 Prise Salz
1 EL Vanillezucker
2 Eier
1 Eigelb
100 ml Milch
100 ml Mineralwasser
Butter zum Braten
Für die Füllung:
80 g Zartbitterschokolade
200 g Sahne
30 g geriebene Haselnüsse
50 g gehackte Haselnüsse
4 Kugeln Vanilleeis

1. Alle Zutaten in einen hohen Becher geben und mit dem Stabmixer zu einem glatten Teig verrühren. Mindestens 30 Minuten ruhen lassen.
2. Die in kleine Stücke gebrochene Schokolade in der Sahne erhitzen, unter Rühren schmelzen und ein wenig einkochen lassen.
3. Die geriebenen und gehackten Nüsse darunterrühren und von der Kochplatte nehmen.
4. Jeweils etwas Butter in einer beschichteten Pfanne erhitzen und 8 dünne Pfannkuchen nacheinander backen.
5. Die Pfannkuchen mit der Füllung bestreichen, aufrollen und jeweils zwei auf einem Teller mit Vanilleeis anrichten.

Gesamt-register